U0456927

CULTURAL SYMBOLS

WUSHU

文 化 符 号

乔凤杰 著

社会科学文献出版社
SOCIAL SCIENCES ACADEMIC PRESS (CHINA)

序

仇　军

　　凤杰新作《文化符号：武术》即将出版，嘱我作序，我很高兴，也很惶恐。

　　"序者，述集所由。"以"述集所由"来认识"序"的性质和"序"的含义，至少包含了两层意思，一是对作者的认识，二是对作者著作的认识。

　　对作者的认识，自然包括对作者的学术发展、学术努力、学术研究的心路历程的认识。对此，我自感还是"认识"凤杰的。准确地说，岂止是认识，简直可以说是赞叹、心折。

　　我和凤杰相识说起来还有一个故事。如果我没有记错，应该是1992年9月的一天下午，那时我在北京体育大学读研究生，此前有一书稿草成，和北京体育大学出版社编辑相约，商谈出书事宜。那时北京体育大学还叫北京体育学院。那天下午我提前几分钟来到了出版社，便在出版社会客室等候。这时来了一位学生模样的小伙子，个子不高，很朴素，也在会客室坐了下来。不大的会客室里就我和这小伙子俩人，显得安静冷清。因等候，也因要打发等候时间，我就随意问了这小伙子怎么也跑到出版社闲坐，小伙子的回答着实让我吃了一惊，说和编辑约好要出一本书。那时我已经有了一些做研究的感受和出书的体会，那真是"板凳要坐十年冷"的活，而且十年的冷板凳坐下来还不一定见效，眼前的这个小伙子还像是个学生就出书了，着实让我吃惊。出于好奇，我们又聊了几句，得知他刚毕业于河南大学体育系，要出版的是一本武术

1

方面的书。短短几分钟，凤杰给我留下了极其深刻的印象。

北京体育大学出版社偶遇，凤杰的名字深深留在了我心里，但在以后的十几年时间，我们并没有联系也没有见过面，凤杰的模样也随着岁月流逝渐渐淡忘了。时间到了 2007 年 10 月，我到上海大学参加一个会议，凤杰也参加了这次会议，但我们彼此并不知晓，也不认识。在会议的晚宴上，凤杰他们几个年轻学者敬酒，介绍自己，当凤杰说出自己的名字时，一下子唤起了我尘封多年的记忆，北京体育大学出版社相见的场景一下子浮现在眼前。但 15 年的岁月，我们还是有很大的变化，此时彼此已认不出来了。

至此我才知道，凤杰本科毕业留校，后来在河南大学哲学与公共管理学院深造，获得了哲学硕士学位，接下来又考入南京大学哲学系，苦读 3 年，获得了哲学博士学位，然后又进入上海体育学院体育学博士后流动站做了 2 年的博士后，时任河南大学教授、博士生导师、体育学院副院长。我还从多个渠道得知，虽然求学的学校不同、专业不同，但凤杰一直在做武术哲学和武术文化学的研究，而且成果丰硕，已经是武术哲学和武术文化学研究领域的领军者。内行的人都能看出来，凤杰学术上的骄人成就，除去天赋和勤奋外，还和不同学校、不同学科的学术经历、学术背景、学术训练有关。

此时，我已在清华工作。从来到清华的 2001 年开始，就负责清华体育学科建设工作，2004 年起又担任体育部党总支书记，负责人事、科研、研究生培养以及国家体育总局体育社会科学重点基地工作。清华体育学科在学校支持下，特别是在时任学校党委书记陈希教授的关心指导下，取得了历史性的突破。2002 年获得国家体育社会科学重点研究基地；2003 年获准建立体育学二级学科博士点和 2 个硕士点；2004 年参加教育部学科评估，全国排名第 4 位；2005 年获准建立体育专业硕士培养单位；2008 年参加教育部学科评估，全国排名第 5 位；2010 年又获准建立体育学一级学科博士点和体育学博士后流动站。通过 10 年的努力，清华体育学科形成了学科设置的完整序列。

学科建设，关键靠人才，关键是队伍的建设。陈希书记在清华工作时非常重视师资队伍建设，指导体育学科建设工作时多次叮嘱：学科建设，带头人是关键，悠悠万事，唯此为大，不可忽视。我负责学科建设工作，在学科建设的第一线，经历了清华体育学科从无到有，从有到进入全国前列的全过程，对学校领导的叮嘱更有切身的体验和体会，深知学科建设不是一句空话，也深知清华体育学科在公共体育基础之上发展起来的优势与不足，以及学科队伍的所长与所短。因此，在出差、参加学术活动时，总是利用一切机会物色寻找清华体育学科发展所需要的人才，然而人才总是少有、少见、难求。此时遇见了凤杰，了解了他的情况，精神为之一振——这正是清华学科发展需要的人。于是会议期间就做起了劝说凤杰到清华任教的工作。2012 年，凤杰放下了自己在河南大学成就的事业，作为引进人才来到了清华大学。仅两年，凤杰在完成繁重教学工作的同时又有新的成果问世，着实令人高兴。

凤杰要我作序，我只是想通过序来表达我对凤杰新作出版的高兴之情，就没有想到作序的第二层意思——"序论作者之意"，要对作者的著作有深刻认识，而不仅仅是认识作者，认识作者是"事"，"事"仅仅是作序的外在缘由，更重要的是"意"，是对作者学问的认识。学问的认识是一件十分严肃的事情，对于武术、武术文化、武术哲学我完全不在行，想到"序论作者之意"，我着实很惶恐，责怪自己怎么就只顾高兴，不顾轻重地答应了下来。在学术的评价上，古人有"各以所长，相轻所短"之说，也有"各以所短，互重所长"之声。既然答应了下来，就以自己浅显的认识谈一点对《文化符号：武术》的读后体会吧。

在体育的语境里，我们习惯将源于西方的体育称之为体育或者是现代体育，把我们国家固有的体育称之为民族传统体育，大抵上又把武术纳入民族传统体育的范畴。这样的划分都不是什么要紧的事，为了认识事物，总要有一个区分。要紧的是，西方的体育怎么就变成了现代体育，变成了风靡全球的全球体育，而中国的民族传统体育怎么就没有变成现代体育。这是一个很有意思的话题，也是一个很有研究价值的问题。对这个问题的认识，可能绕不开对它们受自身文化的影响和作为有影响的文化的认识。

我们都知道，西方的工业革命、市场经济改变了西方，使西方走在了世界的前头，影响着世界，也改变着世界。实际上，工业革命兴起与发展是一种文化使然，这种文化背后的逻辑是科学精神；市场经济的兴盛与发展也是一种文化使然，这种文化背后的逻辑是公平竞争。当然，改变了西方，使西方走在了世界的前头，除了工业革命、市场经济，它的政治理念也是重要的因素，政治理念是政治文化的重要内容，这种文化背后的逻辑是民主。无论是政治中的民主理念，还是工业革命中的科学精神，抑或是市场经济中的公平竞争都是一种文化，这种文化都有一个共同的特质，就是遵守规则。现代体育的产生发展大体上都与这些文化有关。早期在英国，体育中所倡导的公平竞赛、光明正大、竞争协作、遵守规则的理念，以及后来在此基础上逐渐发展起来的以竞技为中心的现代体育所追求的以成绩为导向，专业化、标准化、规则化、商业化、科学化、视觉化、娱乐化的理念等，无一不和西方文化有着千丝万缕的关联，无一不是西方文化的折射和反映。而它在世界上传播，发展成为现代体育，更不能忽视了它作为一种文化的影响和作用。现代体育所反映的西方文化特质，西方文化符号的价值和意义，以及作为西方文化"代言人"的作用和价值，是人们稍微留神就能看出来的，而且从文化的角度认识西方体育和现代体育的研究在西方也不少见。

再看看我们的民族传统体育，虽然人们也把它视为我们自己的文化，视为中国传统文化的缩影，但倘若进一步追问我们的民族传统体育究竟蕴含了什么样的中国传统文化，我们的传统文化究竟对我们的民族传统体育有什么样的影响，我们的民族传统体育或者说武术怎么就没有变成现代体育，所有这些问题，尚不见系统的有深度的学术上的回应，所有这些问题也同样需要从文化的源头上去认识、去剖析、去寻找答案。

正是体现了对中国民族传统体育、对武术珍爱的学术责任感和使命感，正是怀着这样一种强烈的学术责任感和使命感，《文化符号：武术》系统地思考了这些问题，在讨论武术的起源基础上，鸟瞰了武术在原始时期、夏商西周、春秋战国、秦汉三国、两晋南北朝、隋唐五代、宋辽金夏元、明清、民国以及现代中国各个历史时期的发展；在讨论各大拳系起源和特征的基础上，叙述了散落在华夏大地的诸多拳系，并对这些重大拳系的本质内容进行了剖析揭示；对中华传统的兵家思想、道家思想、佛家思想、儒家思想在武术发展方面的影响进行了细致入微的分析；对武术所折射的传统中国人有别于现代人的特色思维方式，诸如基于武术技艺多样性与非标准性所揭示的传统中国人对事物完整感悟的认知方式，基于诸多拳种特别是象形拳种所认识到的传统中国人象形取义的认知方式，基于武术中的气、阴阳、五行理论所认识到的传统中国人定律类推的认知方式，基于武术的动作名称与流行谚语所认识到的传统中国人比喻表达的表达方式等进行了详尽梳理，字里行间都体现出凤杰对武术作为载体的文化的思考、文化的洞见、文化的揭示。

21 世纪之初，联合国教科文组织提出了非物质文化遗产保护的理念。非物质文化遗产是一个非常宽泛的文化概念，作为民族传统体育范畴的武术无疑是其中一个很重要的属项，它通过活动、师传、习练，历经几千年传承，形成了一种具有情感认同和文化共鸣的集体记忆，这种集体记忆并不仅仅是外在的程式化的样式，而是具有深刻内涵的文化形态。忽视了文化内涵的集体记忆，充其量也就是集体复制。这样的传承和保护究竟能传承和保护什么，实在是很可怕的。武术是中国民族传统体育的瑰宝，文化是我们这个世界上的一种普遍现象，人在世界上创造的一切莫不具有文化的意义，文化是不应当被忽视的，忽视了它就是忽视了我们自己的存在。在中国走向世界，在武术走向世界的今天，重视和传承武术文化尤为重要，因为唯有如此，才会让我们的武术在传承的过程中，在走向世界的过程中不至于丢掉了"魂"，迷失了自我。

在法国社会学家皮埃尔·布迪厄眼中，文化是一种符号、文化是一种品位、文化是一种资本。当然，说文化是一种符号、一种品位、一种资本，是需要认识者去体认和感悟的。在《文化符号：武术》中我们看到了将武术视为文化，对它的源起初衷、对它的符号意义、对它的品位体现、对它的资本价值所做的艰辛探索旅程和良苦学术用心与学术追求。说良苦的学术用心，是说诸如武术的文化资本价值还需要读者去体会作者之意的。但即使如此，我们还是完全可以相信，阅读了《文化符号：武术》一书之后，读者对武术作为中国民族传统体育文化的瑰宝，所具有的文化内涵、文化品位、文化价值、文化资本的认识必将全然改观，而目前能担当起如此重任的论著并不多。

2014 年 4 月

导　言

当今习练武术的人数，不能不称之为多；当今关注武术的人群，也不能不称之为雅。这，足以让我们每一位武术人自豪。然而，大家知道人们特别是那些高雅的人群为什么会这么喜欢武术吗？我们经常说，武术能够被用来技击，武术能够被用来健身，武术能够被用来表演，等等，难道所有人如此痴迷地喜欢武术，真的都只是因为这些吗？

武术的这些价值是毋庸置疑的，人们习练武术的动机与这些价值有关也是毋庸置疑的，然而武术这些毋庸置疑的价值，绝不是吸引人们习武特别是吸引众多不习武之人对其加以关注的最为深刻的原因。我们不能否认，有不少人就是因为武术的技击、健身或者表演等工具性价值而喜爱武术的，但我们同样不能肯定，所有关注武术、进行武术作品创作的人都是因为武术的这些工具性价值而涉足武术的。武术之所以能够让如此众多的人喜欢和自觉不自觉地加以关注，乃是因为武术除了具有以上所说的技击、健身、表演等工具性的价值之外，还具有代表中国传统文化的文化符号价值。武术的最大价值，正是其代表了中国传统文化的文化符号价值。

因为武术蕴含了大量的中国传统文化，所以武术也就具有了代表中国传统文化的文化符号价值。另外，也正是因为武术蕴含了大量的中国传统文化，所以我们常常强调的武术的技击、健身、表演等价值，也都形成了其独有的中国文化特征。例如，在日常生活中，当我们谈论武术技击价值的时候，我们常用的一个词是"防身自卫"，而这一特指武技击价值的"防身自卫"，其实已经蕴含了儒家的"以和为贵"的价值观念；当我们谈论武术健身价值的时候，我们常用的一个词是"修身养性"，而这一特指武术健身价值的"修身养性"，已经与儒家、道家、佛家等的修炼思路完全一致；当我们谈论武术表演价值的时候，我们常用的一个词是"娱乐表演"，而这一特指武术表演价值的"娱乐表演"，本身就是传统中国人的生活习惯。也就是说，无论是武术的工具性价值，还是武术的载体性价值，最终都与其所蕴含的中国传统文化有着紧密的联系。正是因此，武术最有特色的价值，并不是其技击、健身、表演等工具性价值，而是其代表中国传统文化的文化符号价值，而武术的最大魅力，并不是存在于武术人根据其原始目的与项目规律创造出来的各种运动方法与练习方法中，而是存在于促使其形成自身特色的中国传统文化中。

武术是中国传统文化的代表与缩影，武术的最大魅力就在于其所蕴含的中国传统文化。对于所有关注武术的人来说，这并不是什么神秘的观念。然而当再进一步，涉及一些更深层次的问题时，我们发现很多人就只是或者只能是空喊口号了。

如果我们稍加留意，不难发现，无论是在民间拳师的口头表达中，无论是在大学武术专业的理论教学中，无论是在专业武术运动队的训练场上，更无论是在电视、网络等涉及武术传播的媒体上，高喊武术的文化属性、高喊武术是一种中国文化符号、高喊武术是中国传统文化载体的口号，几乎能把我们的耳朵震聋，但是如果你稍有奢望，想继续往下听清楚武术到底蕴含了什么样的中国传统文化、武术蕴含的中国传统文化到底表现在什么地方时，那你可能就要失望了。

在2008年北京奥运会举办之前，不少媒体制作了一些有关武术的节目。然而，这些节目至今能让我记忆犹新的，可能只有一些被空喊的武术文化口号了。有一件事情，发生的时间我已记不太清楚，但节目中的一些细节内容还记得很清楚。我记得，好像是为了支持武术申请加入奥运会比赛项目，某电视台做了一个有关武术入奥的专题节目，在节目中对不同的人群代表进行了采访，一一问大家为什么要支持我们的武术进入奥运会比赛项目。被采访对象所代表的人群是不一样的，有武术教练员，有武术运动员，有武术爱好者，有文化学者，也有大学的武术专业教授，他们几乎是异口同声，说申请武术入奥的原因是"武术是优秀的中国传统文化，武术是中国传统文化的代表"，但至于武术为什么是优秀的中国传统文化，武术到底代表什么样的中国传统文化，我却是一句也没有听到。

我不能说这些被采访的对象都没有能力进行实质性的回答，但事实是我真的没有听到有人进行实质性的回答。

2009 年我去日本的时候，为日本的太极拳朋友作了两次与武术有关的讲座，为日本朋友讲解中国武术中那些日见而不觉、日用而不知的特色，以及促使这些特色形成的文化内涵。一些日本朋友听课以后，告诉我说他们觉得很惭愧，因为他们练了这么长时间的武术，竟然忽略了中国武术中所蕴含的中国传统文化。他们说，正是因为对中国武术所蕴含的很多文化因素不了解，所以他们才没有更加深刻地理解武术，也根本无法真正地练好武术，自然也失去了通过武术来了解中国传统文化的机会。一位在日本很有地位的太极拳练习者形象地说，太极拳是车，车上载的是中国传统文化，但是我们一直没有完全意识到这一点，以至于你们中国人练太极拳时有车有文化，而我们日本人练太极拳是有车没文化。我听到这些以后，虽表面微笑，但却没有丝毫的开心反而内心更为纠结，因为通过讲课与交流后我已经知道，相比而言日本人所练太极拳的车上还载有一点文化，最起码还知道自己车上的文化不足，而在中国的武术人中，则多半就没有想过还应该为自己的车上放一点文化。

现在，孔子学院已遍布世界很多国家，很多孔子学院也开设了武术课程。很明显，在孔子学院开设武术课的目的，就是要通过教授武术来传播中国的文化。我庆幸国人对于武术的理解与重视，但同时又对武术的自身状况十分担心。我担心包括很多武术人在内的人们将会越来越不了解中国的武术，我担心中国武术的车上以后再也没有了文化，更担心没有文化的武术之车会让中国政府与文化学者们试图通过武术来传播中国文化的愿望再也无法实现。所以，我想尽自己的微薄之力，尽可能地写好这本书，为我自己的武术之车装载一点文化，让大家相对全面、相对深刻地了解一下中国的武术。

"文化符号：武术"，即"作为中国文化符号的武术"，或者说"具有中国文化符号价值的武术"。这本书之所以叫"文化符号：武术"，就是要从文化符号的视角来审视武术，要以解说中国文化的方式来解说武术。我希望，这本书所讲的武术，能让大家实实在在地感受到中国文化的气息与魅力。

第 一 章
简 要 历 史

中国武术发展的总体趋势，是营养越来越丰富、思想越来越深刻、行为越来越文明、价值越来越多元。然而，就武术发展的历史而言，根据其外在特征，大致可分为这四个特色阶段：武术人"轻死尚勇"阶段、习武风气"变幻起伏"阶段、武术体系"建构完善"阶段、武术事业"浴火重生"阶段。

文 化 符 号 ：武 术

第一节
轻死尚勇

从原始社会，到春秋战国，整个中国的先秦时期，尚武之风浓厚，技法实战性很强。此为中国人轻死尚勇、中华民族更为刚健强悍之时。

一　原始时期

武术的历史，至少可以追溯到原始社会的渔猎时代。当时人类的生存环境相当恶劣，"同与禽兽居，族与万物并"[①]，"冬则居营窟，夏则居增巢"[②]，"猛兽食颛民，鸷鸟攫老弱"[③]，"人民少而禽兽众，人民不胜禽兽虫蛇"[④]，"食草木之实，鸟兽之肉，饮其血，茹其毛"[⑤]。在这样的条件下，人们需要和猛兽搏斗以获得衣食来维系生存。

在生存竞争中，人与兽斗固然是武术萌生的主要原因之一，然而，

---

① 《庄子·外篇·马蹄》。
② 《礼记·礼运》。
③ 《淮南子·览冥训》。
④ 《韩非子·五蠹》。
⑤ 《礼记·礼运》。

相对而言，人与人之间的搏斗对武术的"催生"作用则显得更为直接。到了原始社会后期，各个氏族部落之间的掠夺和复仇等行为使得战争不断。据史料记载："未有蚩尤之时，民固剥林木以战矣"①，"争斗之所自来者久矣，不可禁，不可止"②；又有："轩辕之时，神农氏世衰，诸侯相侵伐，暴虐百姓，而神农氏弗能征，于是轩辕乃习用干戈，以征不享，诸侯咸来宾从"③，"民物相攘，而有武矣"④，等等。这些都充分反映出原始先民强悍好斗的勇武习性。

制造和使用工具是人类区别于动物的标志，工具的制造和使用在原始人类的狩猎过程中起到了相当重要的作用。原始人类在狩猎过程中之所以能够战胜凶猛的野兽，除了合群互助的手段外，就是使用原始的武器了。原始人用来制作武器的工序很简单，主要是用石、骨、角、木、竹等为主要材料，采用刮削、磨琢、绑扎等方法而制造兵器。虽然制作粗陋，但是已经基本形成今天我们称之为武术器械的雏形。⑤ 据史料记载，在距今约 10 万年的丁村人文化遗址和距今约 4 万年的许家窑文化遗址中均有石球出土。这些石球就是原始人制造的"飞石索"，他们将石球用藤索系起，在狩猎过程中用来缠绕和打击猎物，这是武术器械中"流星锤"的原型。

此外，在陕西省西安市半坡遗址中，曾出土了一种捕鱼用的"飞叉"。新石器时代兵器的发展则更加细化，正如周纬《中国兵器史稿》中所载："新石器时代之石兵，业已大形进化，非但人工磨制精良，兵器平泽锐利，可与现代之石器相比而无逊色，抑且各种兵器均有，如石刀、石刃、石匕首、石斧、石圭、石镰刀、石锛、石铲等器，……几乎

---

① 《吕氏春秋·荡兵》。
② 《吕氏春秋·荡兵》。
③ 《史记·五帝本纪》。
④ （明）魏禧：《兵迹》。
⑤ 周纬：《中国兵器史稿》，百花文艺出版社，2006，第 2～10 页。

全套武装均有。"从史料记载来看，至新石器社会晚期，兵器已经出现了以下几种类型：远射兵器，如弓箭以及用"飞石索"投掷的石球、弩等；格斗兵器，如石枪、石刀、棒、戈、戟、杖、矛、石铲、石锛、石戈、石斧、石钺等；防护兵器，如盾和甲等。这些兵器，都是后来古代战场常见的进攻性或者防御性的兵器。①

为了满足各氏族部落因争夺生产资料和领地等而不断发动战争的需要，人们逐渐把生产、劳动中的器械用之于战争，并不断丰富器械的种类来增加决胜的概率。史前传说中的黄帝与炎帝之战、黄帝与蚩尤之战、夏禹伐九黎和三苗之战等，都生动地反映了这种状况。

这个时期的拼杀技能，主要是角抵、干戈、射技等。

角抵，是一种以头角相互抵触的对抗性徒搏运动②，可以说这是武术徒搏拳技之萌芽。传说蚩尤徒搏时最善角抵。据说，蚩尤崇尚武功，勇猛彪悍，与人徒搏最善用头角顶触对方，使人不敢接近。这种徒搏角抵被称为"蚩尤戏"而广为流传③。这种角抵技即"蚩尤戏"，可视为原始的徒搏拳技。

随着大量的生产工具转化为作战武器，部分生产技能也就自然转化为相应的战斗技能。"轩辕之时，神农氏世衰，诸侯相侵伐，暴虐百姓，而神农氏弗能征，于是轩辕乃习用干戈。"④ "干"是防御性兵器，"戈"是进攻性兵器，"干戈"合为一个词，后来逐渐成为古代战争武器拼杀的象征，甚至逐渐演变成战争的代名词。习用干戈就是习练军事武器拼杀技能。

在众多技能中，射技是这个时期的亮点。在传说中，羿的射技名声

---

① 周纬：《中国兵器史稿》，百花文艺出版社，2006，第 11 页。
② 顾留馨、陶仁祥：《原始社会武术的起源和萌芽——中国武术发展简史选载（三）》，《体育科研》1982 年第 9 期。
③ 刘峻骧：《中国武术》，京华出版社，1994，第 10 页。
④ 《史记·五帝本纪》。

最为显赫。在很多古籍中都有记载。"帝俊赐羿彤弓素矰，以扶下国，羿是始去恤下地之百艰"，① "羿与凿齿战于寿华之野，羿射杀之，在昆仑虚东。羿持弓矢，凿齿持盾。"②

除了强悍的攻防技能之外，此时还出现了与后来的武术套路有着很难说得清楚关系的武舞。

在战争频繁的大环境下，为满足战争拼杀及其他方面的需要，人们开始把战斗中的击刺动作组合起来进行演习操练，"大乐之野，夏后启于此舞九代"③ 就是直接的例证。"干戚舞"在古籍中出现的比较早，如"刑天与帝至此争神，帝断其首，葬之常羊之山。乃以乳为目，以脐为口，操干戚以舞。"④ "干戚舞"虽然被称为"舞"但实际上其"武"的色彩更浓一些。"故禹执干戚舞于两阶之间，而三苗服"⑤，意思是说在虞舜时期，舜帝三次打败三苗族，但终不降服，于是禹把军队集中起来，手拿干（即盾）、戚（斧和羽，即仪仗）⑥，操练"干戚舞"给三苗族看，士兵手持巨斧与盾牌，表现出武风强悍、气势逼人以及高超的武术技能，使三苗族感到震惊与恐惧，最终服输。就现在的资料而言，"干戚舞"可能是最古老的武舞。从这里可以看出，此舞在军队中不但有战争前操练之价值，同时又被赋予了耀武扬威的意义。

原始社会的武舞，不仅出现在战争中，还出现在宗教活动和业余生活中。

人类最早的信仰几乎都是崇拜图腾，而图腾武舞是中国原始部落祭祀活动的重要内容。"巫，祝也。女能事无形，以舞降神者也"⑦，人们

① 《山海经·海内经》。
② 《山海经·海外南经》。
③ 《山海经·海外西经》。
④ 《山海经·海外西经》。
⑤ 《淮南子·缪称训》。
⑥ 周伟良：《中国武术史》，高等教育出版社，2003，第10页。
⑦ 《说文解字·巫部》。

以武舞为形式来表示对神灵的敬仰与供奉，祈求风调雨顺，用木制剑器进行祭天，舞的过程具有浓重的"武"的色彩。如蚩尤的"角抵戏"，传说蚩尤部落以牛为象征物，发明了带有双角的牛头盔，进而发展成如今的相扑和中国式摔跤。另外，在原始时期，人们狩猎成功后也会用武舞来表达愉悦的心情。"昔葛天氏之乐，三人操牛尾，投足以歌八阕"①，"八士捉折投足捘尾叩首，角乱之而歌八终，块拊瓦缶，武橐从之"②，这些都是人们在狩猎结束后进行的欢庆活动，目的是要表达人们的喜乐心情。此外，古籍中还有在唐尧时期用武舞强身的记录，如"昔陶唐氏之始，阴多，滞伏而湛积，水道壅塞，不行其原，民气郁阏而滞著，筋骨瑟缩不达，故作为舞以宣导之"③，"阴康氏时，水渎不疏，江不行其源，阴凝而易闷，人既郁于内，腠理滞著而多重腿，得所以利其关节者，乃制之舞，教人引舞以利导之，是谓大舞"④，等等。当时的生存环境恶劣，容易生疾病，人们是要通过"舞"的锻炼来获得活动筋骨、强身健体的效果。

原始时期的武舞，其演练内容主要由模仿鸟兽的动作或狩猎和搏击的技术动作组成，具有"武"和"舞"的双重含义。⑤ 这是人类早期有意识的练武活动，也可以说是处于萌芽状态的"武术套路"。它使得武术在其初始阶段便具有了表演性、实战性、健身性与娱乐性等多重价值。

另外，颇有意义的是，早在原始宗教活动中，就已经出现了"较武"的内容。"巴郡南郡蛮……未有君长，俱事鬼神，乃共掷剑于石穴，约能中者，奉以为君。"⑥ 人们以掷剑比赛的方式来乞神显灵，而

---

① 《吕氏春秋·古乐篇》。
② （宋）罗泌：《路史·葛天氏》。
③ 《吕氏春秋·古乐篇》。
④ （宋）罗泌：《路史·阴康氏》。
⑤ 旷文南：《中国武术文化概论》，四川教育出版社，1990，第18~20页。
⑥ 《后汉书·南蛮西南夷列传》。

只有技艺超群者，才能被奉为部落首领。这种竞技比赛，也可称得上是武术竞赛的萌芽。

二 夏商西周

夏朝建立，是中国历史从氏族社会进入了王位世袭制社会的标志。至商代，"礼"与"武"，成为"国"之首要大事。到周代，与武有关的"六艺"，在国家教育中占据重要位置。

当时的田猎生活，逐渐带有旨在满足某些奴隶主贵族进行消遣的性质。这是一个根本性的嬗变。商朝开国君主商汤崇尚武功，自称"武王"。同时，殷商卜辞中也有不少对在田猎中擒获猛兽的武勇纪事，而且在学校教育中，商代射、御等军事教育在学校已经占据重要地位。这些都从侧面证明了殷人浓厚的尚武意识。至周代，"六艺"即"礼、乐、射、御、书、数"在周代的社会和政治中都占有重要地位，而"六艺"中的"礼、乐、射、御"都与武术有着很大的关联。在西周，人们把弓箭的技术上升到了"射礼"的高度。把射箭当成一种"礼"，无疑证明了周代人对射的无限崇尚。而且，统治者对武力的重视，还使得"射术"成为选士的标准之一。"无拳无勇，职为乱阶"[1]，充分显示出当时人们对于"拳勇"的高度重视。

在社会普遍尚武的大背景下，女性尚武也不可小觑，特别是商代的女性尚武。商代卜辞记载有："辛巳卜，争贞：今春王共人呼妇好伐土方"，"登妇好三千，登旅万，呼伐羌"[2]。可见商代女性经常接受商王的命令去驰骋疆场，率兵出战，建立功勋。在卜辞中，记载有不少女性成为商代带兵打仗的将帅而颇具威名的故事。

据兵器史料记载，在公元前21世纪建立的夏王朝军队中，虽然主

---

① 《诗经·小雅·巧言》。

② 陈义初：《河洛文化与殷商文明》，河南人民出版社，2007，第392页。

要还是沿用石制兵器，但已经出现了部分青铜兵器。商代时，青铜兵器得到了更进一步的发展，制品有：长杆格斗兵器戈、矛、斧，卫体兵器短柄刀、剑，射远的复合兵器弓箭，防护装具青铜胄，皮甲、盾，等等。[①] 1953 年，在河南省安阳殷墟出土的商代文物有铜矛头、铜勾、铜戚、铜刀、铜斧、铜簇等。另外，在山东省益都出土的商代兵器铜钺、铜头玉矛、铜戈等也是很好的例证。西周时期，由于青铜冶炼技术发达，适用于战争需要的各类青铜兵器便得以大量制造，并且做工精良。此时的兵器进一步多样化，长兵器有戈、戟、钺、矛、斧等，短兵器则有刀、剑等。这些兵器多为铜质，质地精良坚利。[②]

"古之兵，弓剑而已矣，槽矛无击，修戟无刺"[③]，可见在商代，人们普遍使用的兵器是短兵器。这里值得提出的是作为卫体兵器的剑。剑，大约出现于商代，其剑身相当短，类似"匕首"。直至春秋战国时期，剑身逐步加长。"剑，检也，所以防检非常也。"[④] 可见在以车战为主的古战场上，剑并非是主要的作战武器，其主要价值是卫体。

夏商周时期，人们的武艺即武术水平已经很高，在许多典籍中都有记载。据说，殷代纣王多次率军征伐，以勇武而威天下。他自己也是力大无穷，勇猛非常，有"倒曳九牛，抚梁易柱"[⑤] 的能力。此外，"帝纣资辨捷疾，闻见甚敏；材力过人，手格猛兽"[⑥]，纣王的"手格猛兽"之能，充分显示出了其高超的格斗技能。除了纣王之外，夏代的桀也是一位武艺高超、英勇善战的帝王，"夏桀、殷纣，手搏豺狼，足追四马，勇非微也；百战克胜，诸侯慑服，权非轻也"[⑦]。这是我国古代关于

---

① 周纬：《中国兵器史稿》，百花文艺出版社，2006，第 30 ~ 37 页。
② 周纬：《中国兵器史稿》，百花文艺出版社，2006，第 30 ~ 110 页。
③ 《淮南子·氾论训》。
④ （汉）刘熙：《释名·释兵》。
⑤ （汉）皇甫谧：《帝王世纪》。
⑥ 《史记·殷本纪》。
⑦ 《史记·律书》。

"手搏"一词最早的记载。除了这两个帝王之外，在臣子中也有这样的人物，如费仲可以"足走千里，手裂兕虎"①。商周时，在军队中还出现了很多大型的徒手搏斗角力活动。

关于古人勇力的描述在很多典籍中都可以看到。"襢裼暴虎，献于公所"②，"暴虎，空手以搏之"③，"延颈承刃，披胸受矢，铠锷摧屈，而体无痕挞"④，等等，都充分表明，无论是人与兽搏，还是人与人搏，当时人们的武术技能已经达到了很高的水平。《诗经·小雅·巧言》说："无拳无勇，职为乱阶。"⑤虽然这里的"拳"字被古人注解为"力"，并非指拳技之"拳"，但还是很清楚地反映出了拳、力、勇三者之间的紧密关系，反映出人们思想意识深处的某种文化倾向。在某种意义上可以说，周代已初步形成了将技、力、勇作为习武者技击能力之三大要素的观念。

据资料来看，在此时期，已出现了较为成熟的军事技能训练。周武王统率军队在牧野与商大战之前，在勉励将士的话中提到："勖哉夫子！不愆于四伐、五伐、六伐、七伐，乃止齐焉。"⑥汉代经学大师郑玄解释说："伐，谓击刺也，一击一刺为一伐。""一击一刺"显然是指两种不同兵器技能之间的配合。

夏商周时期的武舞大致有以下几种。

1. 象舞

有关象舞的记载很早就有，最早见于《礼记·内则》的"成童舞象"。《毛诗正义》孔疏云："维清诗者，奏象舞也""谓文王时有击刺之法，武王作乐，象而为舞，号其乐曰象舞。至周公、成王之时，用而

---

① 《晏子春秋·内篇谏上》。
② 《诗经·郑风·大叔于田》。
③ 《毛传》。
④ 《列子·汤问》。
⑤ 《诗经·小雅·巧言》。
⑥ 《尚书·牧誓》。

奏之于庙"。① 就目前掌握的资料来看，象舞，可能是将可实际用于作战的击刺技法与音乐高度合一的一类集体武舞。

2. 干戚舞

"执其干戚，习其俯仰诎伸，容貌得庄焉；行其缀兆，要其节奏，行列得庄焉，进退得齐焉。"② "动以干戚，饰以羽旄，从以磬管"③。可见，干戚舞可能是一种手持兵器、与音乐相合、行列整齐的，试图通过演练来表现出精神饱满、队列庄严效果的集体武舞。

3. 万舞

万舞在《诗经》中就有出现。后人在作注疏的时候有了更清楚的解释。"以干羽为万舞，用之宗庙山川"④，"干舞有干与戚，羽舞有羽与旄，曰干曰羽者，举一器以立言也。干舞，武舞，羽舞，文舞，曰万者，又兼二舞以为名也"⑤。这里说的万舞兼有文武两种性质，当然也有人认为万舞是一种军事训练的手段，如"楚令尹子元欲蛊文夫人，为馆于其宫侧而振万焉。夫人闻之，泣曰：'先君以是舞也，习戎备也'"⑥。总的来说，万舞可能用于沟通神灵和军事训练的文舞与武舞的总称。

4. 大武舞

武宿夜是大武舞中场面宏大、气势壮观的一类，除了武宿夜外可能还有酌、桓、赉、般，等等。⑦ "朱干玉戚以舞大武"⑧，"武宿夜是大武乐章之名""武王伐纣，至于商郊停止宿夜，士卒皆欢乐，歌舞以待旦，因名焉"⑨，可见"大武舞"是周武王为了庆贺灭纣成功而作。大

---

① 李学勤：《毛诗飞义》，北京大学出版社，1992，第1286～1287页。
② 《礼记·乐记》。
③ 《荀子·乐论》。
④ 《毛传》。
⑤ 《毛诗传疏》。
⑥ 《左传·庄公》。
⑦ 陈多、叶长海：《中国历史剧论选注》，湖南文艺出版社，1987，第514页。
⑧ 《礼记·祭统》。
⑨ （宋）马端临：《文献通考·宗庙考元》。

武舞内容丰富并通过一定的情节来表现武王伐纣胜利的全过程。同时，大武舞又能起到震慑睹者、教化平民的作用。

除上述几种之外，还出现了商乐《大汉》、武王伐纣时的"巴渝舞""干戈舞"等。这时武舞所持的器械增加了弓、矢、矛、钺等。可以看出，武舞工具是与武器的制造、应用紧密结合的。正所谓"以是舞也，习戎备也"，这一时期，浑然一体的"武""舞""乐""颂"有了文舞与武舞的分化，但依然存在很多交叉。

以武立国，崇尚武功，是夏、商、周时期的显著特征。此时，青铜器的使用促进了兵器种类和技艺的迅速发展，成为兵器史上划时代的大事；种类较多的武舞出现，意味着已经出现了与乐、文和舞台合一的集体表演类的武术之雏形，而且具有大型、壮观、"舞台表演"等属性。

三　春秋战国

春秋战国时期，是重要的社会转型期，是百家争鸣、百花齐放的文化发展高峰期。此时，诸侯争霸，攻伐激烈，各国都重视"拳勇""技击"。此时期，军队习武的内容、形式和规模，皆超过以往。此时的武术训练，非常重视各种攻防技术的实战运用。此时的各个诸侯国都很尚武，齐国相比程度更高。齐国习武自国君到士民蔚然成风。"及庄公陈武夫，尚勇力"[①]，"其士民贵武勇，而贱得利"[②]，"齐愍以技击强，魏惠以武卒奋，秦昭以锐士胜"[③]，等等，都体现了齐国人民的尚武风气。

此时的许多国家，纷纷废除旧有的世卿世禄制，改为以军功授田宅爵禄。各国诸侯崇尚武功、重视武力的思想意识，极大地刺激了社会大

---

① 《晏子春秋·外篇上》。
② 《管子·五辅》。
③ 《汉书·艺文志》。

众的习武风气，使习武活动在民间广泛开展。吴地人们"尚勇轻死"，荆楚多有"奇才剑客"。"首赵文王喜剑，剑士夹门而客，三千余人"[①]，"吴王好剑客，百姓多创瘢"[②]，等等。这一时期有很多以武技谋生的剑客，佩剑、斗剑成为流行风尚，也说明当时社会中存在浓厚的习剑风气。

春秋时代，文武分途、侠士兴起。此时的武士多来自平民百姓，他们重义轻财、疾恶如仇。他们或凭借个人技勇为人效命，或以武技谋生，或寻求进身，或为护卫保镖，或为谋杀刺客，又或为血亲复仇。此时期，出现了很多著名的侠客，如鲁国的曹沫执匕首强逼齐桓公还侵鲁之地，吴国的专诸藏匕首于鱼腹中刺杀吴王僚，等等。

"兵戈乱浮云"，是这个时代的代名词。随着生产技术水平的提高以及作战方式的改变，再加上兵器由铜制逐渐向铁制过渡，兵器也朝着多样化方向发展。此时的兵器，主要是"五兵"和"五刃"。"五兵"即戈、殳、戟、酋矛、夷矛，[③]"五刃"即刀、剑、矛、戟、矢。[④]武器的改进与发展，丰富了武术的内容，提升了武术的水平。

众多兵器中，剑和弓弩极为盛行，尤其是剑。在这个时期，全社会都重剑，几乎每个君王都有收藏宝剑的嗜好，同时，剑也是军队步骑兵的主要装备。此时的铸剑水平很高，铸造出了诸多名剑，如盛传的楚之龙泉，秦之太阿、工市，吴之干将、镆铘、属镂，越之纯钩、湛卢、豪曹、鱼肠、巨阙，[⑤]以及越王勾践剑、吴王夫差剑、吴王光剑，等等。

此外，在这一时期，戈作为主要武器，也发展到了它的极盛时期。此时的戈，不但铸造精美、纹饰华丽，而且还有用黄金来镶嵌纹饰的。

---

① 《庄子·杂篇·说剑》。
② 《后汉书·马援列传》。
③ 《周礼·夏官·司兵》。
④ 《国语·齐语》。
⑤ （唐）徐谦益：《初学记·武部·剑》。

春秋战国时期，由于车战向步骑战过渡，战斗逐渐向近战、贴身肉搏方向发展。这就使得格斗取胜从过去主要靠力量向靠技术的方向发展。此时，就兵器而言，除了戟、短矛、长矛、殳、戈五兵之外，刀也派上了很大用场。特别是各国统治者对"拳勇""技击"的提倡，使刀与其他兵器结合、对抗的技艺得到发展，诸如刀盾结合与刀剑相击等。

在制造材料上，春秋战国时期出现了青铜复合剑的制造技术。这种脊部坚韧刃部锋利、刚柔相济的复合剑，既有比较高的刺杀力又经久耐用，是青铜兵器制造技术提高的一个重要标志。这一时期的青铜兵器发展到了鼎盛阶段。① 此时铁制兵器已经出现，但生产兵器的原材料并没有从青铜器发展到铁器阶段。因为虽然此时铁的冶炼技术已经普及，但用铁制造兵器的技术尚未发展成熟。②

这个时期，作为徒手搏斗的"手搏"活动在不断发展。"公子友谓莒挐曰：'吾二人不相说，士卒何罪？'屏左右而相搏"③。鲁公子友与莒"相搏"，"晋侯梦与楚子搏，楚子伏己而盬其脑，是以惧"④，等等。此时的"手搏"已基本成为一门相对成熟的搏击技能并可以通过比赛来衡量其水平的高低。

各国对士兵训练的主要内容是体力、拳脚、胆量等。"凡执技论力，适四方，裸股肱，决射御"⑤，"孟冬之月……天子乃命将帅讲武，习射御、角力"⑥。春秋时期，"角力"被作为一种重要的军事训练手段而受到重视，皇帝命令在一定的时间统一进行。但是到后来，"角力"的性

---

① 周纬：《中国兵器史稿》，百花文艺出版社，2006，第37~110页。
② 〔日〕筱田耕一：《中国古兵器大全》，顾时光译，香港万里机构出版有限公司，第17、18页。
③ 《谷梁传·僖公元年》。
④ 《左传·僖公二十八年》。
⑤ 《礼记·王制》。
⑥ 《礼记·月令》。

质慢慢变味，逐渐成为娱乐消遣的内容。"春秋之后，灭弱吞小，并为战国，稍增讲武之礼，以为戏乐，用相夸视，而秦更名角抵，先王之礼没于淫乐中矣。"①

此时，剑道发展成为亮点，剑的击刺技术日臻成熟。"臣之于君也……若手臂之捍头目而覆胸腹也，诈而袭之与先惊而后击之一也"②，"夫为剑者，示之以虚，开之以利，后之以发，先之以至"③，等等，透彻地说明了当时剑法的完善与高超程度。"其道甚微而易，其意甚幽而深，道有门户，亦有阴阳，开门闭户，阴衰阳兴。凡手战之道，内实精神，外示安仪。"④ 这段关于越女炉火纯青之剑技的描述令人感叹不已。《吕氏春秋》剑伎云："持短入长，倏忽纵横之术也。"可以看出这时剑技的飞速发展与剑道的日臻成熟。

至春秋战国时，武舞的表演性、娱乐性的价值得到突出的发展。孔子的弟子子路精于剑术，还曾在孔子面前自豪地"拔剑而舞"。此时，武舞有意识地向自觉性、理论性的方向发展。《吴越春秋》中越女"凡乎战之道，内实精神，外示安仪，见之似好妇，夺之似惧虎"的剑术理论⑤，在表达搏击技巧的同时，也清晰地表现了作为特殊武舞之一的剑舞在演练技巧上的先静后动、静中求动、动静结合的特点。

春秋战国时期，"相搏"普遍流行。两人相搏，凡是制服对方就算获胜。此时，相搏时的摔法、打法、拿法等都有了新的突破，动作出现了连续的组合，甚至组成短套路。同时，斗剑也很普遍，以一方刺死另一方来分胜负。这一时期，两人分输赢的打斗并没有合理的规则与限制，但其毕竟是一种分胜负的形式，也应该算是武术搏击比赛的一种雏形。

---

① 《汉书·刑法志》。
② 《荀子·议兵》。
③ 《庄子·杂篇·说剑》。
④ 《吴越春秋·勾践阴谋外传·越女论剑》。
⑤ 《吴越春秋·勾践阴谋外传·越女论剑》。

这个时期，还出现了一些与武术有关的论著，诸如我们现在熟知的《庄子·杂篇·说剑》《吴越春秋·勾践阴谋外传·越女论剑》等。《吴越春秋·勾践阴谋外传·越女论剑》中那段越女关于"手战之道"的著名论述，更是中国古代武术理论中的经典之言。

第二节
变幻起伏

从秦汉三国，到两晋南北朝，到隋唐五代，再到宋辽金夏元，中国各地的习武之风，变化不一，盛衰各异。变幻起伏，是这一漫长时期中国武术通过习武风气表现出来的总体特征。

一 秦汉三国

公元前221年，秦王朝统一六国，建立了中国历史上第一个中央集权制政权。刘邦建立的汉王朝，使政治、经济、文化得到了较快发展。东汉末年，社会矛盾尖锐，逐步形成了魏、蜀、吴三国鼎立之势，中国进入了三国时代。

秦始皇"焚书坑儒"且尽收天下兵器，西汉明确提出"罢黜百家，独尊儒术"，二者均对武术发展产生了负面影响。汉代儒家提出"去武行文，废力尚德"[1]，导致重文轻武之风成了社会的主流，在很大程度上制约了武术的快速发展。[2] 在汉初，统治者出于维护安全的需要，曾经鼓励边民习武，一度使民间习武风气浓厚，尽管此后历代的习武风气

---

① （汉）桓宽：《盐铁论·世务》。

② 杨建营、邱丕相：《武术的文化进程探析》，《上海体育学院学报》2008年第2期。

此起彼伏，武术依然不断得到发展，但是，随着社会的稳定，重文轻武就逐渐成为中国主流社会的一个无法彻底改变的民族潜意识。也许，正是由于在战争对武术的需要与主流社会对武术的轻视之间形成的长期矛盾，造就了中国武术由先秦之轻死尚勇的拼杀术向后世之多属性文化形态的转化。

秦代，铁制剑已经取代了青铜剑。从西汉时期开始，环首铁刀慢慢把剑从战场上排挤出去。汉代刀受到重用，并正式将刀称为"短兵"。随着刀的制作工艺的改善和形制上的改变，钢刀不仅在战场上受欢迎，在官场上也同样地位尊贵，佩刀常常被用来表示达官贵族的地位等级。汉时，自天子至百官无不佩刀，甚至百姓也有佩刀的习惯。汉代军队中的长兵主要是戟和矛，尤其是长戟，兼有刺、挑、叉、钩、斫等多种功能，具有较强的杀伤力。在三国时期步卒和骑兵同样将它作为主要的格斗兵器。

三国以后，剑淡出了战争拼杀的场合，作为一种私斗兵器而存在。三国时期，铜兵器已经基本上退出了历史舞台，铁兵器进入了全盛时期。铁兵器的广泛制造和使用，使得冷兵器的质量和性能得到大幅度的提高，也使得古代军队的兵器发生了巨大的变革，大量手持锋利铁兵器的骑兵、步卒等相应而生。人们在一次又一次的战斗实战中不断地总结经验，不断地创造出新的兵器。"魏太子曹丕选楚越良工制铁刀、铁剑、铁匕首，精而炼之，至于百辟（即锻炼百次）"①。兵器的种类开始多了起来，且在形制和用法上都有了新变化，除了以往说的"五兵"变为"弓、弩、戟、盾、刀剑"外，还有铁柄刀、戈、殳、斧、狼牙棒等武器。三国时代，著名兵器鉴别家吕虔对汉武帝钦定的兵器重新排列为九长九短。九长即刀、矛、戟、槊、镗、钺、棍、枪、叉；九短为斧、

---

① 周纬：《中国兵器史论》，百花文艺出版社，2006，第146页。

戈、牌、箭、鞭、剑、铜、锤、抓。①

秦汉时期，武术动作被"百戏"吸收，产生了武术表演。汉代出现"武艺"一词，出现了象形拳术。据史料，到了汉代，角抵活动在广泛吸收如舞蹈、音乐、杂技、戏剧和幻术等艺术内容基础上，形成了规模庞大的角抵戏。②汉代，有一种比角抵更为兴盛的武术活动，是手搏。汉代的手搏和角抵并非一个项目，而是一个具有多种打法、手足并用的技术体系。汉代尤其是东汉时期的武舞，出现了打斗、进击等具有强烈攻防含义的动作。这一时期，武舞主要有钺舞、斧舞、剑舞、戟舞、剑戟舞等。

剑在当时被称为"剑者，君子武备，所以卫身"③。淮南王刘安在当太子时，就好击剑。另外，像司马相如、东方朔等文人学士，年少时都好习学剑术。许多人自幼习剑，民间的习剑击剑之风很盛，"吴、粤之君皆好勇，故其民至今好用剑，轻死易发"④。东汉时，豪强地主往往"养剑客以威黔首"⑤。从资料来看，当时的习剑已经对剑技的师承与方法十分讲究，"剑伎之家，斗战必胜者，得曲城、越女之学也。两敌相遭，一巧一拙，其必胜者，有术之家也"⑥。关于剑技的师承，东汉初期王充在其《论衡》一书中仅提到了曲城、越女两家，而到了东汉末年，依据古籍中的记载在数量上已经相当多了，"四方之法各异，唯京师为善"⑦。可见剑术在当时已有了不同的风格特点，精彩纷呈。同时，在当时舞蹈文化的影响下，剑又向飘逸典雅的"剑舞"发展。此外，在东汉谶纬神学的影响下，剑开始被罩上了一层神秘的外衣，成

---

① 禾三千：《决定中国强盛的命运之战》，北方文艺出版社，2006，第100页。
② 国家体委武术研究院：《中国武术史》，人民体育出版社，1997，第77页。
③ 《汉书·隽疏于薛平彭传》。
④ 《汉书·地理志》。
⑤ （唐）杜佑：《通典·食货一·崔寔政论》。
⑥ （汉）王充：《论衡·别道篇》。
⑦ （三国）曹丕：《典论·自叙》。

为一种君权神授的文化象征。

汉代三国时的刀、矛、槊等技术，已经具有了较高的水平，诸如关云长、庞德、魏延、徐晃、袁尚等的大刀术，祝融夫人的飞刀术，张飞的长矛术，西汉大将李广之子李敢的长槊和短刀之技艺等。

从王充的《论衡》和曹丕的《典论》中可以看出，当时社会上的剑技习练，不但已有了明显的师徒传承关系，而且在这个传承过程中，汉代已明确提出了对习武者的品德要求。真正具有武术文化意味的、并作为对习武者行为规范的"武德"要求，较早见于司马迁的《史记》中。"非信廉仁勇不能传兵论剑，与道同符内可以治身，外可以应变，君子比德焉。"① 司马迁的这段文字，在武德发展过程中具有开拓性的意义。

《汉书·艺文志》的《兵书略》将各种兵书分成四类，其中第四类叫"兵技巧"。其所载大多为射法，少数为其他技法，如《逢门射法》两篇、《阴通成射法》十一篇、《李将军射法》三篇、《魏氏射法》六篇、《强弩将军王围射法》五篇、《望远连弩射法》十五篇、《护军射师王贺射书》五篇、《蒲苴子弋法》四篇等和《手搏》六篇、《剑道》三十八篇、《蹴鞠》二十五篇等。② 此书中的"兵技巧"部分，是今天我们所知道的最早的武术著作，对当时和后世都产生了深远影响。由此可见，最晚在汉时，就已经出现了关于武术拳法与器械技法的基本理论。

二 两晋南北朝

从晋朝到隋文帝灭陈的300多年时间内，朝代更迭频繁，社会动荡不安。人们习惯把这段变幻纷杂的历史时间段，称为"两晋南北朝"时期。

---

① 《史记·太史公自序》。
② 马明达：《略论武术古籍与武术文献学的建立》，《体育文化导刊》1999 年第 6 期。

此时期的民族迁徙，造成文化交流频繁，使得各民族之间的武技武艺也得到了相当广泛的交流。妇女习武空前活跃，例如北齐统治者倡导妇女习武，著名的花木兰替父从军的故事即是发生在这一时期。以武选士制度极大地促进了武艺的发展，例如西魏实行府兵制，参选入士，既要掌握拳术的擒拿技术，又要善于运用各种长短武器。这对武术技巧和各种身体能力均提出了要求，加强了人们对于武艺的重视。

从汉代开始，环首铁刀逐步取代了长剑的位置；到了两晋南北朝，刀不但成为当时部队最基本的短兵装备，而且由于制作精美，深受当时人士所喜爱，成为日常佩带防身之器。[1] 此时的刀与盾相互配合使用，史料中就有不少将士，手持刀盾冲锋陷阵的记载。

两晋南北朝时，剑作为朝仪礼器，分级别佩带，乃是人的身份象征；作为道家法器，乃是术士们辟邪诛鬼的重要工具；作为格斗兵器，乃是侠士扶危济困、惩恶扬善的重要工具。剑之功用的多样化，使得剑道成为一种寓意多元的文化现象。

在两晋南北朝的军事战场上，稍开始逐步取代戟，成为骑战中最主要的长兵武器。稍在古文中有时又作"槊"。经过三国、两晋的积累，到南北朝时，无论在技艺上还是在理论上，人们对稍的掌握都趋向成熟。此时，出现了由梁简文帝萧纲编撰的《马槊谱》这样一本理论专著，对该兵器进行了详尽的论述和介绍，"马槊为用，虽非远法，近代相传，稍已成艺"[2]。《马槊谱》一书，在《隋书·经籍志》中尚有收录。通过对武术发展脉络的分析可以知道，稍的运用，基本决定了我国古代长兵器械中以枪为主的趋势。

棍是两晋南北朝时较常见的一种兵器，别称为杖。此时人们的棍技

---

[1] 周伟良：《中国武术史》，高等教育出版社，2003，第34页。

[2] （唐）欧阳询等：《艺文类聚·军器部·稍》。

也有了很大提高。晋代葛洪年长后"晚又学七尺杖术，可以入白刃，取大戟"①。依对葛洪的记载，古代棍术发展至晋代，已被总结出了专门的习练方法，成为一种具有"入白刃，取大戟"效果的专门技能。② 在军事战阵上，有"人马逼战，刀不如棒"③的说法。

中国古代的角抵活动，从晋代开始又被称为"相扑"。"相扑下技，不足以别两国优劣，请使二郡更对论经国、大理人物得失"④，古代"相扑"之名，始见于此。

这个时期人们的武技水平在史书中都有不少记载。魏孝文帝力量很大，十余岁时"能以指弹碎羊髆骨"⑤。羊髆骨就是羊的肩胛骨，足见其指掌功夫之深。关于轻功的记载也让人称奇，"默壮勇拳捷，能贯甲跳三丈堑，时人咸异之曰：此儿必兴郭氏"⑥；羊侃，"尝于兖州尧庙踏壁，直上至五寻，横行得七迹"⑦。寻是古代的长度单位，八尺为一寻。"踏壁，直上至五寻"以及"横行得七迹"，也许是描述羊侃具备凭借墙壁纵向向上、横向左右移动的"飞檐走壁"式的能力。⑧

当时的射箭技术已经十分发达与普及。许多人自幼学射，技艺精绝，使独特的射箭技术得到了传承和发展。《魏书·高祖纪下》记载，文帝"少而善射，有膂力。年十余为，能以指弹碎差羊髆骨。及射禽兽，莫不随所志毙之"，夸孝文帝自幼学射且技艺不凡。

在军事训练方面，由于战乱的影响，军事训练，备受重视，还出现了配图的《马射谱》《马槊谱》《骑马都格》等专著⑨。据记载，这一

① （晋）葛洪：《抱朴子·外篇自序》。
② 周伟良：《中国武术史》，高等教育出版社，2003，第36页。
③ 《魏书·尔朱荣传》。
④ （宋）李昉等：《太平御览·工艺部·角抵》。
⑤ 《魏书·高祖纪下》。
⑥ （北魏）崔鸿：《十六国春秋·前赵录·刘聪》。
⑦ 《梁书·列传·羊侃》。
⑧ 周伟良：《中国武术史》，高等教育出版社，2003，第33页。
⑨ 胡小明等：《体育人类学》，高等教育出版社，2005，第178页。

时期各种兵械的使用都有"口诀要术"，组合练习日趋稳定，兵械技术训练出现了程序化的苗头。除士兵练武外，也有来自民间练"部曲"的。

此时的武舞，又有了进一步的发展。先秦时用于表现武王伐纣的武舞，在汉代称"巴渝舞"，到晋代改称为"宣武舞"。武士执剑而舞，动作迅速，如电光火花一般，而且其中有了规定套路。这一时期，还盛行矛舞和剑舞等持械的武舞，而且出现了单人的徒手武舞。此时的武舞，把攻防格斗技术的精华动作编成组合，并要求在不改变动作规范的基础上进行表演。另外，除了武舞，此时还出现了"跳剑"或"跳刀"等兵械表演活动[①]。此时的武术表演技法，已更为接近后来的武术套路。

北朝魏孝武帝提倡射箭并经常举办射箭比赛。有一次，他曾经在百步之外设置一个银杯，命令那些善射者一起射，谁射中就把谁的名字刻在这个银杯上。这是我国最早出现的银杯赛。另外，据资料记载，梁朝与北齐也多次进行武术交流比赛，内容有刀术、拉强弓以及左右驰射等。可见，在两晋南北朝时期已经有了武术竞赛的形式。

三　隋唐五代

隋文帝结束了魏晋南北朝以来数百年的地方政权对峙局面之后，历史进入隋代，隋代之后是繁荣的唐代。后来，因剿灭黄巢有功被唐王朝封为梁王的朱温灭唐称帝，定国号为梁（史称"后梁"），使得中国进入了五代十国时期。

隋唐两代，在对原有府兵制度进行改革的同时，都重视对府兵的训练。唐代开始实行武举制，通过考试选拔武勇人才。尚武崇侠，是唐代的普遍风习。在唐朝，到处弥散着浓厚的尚武气息。

---

① 国家体委武术研究院：《中国武术史》，人民体育出版社，1997，第120页。

隋唐五代的器械，以铁代铜，抑长兴短，可以说是多姿多彩、十分丰富。据《唐六典》记载，当时的政府已有了制造兵器的统一标准。

隋代时枪成为步骑兵的主要作战武器，在唐代的军中长兵也以枪为主。从枪的形制看，唐代的枪基本有白杆枪、木枪、漆枪和朴枪四种，但其形制已无所考。[①] 铁头木杆并有红缨，唐代枪的形式与当今基本无异。[②] 棍在唐代已不再是将领偶尔使用，军队似及普遍装备。[③] 唐时的剑已退出了军事战争的舞台，寄身在民间发展，剑的形制自唐后基本定型。[④] 唐时刀有"仪刀、障刀、横刀、陌刀"四种，其中陌刀在战阵中发挥着巨大威力。唐代不仅朝廷军队用刀，就连农民起义时的武器装备也多是刀和枪。[⑤] 总的来看，从器械的规格上看，唐代的刀、枪、棍、剑已形成当今武术器械的基本形态。[⑥]

在当时的资料中，记载着许多战将善用稍、矛、槊的事例，像众人熟知的秦琼、尉迟敬德、单雄信等人，都是善于马上用枪的骁将。到了五代时期，还出现了一些善用铁枪者。在唐代的枪技发展中，还出现了"避枪"和"夺枪"的技能。

此外，唐代还出现了不少善用刀的猛将："盖苏文状貌雄伟，意气豪逸，身佩五刀，左右莫敢仰视。"[⑦] "李嗣业身长七尺，壮勇绝伦……用陌刀，咸推嗣业为能，每为队头，所向必陷。"[⑧] 其手拿一把短刀，冲锋陷阵，所向无敌，没有超人的刀技是不可能办到的。

唐朝统治者受北方骑射民族影响，将弓箭作为常规的远射武器，并

---

① 周伟良：《中国武术史》，高等教育出版社，2003，第 47 页。
② 国家体委武术研究院：《中国武术史》，人民体育出版社，1997，第 165 页。
③ 国家体委武术研究院：《中国武术史》，人民体育出版社，1997，第 170 页。
④ 国家体委武术研究院：《中国武术史》，人民体育出版社，1997，第 172~173 页。
⑤ 国家体委武术研究院：《中国武术史》，人民体育出版社，1997，第 173~176 页。
⑥ 周纬：《中国兵器史稿》，百花文艺出版社，2006，第 133~139、144 页。
⑦ 《资治通鉴·唐纪》。
⑧ 《旧唐书·李嗣业传》。

大力提倡，从而使包括妇女在内的大量人群都喜欢习武射箭骑马。唐代弓矢的结构精巧，规格多样，弓有长弓、角弓等四种，弩有擘张弩、角弓弩等七种，箭也有竹箭、木箭等四种。

　　唐、五代的兵器，除上面列举的外，还有套索、链锤、绳标、挝、锤、鞭等，均为打击兵器。

　　唐代武舞的分类更加精细、范围更加广阔、娱乐性更强。唐代的舞蹈大体可分为"健舞"和"软舞"两类，其中所谓的"健舞"，实际上主要就是武舞。在唐代的各种史书典籍中，提到较多的武舞，有剑舞、剑器舞、矛舞、破阵乐舞、大面舞、狮舞等。

　　摔跤活动在继两晋、南北朝的衰落之后，于隋唐两代又重新复苏并盛极一时。隋炀帝本人极为喜好角抵，唐代的君王也大多对角抵之类的项目有着浓厚的兴趣。这一时期，摔跤活动的名称还有角抵、角力、手搏、相搏、相扑等。比赛时，摔跤是和拳打脚踢结合在一起的，场面相当激烈。角抵比赛常常是"观者如堵，巷无居人。从正月上元至五月方罢"①。此外，唐代的宫中，还不时进行一些不同于军事征战的枪技比武，以及一些娱乐性的枪技活动。

　　这一时期，有关武术的记载，多是在唐诗、唐武侠小说等文学作品中的零星描写，且掺杂作者的夸张因素。在《新唐书·艺文志》中所著录王琚《射经》一卷，可称之为专门的武术理论。此卷内容非常详细，反映了当时射艺理论的水平。

四　宋辽金夏元

　　北宋时期，今内蒙古一带的古契丹民族，建立了与北宋抗衡200余年的辽国政权，西部的党项羌族也在今甘肃、宁夏一带建立了西夏政权。后女真族灭辽而占领中原，建立了与南宋对峙的金朝。13世纪初，

---

①　（宋）调露子：《角力记·出处》。

成吉思汗领导蒙古民族灭西夏和金朝，并远征欧洲，建立威震欧亚的蒙古汗国。至忽必烈时，灭南宋，建立了统一南北疆域广阔的元朝帝国。[①]

宋代统治者出于维护政权的需要，还是注重其军队的武备力量的。宋代养兵甚重，订有一套较规范的训练制度，并一度恢复了武举制和武学等。宋代的武举分比试、解试、省试和殿试四个等级，考试科目分武艺和程文两种。武艺主要是弓马骑射。为了培养军事人才，宋仁宗庆历三年初设武学。武学中的武技内容，多是依据军事武备所需而设。

宋代边患不绝，由于朝廷一贯奉行守内虚外的政策，因此使得入侵者大肆掳掠。为此，许多农村民众纷纷结社习武，自保御敌，[②] 如河北定州（今定县）等地成立的"弓箭社"，山东、河北一带民间成立的"棍子社"等。尽管宋朝统治者屡屡严禁，民间结社习武仍然不绝，有的还成为农民起义前的一种结聚形式。在乡村结社组织发展的同时，宋代城市结社组织也在悄然形成。如在南宋都城临安，出现了徒手争交的"角抵社""相扑社"，射弩的"锦标社"，使棒的"英略社"等。[③] 宋代的江湖游民或绿林豪杰都好用棍棒，"使棒"一词就始于宋代。两宋时期，各类民间结社组织广泛开展习武活动，是当时的一个显著社会特征。

我国古代的兵器发展至宋代时已经千姿百态，但形式庞杂，凌乱无章，应该是当时形势发展演变的必然结果。

宋代长兵器沿袭隋唐遗制，以枪为主，长杆大刀次之，并有钩竿、叉竿等杂形长兵器，这些长兵器明显带有胡人特点；各式长枪中，带有汉族以外的形制。长刀大都承袭三国两晋及隋唐之制。《武经总要》中

---

① 国家体委武术研究院：《中国武术史》，人民体育出版社，1997，第 216 页。
② 周伟良：《中国武术史》，高等教育出版社，2003，第 60 页。
③ 周伟良：《中国武术史》，高等教育出版社，2003，第 61 页。

所图宋代长兵器有数十种，其中虽然有宋人创制的长兵器，但大多数是由旧兵器仿制而来。

宋代最重要的短兵器是刀与剑，但刀与剑的形制却非常简单。刀只一色，形极笨重；剑只两色，悉依唐制，形式亦欠灵活。可能是模仿外族短兵器过多的原因，宋代短兵器的形制极为庞杂，其中杂式短兵器极多，如：蒺藜、蒜头，原来是羌戎所用的兵器；铁鞭多节，乃是袭晋代遗制；连珠三节鞭，是胡人所用兵器的形制；铁锏，在唐代已经广泛使用；方体斧和凤头斧，是遵循晋唐遗制；剉子斧，形式特别，不像是汉人自制的兵器；等等。此外，宋代短兵还有铁棒类短兵器，其形式有用钩用齿的区分，以及一节两节的差别，而且还带有各边族兵器的形制，有铁链夹棒、杆棒、柯藜棒、白棒、钩棒、杵棒、抓子棒、狼牙棒，等等。①

宋代枪形制多样化，枪法技艺也出现多样化，并出现了许多善使铁枪者。在宋代民间的习武活动中，已出现了冠以某种名称的枪法，形成了不同的枪法流派，如东路枪手、河东流派等。宋代刀术的发展也很快，出现了不少善使大刀的名手。

辽、金骑兵多用长枪，另备短刀，以枪为主，必要时刀枪并用。"出河店之役，太祖欲亲战，挞懒控其马而止之曰：'主君何为轻敌，臣请效力。'即挺枪前，手杀七人。已而枪折，骑士曳而下者九人。太祖壮之曰：'诚得此辈数十，虽万众不能当也。'"② 金军将士以矛枪著名者不少，如"谋衍，勇力过人，善用长矛突战"③。辽、金、西夏，其狩猎放牧为主的生活方式及大漠草原的环境，决定了武事在其生活中占有极为重要的地位。④ 其实行的是全民皆兵的制度，"夷狄之伪，人

---

① 周纬：《中国兵器史稿》，百花文艺出版社，2006，第146～147页。
② 《金史·列传·挞懒传》。
③ 《金史·列传·谋衍传》。
④ 国家体委武术研究院：《中国武术史》，人民体育出版社，1997，第217页。

人能斗击，无复兵民之别，有事则举国皆来"①，社会武风甚盛。

元代兵器精细而实用。据明《武备志》记载，有铁枪 6 种，刀 7 种，飞钩、锐、马叉、梨花枪、狼筅（长枪）、双飞挝、飞锤、铁戟等兵器 49 种，还有火枪、火炮等 6 种。辽、金、蒙古诸族皆长于骑射，精于兵械，而其长短兵器，极为犀利精锐，短兵以剑、刀、斧、锤为主，长兵则以枪为主（蒙古骑兵尚用枪体甚长之标枪）②。契丹兵制中，正军每各备马三匹，备铁甲九事：弓四、箭四百、长短枪、锔镍、斧钺、锤锥、小旗、火刀石等器。③

值得注意的是，元杂剧中开始出现十八般兵器的说法。如《敬德不服老》一剧中就有"他十八般武艺都学就，六韬书看的来滑熟"的唱词。在后来明代的小说《水浒传》中又有了十八般武器的具体名称："矛、锤、弓、弩、铳、鞭、锏、剑、链、挝、斧、钺、戈、戟、牌、棒、枪、扒。"这里的"十八"，并不是准确的数字，而不过是对武器较多的泛称而已。实际上，当时的兵器远不止此数。

相扑或称"争交"，在宋元时期非常盛行，而且技艺已经相当成熟。徒手的拳击搏斗与角抵（摔跤），是辽、金、西夏及元诸代所流行的武艺项目。④ 从史料中也可以看出当时人的武勇，"开泰五年秋，大猎，帝射虎，以马驰太速，矢不及发，虎怒，奋势将犯跸。左右辟易，昭衮舍马，捉虎两耳骑之。虎骇，且逸。上命卫士追射，昭衮大呼止之。虎虽轶山，昭衮终不堕地。伺便，拔佩刀杀之"⑤，"为人多力，每与武士角力赌羊，辄胜之。能以拳击四岁牛，折肋死之。有粮车陷淖中，七牛挽不能出，士杰手挽出之"⑥。当时的角抵，还有拳击、擒拿

① （宋）李焘：《续资治通鉴长编》（卷二百十七）。

② 周纬：《中国兵器史稿》，百花文艺出版社，2006。

③ 《辽史·兵卫志上》。

④ 国家体委武术研究院：《中国武术史》，人民体育出版社，1997，第 224 页。

⑤ 《辽史·列传·昭衮传》。

⑥ 《金史·列传·蒲察士杰传》。

的动作，不完全是摔跤。徒手拳击之术，在元代被称为"白打"，被纳入在"十八般武艺"之中。①

宋朝是中国武术发展史上的转折时期。宋朝统治者奉行崇文抑武的基本政策，再加上宋代时火器开始运用于军事战争，抑制了军事战争中冷兵器的运用和发展，使得人们对于武术的表演娱乐性能日趋重视。

宋代，民间武艺社团组织相继出现，城镇街头巷尾常有角抵、相扑、使拳、使棒、舞刀枪、舞斫刀、舞蛮牌、舞剑等武艺表演，出现了"打套子"（枪对牌、剑对牌等）等对练项目，武艺套路形式也多起来。出现了有组织、有规则、有奖品的拳棒擂台赛，出现了靠献技为生的包括武艺人在内的"诸色艺人"。武舞在民间较为流行。随着经济的发展，在宋代城市里还出现了"瓦舍"这一类似于今天之俱乐部的娱乐场所，为大批专门从事武舞表演的艺人提供了固定的表演场所，使武舞得以发展延续。表演武术的兴盛，使武德中的礼仪更为规范、全面和系统。②

宋代承继汉、唐遗风，列角抵百戏为宴乐庆典之重要表演娱乐项目。辽、金建朝后，也仿宋制，把角抵作为宫廷内的活动，常常在一些喜庆及外交宴饮上，进行角抵表演。元朝宫内设有专业性的"相扑朋""内等子"，由"勇校署"管理此事。③

元朝禁武，民间武术在文艺戏剧的表演中，得到了另类形式的广泛传播。元剧中的很多剧目如"关大王单刀会""单鞭夺槊""三战吕布"等，皆有不少武打的情节。武术向着表演艺术化方向发展，在其实战性能被抑制的同时，也通过舞台的表演、宣传，使其得到了更大范围的普及。元代武术的舞台艺术化，已经发展到了一个新的阶段。它在促进民间武术传播的同时，也为后来表演武术的发展奠定了基础。④

---

① 旷文楠：《辽、金、西夏及元代武术的发展》，《成都体育学院学报》1994 年第 1 期。
② 国家体委武术研究院：《中国武术史》，人民体育出版社，1997，第 209 页。
③ 国家体委武术研究院：《中国武术史》，人民体育出版社，1997，第 226、227 页。
④ 国家体委武术研究院：《中国武术史》，人民体育出版社，1997，第 234～235 页。

宋代的《角力记》，是此前为数不多的几部武术著作之一。《角力记》全书分五大部分，分别对角抵活动的目的、作用、名目衍变和历史出处等作了较全面的记述。此外，《角力记》中还记载了不少各地的角抵名手，如"拳手亦高"少有对手的王愚子父子，膂力过人号称"河头相扑都知"的姚佶耳等，反映出当时角抵相扑活动在民间的流行程度。①

第三节
建构完善

明清时代是我国武术的大发展与大繁荣时期。此时期中国武术的最大亮点，就是武术的理论体系逐渐被建构与完善起来，而且这些被建构与完善起来的理论体系，往往思想深刻，方法清晰，与主流文化的思想方法关系密切。

明代初期，统治者实行的兵制比较特殊，"民间武勇之人编成队伍，平时操练，有事用以征战，无事复还为民"。这就造成了民间习武风气的盛行，并且"随其风土所长"，造就了众多风格不同的武技。如河南蒿县曰毛葫芦，习短兵；山东有长竿手，闽漳习镖牌，泉州永春善技击等。到了清朝，政府严禁民间习拳练棒，于是以各类秘密教会和结社为形式的习武活动，就成为清代武术的一个主要传播发展方式。②

明清时期重视通过武举制来选拔将才。然而到了清代中后期，随着火器在军事上的逐步应用，加上以培养军事人才为目的的武备学堂被陆

---

① 周伟良：《中国武术史》，高等教育出版社，2003，第43～44页。
② 周伟良：《中国武术史》，高等教育出版社，2003，第79页。

续建立起来。故而，以弓、马、刀、石为内容的武举制显然已落伍于时代需要，武术开始从军事中淡出。20世纪初，义和团运动的失败和武举制被废止，标志着传统军事武艺的历史终结。

明初建文元年，武学设立。至英宗时又设两京武学，学习内容主要是习演弓马及课读《武经七书》及《百将传》等书，且还相应制定了整套的规章制度等。此外，明代武举制的实施与推广，为广大社会习武者提供了一条晋升之途，并且通过这一方法也选拔出了一批军事人才。明代武学与武举制的实施对武术的发展是有很大推动作用的。

光绪二十七年（1901年），清廷宣布废止武举制，人们通过习武入仕的道路被阻断。然而，武术却并没有因仕途诱惑的消失而中止，而是在民间得到了更为广泛的开展。

明清时期，民族矛盾空前激烈。至明末时，一些结社组织就"治甲兵，饬斗器"，如明天启年间的白莲教首领于弘志就成立了一个进行习武活动的棒锤会组织。清朝初年，各类秘密结社在民间的发展更为迅速，各地相继组织成立了许多秘密结社，如天地会、白莲教、天理教、八卦教等，还有青洪帮、哥老会等江湖组织。这些组织都带有强烈的政治色彩，常以反清为宗旨，成员大多来自下层民众，通过练武、治病、互济等方式，广泛开展各种武术活动。

这些组织，可分为会党组织、教门组织、拳会组织等。会党组织，是借"忠义"信条和生死兄弟关系为纽带，采取歃血结盟的形式，其中以天地会的影响最大；教门组织，是以自身的一些基本教义为信仰，秘密收徒传教，其中以白莲教的影响最大；拳会组织，是以传习武术为基本活动方式组织起来的松散团体，主要有义和拳、梅花拳、红拳会、少林会、红枪会、顺枪会、小刀会等。

各类结社的武术活动，随着组织在各地区的差异与流变①，内容之

---

① 国家体委武术研究院：《中国武术史》，人民体育出版社，1997，第301~303页。

间相互交叉。另外，由于这些武术活动多采用全凭口耳相传的方式进行秘密传播，从而导致其不尽相同的技术结构和风格特点。这些情况，大大促进了武术的相互交融和新拳种的出现，从而使得清代的拳术流派众多、各成体系。如少林拳，因少林寺既有极高的武功声望，又有反清的民族色彩，于是许多秘密结社便以传授少林拳术来提高自己的身价。秘密结社的传播，使少林拳术在全国各地广泛开展。①

明代时的"十八般武艺"已经有了相对固定的具体内容。"一弓、二弩、三枪、四刀、五剑、六予、七盾、八斧、九钺、十戟、十一鞭、十二简、十三樇、十四殳、十五叉、十六把头、十七绵绳套学、十八白打。"② 在这十八种称谓中，"白打即手搏之戏……俗谓之打拳，苏州人曰打手"③，其他的都是武术器械的具体名称。"十八般武艺"说法的流行，表明当时的武艺内容是多种多样的，有徒手、器械，器械又包括长兵、短兵、远兵、软兵等。这也意味着武术的日益规范化。④ 另外，帮会使用的兵器，式样更是无奇不有，难以一一叙述。

"诸艺宗于棍"，棍在明代武术史上有着重要的地位，是明代军队中的重要兵械之一，很多武术典籍中都有对棍的专门记载。"一名曰棍，南方语也；一名曰白棒，北方语也"⑤，这是对此种武器称谓的解释。明代，棍因具有很强的习练价值与实用价值而受到了军事家们的极力推崇。他们认为："缘以敌人盔甲坚固，射之不入，戳之不伤，遂用棒一击，则毋问甲胄之坚靡。"⑥ "用棍如读《四书》，钩、刀、枪、钯如各

---

① 周伟良：《中国武术史》，高等教育出版社，2003，第83～85页。

② （明）谢肇淛：《五杂俎·人部》。

③ （明）朱国祯：《涌幢小品·兵器》。

④ 国家体委武术研究院：《中国武术史》，人民体育出版社，1997，第252页。

⑤ （明）茅元仪：《武备志·教艺八》。

⑥ （明）戚继光：《兵实纪·大棒解》。

习一经。《四书》既明，六经之理亦明矣。若能棍，则各利器之法，从此得矣。"① 明代少林弟子程宗猷则将棍称为"艺中魁首"，"凡武备众器，非无妙用，但身手足法，多不能外乎棍"②。这一点在别人的论著中也有相同表述。

此时，出现了不同风格特点的各家棍法，如少林棍、梢子棍、连环棍、阴手短棍、赵太祖腾蛇棍、边栏条子、跨虎条子等。明人王圻万历年间编的《续文献通考》中就记载当时"使棍之家三十有一，曰左少林，曰右少林，曰大巡海夜叉，曰小巡海夜叉（少林夜叉，有前中后三堂之殊。前堂棍，单手夜叉也。中堂，阴手夜叉也，类刀法。后堂，夹枪带棒），曰大火林，曰小火林，曰通虚孙张家棍，曰观音大闹南海神棍，曰梢子棍，曰连环棍，曰双头棍，曰阴手短棍。十二路。曰雪棒搜山棍，曰大八棒风磨，曰小八棒风磨，曰二郎棒，曰五郎棒，曰十八下狼牙棒，曰赵太祖腾蛇棒，曰安猴孙家棒，曰大六棒紧缠身，曰十八面埋伏，曰紫微山条子，曰左手条子，曰右手条子，曰边栏条子，曰雪搓柳条子，曰跨虎条子，曰滚手条子，曰贺屠钩杆，曰西山牛家硬罩头"③。此外，别的史籍中还记有如青田棍、巴子棍、牛家棒等。由此可见，在明代，不仅习棍之风普遍而且棍法内容丰富。与戚继光齐名的抗倭将军俞大猷认为棍法是各利器之根本，其所著的《剑经》是明代最具代表性的棍法著作。对俞大猷的《剑经》，戚继光称"短兵长用之法，千古奇秘"。④ 何良臣说："棍法之妙，亦尽于大猷《剑经》，在学者悉心研究，酌其短长，去其花套，取其精微，久则自可称无敌也"⑤，程宗猷在《少林棍法阐宗》中记载，明代少林棍有势、有路、有谱，

---

① （明）戚继光：《纪效新书·短兵长用说》。
② （明）程宗猷：《耕余剩技·少林棍法阐宗》。
③ （明）王圻：《续文献通考·总论军器》。
④ （明）戚继光：《纪效新书·短兵长用篇》。
⑤ （明）何良臣：《阵纪·技用十五篇》。

并用歌诀来说明棍势的攻防变化。可见，在明代时期，棍术已经具有比较完备的体系。①

明代，刀、矛、弓箭等传统兵器仍为步兵的基本装备，并因倭寇的侵扰而有重大的变革。刀因其雄浑、豪迈，挥如猛虎的风格而驰名。明朝军队使用最多的是"腰刀"，由于其吸收了倭刀的长处，从而增强了劈砍的杀伤威力。明朝著名将领戚继光在其军事著作《练兵实纪》中对腰刀制作方法有着详细的研究与记载。作为长兵器的枪在明朝大部分仍沿用宋朝的枪制，除了攻防用枪外，一般战斗用的有长枪、铁钩枪、龙刀枪等种类，只是形制较宋代大为简化。长枪是明军常用的枪。② 清朝兵器与明代大同小异，不过品种更多而已。就刀而言，刀的种类更为繁杂，有腰刀、滚背双刀、脾刀、双手带刀、背刀、窝刀、鸳鸯刀、船尾刀、割刀、缭风刀等。其中被广泛应用于作战的是腰刀和双手带刀③。清代枪的种类繁多，装备于八旗和绿营的有长枪、火焰枪、钩镰枪、双钩镰枪、钉枪、矛、戟等多种。长枪亦是清军的常用兵器。八旗和绿营均有长枪兵的编制，其形制与明代长枪大同小异。④ 其余各种形制枪等杂式武器，各有其特殊用途。在明清时代，刀枪仍然是军队的主要兵器，但在兵器形式上也有新的发展，出现了新的种类，增加了锤、拐、钩、三节棍、狼牙棒等。由这些兵器产生的对练更是层出不穷。⑤器械的多式多样，使武术的内容更为多姿多彩。

在冷兵器尚未退出历史舞台之前，传统的军事武艺训练一直在军队中延续着。军中武技训练注重"实艺"，反对"花法""虚套"，从而使军队武术朝着实战制胜的方向发展。此时，弓马骑射无疑是军队最重要

---

① 余水清：《中国武术史概要》，湖北科学技术出版社，2006，第 141 页。
② 周纬：《中国兵器史稿》，百花文艺出版社，2006，第 166 页。
③ 刘申宁：《中国古代兵器》，山东教育出版社，1988，第 25 页。
④ 周纬：《中国兵器史稿》，百花文艺出版社，2006，第 178 页。
⑤ 周纬：《中国兵器史稿》，百花文艺出版社，2006，第 185～190 页。

的武艺内容，但同时也有不少其他方面的武技训练，其中有不少理论、方法与武术息息相通。明代武技训练有比较丰富的内容，如拳、枪、棍、刀及藤牌、镗钯、钩镰、斧锤等。

拳搏之技，明清时期称为"白打"。戚继光言："其拳也，为武艺之源"，"此艺不甚预于兵，能有余力，则亦武门所当习。但众之不能强者，亦听其所便耳"①，并将拳法列为诸篇之末。戚继光在其《纪效新书》中收录的三十二势拳法，体现出"遇敌制胜，变化无穷"的强烈技击旨意。此外，戚继光在其《纪效新书》中还系统地提出了练手、练足和练身之法。可见拳术在当时已经被作为武术的基础而备受重视。

自元明开始，枪已被尊为"百兵之帅"。在火器较普遍装备军队之后，枪仍然是军中常备的格斗兵器之一，诸兵械较艺，一般都当与枪对较。戚继光提出军中习枪当"法欲简，立欲疏"，"教兵唯用封、闭、捉、拿、上拦、下拦六枪，封、闭、捉、拿有大门、有小门，只此已足用"②。另一位军事理论家何良臣针对具体的训练提出，先以个人的基本枪法、身法及进退步法为主，熟练后即进行两人间的长枪对较（即"真正交锋"）。这种对较体现了戚继光一再提倡的"既得艺，必试敌"的军事训练思想。枪在明代被尊为"艺中之王"，诸家枪法竞相争雄，其他长兵技术"无逾于此"。

明清时期是古代枪法在技术和理论上发展非常迅速的年代，各地枪法名目甚多，名家辈出。如山东、河北各处教师相传杨家枪法、河南少林寺少林枪法、山东聊城韩氏枪法、四川峨嵋枪法、沙家竿子、杨家枪、马家长枪等。清人吴殳《手臂录》载："枪为诸器之王，以诸器遇枪立败也。"③ 在《清会典图·武备》中所收乾隆二十一年（1756 年）

---

① （明）戚继光：《纪效新书·拳经捷要篇》。
② （明）戚继光：《纪效新书·长兵短用篇》。
③ （清）吴殳：《手臂录·枪王》。

定的枪式就达 16 种，如雁翎枪、虎牙枪等。再加上明清两代武术家
们对枪法的苦心精研，使古代枪法进入一个前所未有的阶段，形成
了兵家的"战阵之枪"和民间的"游场之枪"这两个不同的技术
体系。

据史料载，明代的刀已相当丰富，如偃月刀、太平刀、定戎刀、凤
嘴刀、将军刀等。① 刀法有拦、砍、棚、撩、搅、推、刺、格、带、
压、提削、五花（一称"舞花"）。书籍中明确提到"刀法"，如刀势有
"拔刀出鞘势""独立刀势""提撩刀势""迎推刀势""埋头刀势""入
洞刀势""腰砍刀势"。②《耕余剩技》中还记载有程宗猷的"续刀势十
二图"。大刀的刀法别于短刀，有砍、劈、撩、抹、带、斩、云等主要
动作。

到了清朝，政府禁止民间习武，人们的习武行为只能在秘密"社"
"馆"中进行，自然对刀术的发展造成了一定的影响。刀的形制变短变
小，出现了能藏于身甚至可以抛掷的短刀。这种短刀"冲锋陷阵，人莫
能敌，能马上掷刀刺人，百发百中，中者无不立倒，刀长七寸……称飞
刀神手"③。清代也有舞大刀技艺超群者，如清同治年间，徐州沛县有
一个名叫邱尊谦的人"能使大刀，重十许斤，人呼邱大刀"④，此人在
同治年间被李鸿章招降，作为先锋，驰驱齐鲁，战功显赫。清代刀法以
快著称，如清末广州有"石六郎刀法"，其刀法在格斗中其"刀必疾
下，中追者肩并，立死"⑤。总体而言，清代名刀有大刀、单刀、少林
单刀、少林双刀、春秋刀、梅花双刀、小提刀、连环刀、连环双刀、八
卦刀、单刀花枪、单刀进枪、花枪大刀等。⑥ 刀技已能够配合身体的腾

① 周纬良：《中国武术史》，高等教育出版社，2003，第 75 页。
② 国家体委武术研究院：《中国武术史》，人民体育出版社，1997，第 272 页。
③ （清）徐珂：《清稗类钞·技勇类》。
④ （清）徐珂：《清稗类钞·技勇类》。
⑤ （清）徐珂：《清稗类钞·技勇类》。
⑥ （清）徐珂：《清稗类钞·技勇类》。

跃，刀法朝着灵活轻捷的方向发展。"下抑上扬，左荡右决，唯见光芒闪烁，不复辨其人马所在"①，清朝刀法变化莫测，令人眼花缭乱。

剑为"百刃之君"。东汉之后，剑已不用于战阵，而逐步发展成为一种私斗或健身表演的武术器械。到了明清时期（中国武术发展的轴心期），武术在民间得到良好的发展，各类拳种相继产生，门派林立，剑渐渐被传统武术中的拳术流派吸收演绎。

明代，民间习剑者能得其技者似乎不多。何良臣曾云："剑用则有术也。法有剑经，术有剑侠，故不可测，识者数十氏焉"②，并列举了当时的"卞庄之纷绞法，王聚之起落法，刘先生之顾应法，马明王之闪电法，马超之出手法"五家剑技。明代唐顺之的《武编》中记有古剑诀十五句，并对有的剑诀进行了阐释。茅元仪更是"博搜海外"，从朝鲜寻回了一部原由中国传出的"法势具备"的双手剑谱，这无疑是研究中国古代剑法的一份珍贵材料。除了双手剑外，单手剑也同样是传统剑技中的重要形式。明末清初的吴殳曾从渔阳老人学过剑，并称其剑术"只手独运捷于电"③，深得用剑之道。他在《手臂录·剑诀》中指出，进退关键在于足，必须"足如脱兔身如风"，才能"三尺坐使丈八废"，足见吴殳对古代剑技理论"持短入长，倏忽纵横"④ 的理解与超越。吴殳在《手臂录·后剑诀》中强调，"剑器轻清，其用大与刀异"，所以在技术上，剑决不能像刀那样砍斫，而是"直行直用是幽元"。

明清至近代，不仅出现了专供皇家御用的宝剑，而且各种武术流派也纷纷创造了不同风格特点的剑术。此时的剑术发展迅猛，各种剑术套路层出不穷，剑术和善剑的名人辈出。繁若星河的剑术套路，如长拳类型剑、太极剑、武当剑，少林武术的达摩剑、少林十三剑，峨眉山武术

---

① （清）徐珂：《清稗类钞·技勇类》。
② （明）何良臣：《阵纪·技用》。
③ （清）吴殳：《手臂录·双刀歌》。
④ 《史记·刺客列传》。

的峨眉剑，通背拳的通背剑、螳螂剑、八卦剑、三才剑、七星剑、八仙剑、青萍剑、六合剑、昆吾剑、青龙剑等，使剑术演练成为武术运动体系中优美潇洒、颇具魅力与神韵的项目之一。明清时期是剑文化得到保存、剑术套路得到大力创新的时期，此时期的剑文化是整个剑文化发展史上的一大亮点。①

在明清以前的许多史料中，有不少关于各种武技功夫的记载，至明清时期，已基本形成了一个包括各种内外功法内容、训练方法及训练原则的有机整体，传统武术与传统哲学、养生学、医学等的交融，促进了各类功法活动的产生，并对以后的传统武术发展产生了深远影响。

根据字面意思，内功就是锻炼身体内在品质、注重心性修养的功夫。现在看来，内功其实就是传统儒家、道家、佛家以及由来更久的传统养生中的一些内向训练的方法手段。

内功与武术的交融在明代的资料中已初见端倪。他们有各自的历史源头和发展脉络，并在具体的时代衍化中相互发生了文化交叉。清朝以后，许多拳种都把练气作为其习拳的心法要诀；"工夫总在呼清倒浊"可谓是对当时武术可以内外兼修之特征的一个早期写照。在唐顺之的《峨嵋道人拳歌》中已经有了这方面的记载。另外，像《少林拳谱》中也提到"上气下压，下气上提，上下会合，阴阳归一，气练一体，方显力足"。② 几乎所有的武术流派都注重运用内功的方法来锻炼提高运气、用气的能力。练气已经是当时人们习拳的一个有机组成部分。甚至，还有人把习拳与练气融合在一起，创造出了新的武术拳种，如在现代社会影响越来越大的太极拳。对内功文化的融摄，丰富了武术的练习方法，为古代武术的发展注入了新的内容，完善了武术文化体系。

硬功，是以其效果表现而命名的；清代史料中提及的"金钟罩"

---

① 梁燕玲、李洋、王超：《中国古代剑文化的历史发展研究》，《赤峰学院学报》（自然科学版）2011 年第 2 期。

② 马力：《中国古典武学秘籍录》（下卷），人民体育出版社，2006，第 99 页。

"铁布衫"，指的就是这类功夫。明代天启年间署名天台紫凝道人所著的《易筋经》，已较为全面地阐述了有关硬功训练的原则与方法。在原则上，强调先练气内壮，"内壮既得，骨力坚凝，然后可以引达于外"；另外还要求练功必须开始以轻为主，"渐渐加重"，并当持之以恒，"唯有恒者，乃能学用之"①。

　　因多种原因，明清的武术已经形成了众多风格不同的拳种流派，有"南拳北腿、东枪西棍"之说，有"南派""北派"之说，有"内家""外家"之说，也有所谓的少林拳、太极拳、八卦掌、形意拳等说法。据 1983 ~ 1986 年挖掘整理的材料，在清代武术中"历史清楚、脉络有序、风格独特、自成体系"的拳种有 129 个以上。② 拳种林立，门派众多，乃是明清时期武术发展的一个显著特点。

　　对于拳种，在明代的武术典籍中已经有了很清晰的分类。戚继光在《纪效新书》中说，"古今拳家，宋太祖有三十二势长拳，又有六步拳、猴拳、囮拳。名势各有所称，而实大同小异。至今之温家七十二行拳、三十六合锁、二十四弃探马、八闪番、十二短，此亦善之善者也。吕红八下虽刚，未及绵张短打。山东李半天之腿，鹰爪王之拿，千跌张之跌，张伯敬之打；少林寺之棍与青田棍法相兼，杨氏枪法与巴子拳棍，皆今之有名者"。③ 郑若曾在《江南经略》中列举了当时民间流行的十一家拳法、三十一家棍法、十六家枪法、十五家刀法、六家剑法等；何良臣的《阵纪》记载了十七家拳法和诸家器械。④

　　宋代已有套路形式的武术运动的相关记载，但尚未有其名称。明代，武术套路开始正式出现。程宗猷把刘云峰所传刀术整理成了套路，说："以前刀法，着着皆是临敌实用，苟不以成路刀势，习演精熟，则持刀运

---

① 周伟良：《中国武术史》，高等教育出版社，2003，第 93 页。
② 程大力：《体育文化历史论稿》，四川大学出版社，2004，第 225 页。
③ （明）戚继光：《纪效新书·拳经捷要篇》。
④ 余水清：《明清武术论著概述与主要成就研究》，《体育科学》2004 年第 8 期。

用，进退跳跃，环转之法不尽，虽云着着实用，犹恐临敌掣肘，故总列成路刀法一图。"① 这里程宗猷明确指出，套路形式对练武作用甚大，是训练中不可缺少的重要手段。程宗猷还在其《耕余剩技》中，把创编的刀术套路的技术要领编成歌诀，以便于人们把握技术关键与背诵记忆。这是今天可见的、有明确记载的、有图谱说明的、最早的武术套路。这种规范、系统武术套路的出现，意味着武术文化形态发展已经取得了明显的突破。②

明清时期门派众多，武德被赋予了许多新的内容。各拳种流派都有一整套武德规范，强调习武者要仁爱、守礼、忠诚、宽厚等，纷纷把"尊师重道、孝悌正义，扶危济贫、除暴安良""虚心请教、屈己待人，助人为乐""戒骄奢淫逸"等作为武德信条。各拳种流派也都有自己的"门规""戒律""戒约"，并有"三不传""五不传""十不传"以及"八戒律""十要诀"等作为选择门徒的标准。在中国传统文化崇"礼德"的思想影响下，中国人的武德观念，形成了防卫性的文化特色。例如，武术的各门各派都主张不可逞强挑衅，中国的习武者也很少去周游世界找人比武，更多的是在忍无可忍的情况下出手反击等，这些充分体现出了中国传统文化中含蓄内敛、宽容忍让的伦理观念；又如，中国武术中直到今天仍然存在的宗派门户之分、过分的唯命是从等，本身就是对中国传统文化之等级伦理观念的充分表现。

明清两代，尤其是清代，人们对武术的关注与重视不仅表现在对拳种、兵械技术的发展上，更反映在对武术理论体系的构建上。③ 此时，武术理论研究呈现出空前发展的局面，出现了大量的影响后世的武术相关著作，如明末河北学者王余佑的《十三刀法》，戚继光的《纪效新书》、唐顺之的《武编》、茅元仪的《武备志》、程宗猷的《耕余剩技》、俞大猷的《正气堂集》、黄宗羲的《王征南墓志铭》、曹秉仁的

---

① （明）程宗猷：《耕余剩技·少林棍法阐宗》。
② 国家体委武术研究院：《中国武术史》，人民体育出版社，1997，第264页。
③ 周伟良：《中国武术史》，高等教育出版社，2003，第97页。

《宁波府志·张松溪传》、李承勋的《名剑记》、王日卓的《兵仗记》、苌乃周的《苌氏武技书》、王宗岳的《太极拳论》等。

明清武术论著集古代武术之大成，完成了武术与中国传统文化的有机结合，使武术融入了大量古代哲学、医学、美学、心理学等方面的内容，形成了古代武术文化的独特形态，赋予了中国武术无穷的魅力。可以说，明清武术典籍，是中国武术理论发展的一座里程碑，为后世的武术理论研究奠定了坚实的基础。

明清时期，是中国古代武术发展史上集大成的繁荣期。一是这一时期涌现出了众多的武术流派，武术渐渐成为一个庞大的体系，促成了不同风格特点的拳种和器械竞相发展。① 二是武术和内功（各家的养生思想、修炼与修行思想，以及相应的方法手段等）进行了文化交叉与融合，并在各种文化的合力滋养之下，迅速地成熟起来，展现了其博大精深、意蕴深邃的一面，使"内外兼修"成为中国武术的显明特征。三是传统文化对于武术的指导与渗透更为明显与清晰，并形成了高深的理论思想体系，创编出版了数量与质量均属空前的古代武术论著。

第四节

浴火重生

民国以后，直至今天，中国文化发生了翻天覆地的变化，中国武术也发生了根本性的变化。与整体的中国文化一样，中国武术的方方面面，在历经民族灾难与各种文化思潮的多方位夹击与磨炼之后，浴火重生，正在逐渐形成一套多元化的、有别于传统形态的、更能适应现代社

---

① 国家体委武术研究院：《中国武术史》，人民体育出版社，1997，第310~311页。

会的武术方法系统。

一 民国时期

　　辛亥革命的炮响，结束了历时 2000 多年的中国封建帝制时代，民
国政府成立。民国历时 38 年，其间军阀割据、政治动荡、政府变迁、
各种社会思潮相互碰撞与冲突、土洋体育的争论以及连年战火等，都对
具有自身历史文化传统的中国武术造成巨大的冲击。文化的侵蚀使得人
们开始对武术产生新的理性认识，并运用近代自然科学方法和社会科学
方法对武术进行整理研究。人们第一次振聋发聩地喊出了"国术科学
化"的时代口号。传统武术经历了一次较大的转型和演化。总体来说，
这一时期的武术仍呈发展趋势，并且取得了一定成绩，对近代中国武术
产生了重要影响。

　　在民国，武术似乎是"一跃而为党国要人所重视"。无论是民国初
期的孙中山、黄兴，还是北洋军阀时期的徐世昌、冯国璋，乃至国民党
政府时期的蒋介石、于右任、冯玉祥等人，先后都提倡过武术。其中，
像蒋介石，在不少言论中时常提及"拳术国技为我国固有之体育，奋发
振作之良好运动"。一大批社会贤达纷纷对武术颇为推崇，从而使当时
武术活动的社会范围发生了很大变化。另外，国民党政府还建立了以中
央国术馆为代表的官方国术馆组织系统，对社会上的武术活动进行行政
干预。[①] 武术活动的组织化，也是近代武术发展的一个显著特点。民国
时期，武术被作为一种尚武强国的重要教育手段推向学校，成为学校体
育课程中的一项内容。武术教师的来源主要是：直接从民间习武人群中
聘请拳师，或从武术社会团体中聘请教员，以及由各级国术馆及体育专
门学校培养的学生。[②]

---

① 周伟良：《中国武术史》，高等教育出版社，2003，第 108 页。
② 周纬良：《中国武术史》，高等教育出版社，2003，第 105～106 页。

可见，民国时期的武术活动组织已经完全不同于前代（前代以家族、师徒或秘密结社为主要形式的活动方式），这无疑对当时整个社会的习武风气具有很强的促进作用。

民国时期，就器械的种类而言，可谓异彩纷呈。然而，虽然这些器械仍被广泛运用于日常的习武演练中，但是能够运用在战场上的则主要是刀和枪了。抗日战争时期，"端起了土枪洋枪，挥动着大刀长矛，保卫家乡、保卫黄河、保卫华北，保卫全中国"，这一曲豪壮的《保卫黄河》，记载了中华民族浴血抗战的艰苦岁月，是中国传统器械用于战争的最好例子。随着冷兵器从战场的撤离，武术器械完全从军队下移到民间，并发生了革命性的变化，即由原来简单实用的战场格杀工具，变成了人们防身自卫、强身健体等另类价值追求的工具。①

关于武德，毛泽东在《体育之研究》中提出："现今文明诸国，德为最盛，其斗剑之风，播于全国；日本则有武士道。"② 梁启超也希望中国之"武士道"重新振兴。霍元甲创建的精武体育会，其宗旨就是为了强国强种、"铸造强毅之国民"。正所谓时势造英雄，由于国家政局不稳、加上列强入侵，涌现出了一批甘洒热血的武林豪杰，他们为了民族尊严，为了国家兴亡，表现出了爱国主义精神而受人敬仰。这一时期的武德已突破个体、家族和阶级的局限，而站在民族和时代的大视野下表现出共克时艰、救国救民的价值取向。随着社会主要矛盾的转变，中华武术之武德已经具有了民族关怀、爱国主义和时代责任感的精神内涵。

当时的武术赛事形式大致分为两类，一是单独的武术比赛，二是综合性运动会中的武术比赛。民国期间最有影响的单项性武术比赛，是由中央国术馆组织举办的两次"国术国考"。中央国术馆分别颁布了《国

---

① 崔爱军、周文来：《战争兵器的革新与武术器械的演变》，《体育科技文献通报》2008年第5期。
② 毛泽东：《体育文研究》，《新青年》第三卷第二号，1917。

术考试条例》和《国术考试细则》。《国术考试条例》和《国术考试细则》在选手的资格、考试日期、考试内容（术和学两科）、考试程序及裁判的聘请等方面，都做出较为明细的规定。组织各类形式的武术竞赛活动，并初步制定出有关竞赛制度，是武术近代发展过程中的又一个显著特点。①

马良在他人协助下编定成的《中华新武术》，传授方式比较适宜团体教学与操练，为武术进入学校提供了一种较为可行的形式，并为传统武术的近代化转型做了有益的尝试。② 武术传播形式有了较大的进展，既有武术团体的单独出访，也有在一些国际性运动大会上的表演。各种形式的武术表演，展现了这一东方人体文化的魅力与风采，为扩大武术在世界上的影响，起到了积极作用。此时，还出现了一些较有学术价值的武术论著，其中许多内容至今仍闪烁着难能可贵的理论光彩。

民国时期，人们已经深刻意识到武术在"富国强兵"中的重要作用。在学校教育方面，学校均开设武术课程，提倡习练武术以加强体魄锻炼，进而培养勇敢锐进的意志品质和"勿忘我族"的爱国主义精神。同时，在政府机构的重视与支持下，成立了中央国术馆等组织机构。这些专门机构出版武术刊物、组织武术国考、推广武术纲目与教材等，为弘扬中华武术做出了重要的贡献。

二 现代中国

如果说民国武术是涅槃的过程的话，那么新中国的成立，则促进了现代武术的嬗变与新生，推动中华武术踏上了新的历史跑道，使武术开始了它的时代巨变。现代武术至今已历经了60多年的岁月。在蜿蜒向前的历史长河中，它还只是须臾一瞬，但其蕴含的内容却非常丰富。③

---

① 周伟良：《中国武术史》，高等教育出版社，2003，第117～118页。
② 周伟良：《中国武术史》，高等教育出版社，2003，第109页。
③ 周伟良：《中国武术史》，高等教育出版社，2003，第120页。

国家的高度重视，是现代武术运动得以持续发展的强有力保证。武术运动的高度组织化，是现代中国武术运动发展的一个显著特征。21世纪，社会的主要发展趋势是对健康、养生的追求。中华武术作为"保健型体育"恰恰迎合了人们的需求。同时，由于文化思想的开放和影视、网络、小说等文化媒体的传播作用，群众性习武活动热情日益高涨，全国兴起了一股"武术热"。"公园式"武术出现了，星罗棋布的各种武馆、武校应运而生，形成了一个广阔的社会活动空间。这表明了广大民众的习武热情，同时也反映出了武术活动本身所具有的经济价值。

国家为了进一步推动群众性武术活动得以良性有序发展，在全国范围内开展评选"武术之乡""武术百杰"等评比活动，并组织各类群众性武术表演比赛，这些举措都对普及群众武术活动，起到了巨大的推动作用。[1] 武术被列入大、中、小学校的体育教学内容，同时也开始了各类武术专业人才的培养工作。许多高校纷纷成立了武协组织，有的还自办刊物，如华东师大的《师大武坛》，北京大学的《燕园武术》等。[2] 各个高校之间还出现了如区域性高校比赛、专业系统比赛、全国性比赛等形式的各类武术比赛。这些比赛反映了学校武术开始与竞技武术相交接的发展特点。

在现代化战争中，古代兵械显然已不能与导弹、坦克等对阵，致使武术器械不得不退出战阵拼杀，而广泛活跃在"武术运动"的舞台上。古代兵器约有400多种，形式和内容十分丰富。经过历代的不断创新改进，有的兵器在历史上一瞬即逝，有的成为武术器械沿用至今，有的分化出来成为独立的运动项目，如射箭、射弩等。今天，武术界普遍把最常用的一部分称为"十八般兵器"，内容也与以往不同，分别是刀、

---

① 周伟良：《中国武术史》，高等教育出版社，2003，第125页。
② 周伟良：《中国武术史》，高等教育出版社，2003，第129页。

枪、剑、戟、斧、钺、钩、叉、鞭、铜、锤、抓、镋、棍、槊、棒、拐、流星。① 根据武术训练与竞赛的需要，国家有关部门对刀、枪、剑、棍等常用器械的参赛规格作了具体规定，对重量、长短、粗细以及器械制作材料都有明确要求。②

武舞发展到现在，已经是色彩纷呈，令人眼花缭乱。它通过演练者的技术、劲力、节奏、神采来表现自己对武术技击动作的理解，技击性与观赏性并存。它延续了武术对手眼身法步、精神气力功的要求，把武术的攻防动作进行艺术升华，夸张与超脱地表现武术的特殊美。③ 当今的竞技武术套路，强调"高、难、美、新"，与由来已久的武舞之间，有一种很难说得清楚的联系。在今天的搏击操、杂技和一些大型团体武术的表演当中，我们依然可以看出武舞的影响。

与以往一样，现在的所有拳种门派，仍在不约而同地默许和尊崇"未曾学艺先学礼，未曾习武先习德"的思想，把武德作为习武的前提条件。练武者在习武的同时，必须遵守基本的伦理规范，提倡忠孝仁义、贤良方正的道德规范，培养谦和忍让，立身正直，取义轻利，守信重诺的人格品质。在众多门派择徒的标准中，犹以德行考察为重。虽然现在的武德内容已具有明显的时代性特征，但是无论是旧与新的更替，还是宽与窄的交融，都并没有影响其本质内涵，即习武者应该具备的道德风范。新时期的武德内容，从历史中吸取营养，并在当代加以丰富，极富民族情怀和时代责任感。

大学武术专业的设立，武术学教授的设置，武术硕士生、博士生的正式招生，大量武术科研机构的建立，大批武术专业研究人员的出现，使当今的武术研究走向了专业化的道路。各类武术学术组织的建立，为团结多方社会力量进行武术科研和学术交流创造了条件。一些地方性的

① 中国武术大辞典编辑委员会：《中国武术大辞典》，人民体育出版社，1990，第6页。
② 习原太：《中国武术史》，人民体育出版社，1985，第297页。
③ 武姗：《唐诗中的武术文化》，河南大学硕士学位论文，2013。

武术学术活动日趋活跃，如福建、甘肃、湖南、河南、江苏等省份，先后举办了全国性或地方性的武术学术活动。总体来讲，多年武术研究所取得的成果可以说是可喜的。现代的武术研究，已经由单一性学科向包括人体生物学科、人文社会学科等在内的多学科综合方向发展。①

随着武术风靡世界，国际、国内和各地方的武术比赛得以大量举办，诸如全国运动会武术比赛、全国武术锦标赛、世界武术锦标赛、北京奥运会武术比赛、太极文化国际交流大会、"武林风"武术比赛、"散打王"武术比赛、"武林大会"武术比赛、中国少林国际武术节、中国沧州国际武术节、中国温县国际太极拳年会、中国莆田国际少林武术节等。这些不同性质的武术比赛，既推动了武术运动的蓬勃开展，又加强了本地区和外界的经济技术交流与合作，有力地促进了各项事业的发展。

"和平与健康"这一当今武术的最响亮口号，再加上武术本身所具有的独特文化艺术魅力，使得武术在国内外备受欢迎。近年来不少国家纷纷派人来华学习武术，我国也不断派武术专家出国指导、讲学和传授技艺。不少武术团体和武术表演队在世界各地巡回演出，受到了非常热烈的欢迎。一些国家还相继成立了中国武术研究院、武术馆，事实表明，经过多少代的岁月沧桑，中国武术这朵根植于中国悠久文化土壤之上的奇葩，终于以它的天生丽质在世界领域内吐艳留芳。新时期的武术，展现了新的时代风貌，彰显了武术自身所具有的多种魅力，表现出了武术的防身、修身、健身、娱乐、竞技、表演等多种价值。社会化、多样化、国际化，业已成为当今武术的主要发展趋势。

---

① 周伟良：《中国武术史》，高等教育出版社，2003，第131页。

第 二 章
重 大 拳 系

··

  拳种众多，是一个没有争议的说法，但是，当今中国到底有多少个拳种，却可能是一个至今尚无法说清的问题。按照官方的说法，中国目前至少应该有129个拳种。笔者这里无意论证武术拳种的分类标准与准确数字，只是想通过对少林拳系、太极拳系、形意拳系、八卦掌系这四个影响较大拳系的介绍，来让读者大致明白中国武术拳种流派的基本状况。

··

文 化 符 号 ： 武 术

第一节

少林拳系

拳以寺名，寺以拳显。少林拳以佛教禅修思想为理论指导，融武术训练与佛教禅修为一体，是一个体系庞大、影响深远的武术拳系。民间有"天下功夫出少林"之说。

一 起源发展

大体上说，少林拳起始于北魏，扬名于唐代，传播于宋元，成熟于明清，势微于清末至民国，繁荣于新中国改革开放之后。

1. 起始

少林拳因嵩山少林寺而得名。关于少林拳的起源，大致有以下几种传说：第一种，为少林寺的创建人跋陀禅师所创；第二种，为禅宗初祖达摩所创；第三种，为少林高僧跋陀的弟子僧稠所创；第四种，为宋太祖赵匡胤所创；第五种，为明代紧那罗王所创；等等。现在基本可以确定，少林寺的第二任主持僧稠，是把武术带入少林寺的第一人，当然这并不能表明僧稠就是少林拳的创始人。

在入少林寺之前，僧稠禅师在邺下（今安阳）习练武术且水平已经很高。僧稠不仅武艺精湛而且佛学素养也很高。据现有的资料推测，跋陀应该是没有传授过僧稠武艺而只是教授其佛学知识。僧稠在少林寺的时期，是一个战争频繁的年代，或许正是因此，才使得僧稠禅师的武术能够在少林寺院之中有了用武之地。客观地讲，少林拳虽然并非僧稠所创，但是，少林寺僧习武，却可能起始于僧稠。[①]

2. **扬名**

独具特色的少林拳到底形成于何时，史料没有记载且考古也没有发现。显然，对于少林拳形成的确切时间，我们很难做出定论。这里，我们只能通过推理姑且得出一种模糊的说法：让少林寺扬名天下的"十三棍僧助唐王"的故事，使少林寺僧的武术引起了人们的高度关注。

在南北朝时期，佛教在中国广泛传播和快速发展。佛教的广泛传播与快速发展使得少林寺的政治地位和寺院经济得以保障。在隋末唐初政局动荡的时代，少林寺出于自身生存和发展的考虑，从寺僧中选出身强力壮、勇敢灵巧或善于拳击械斗者组成了一支专门的僧兵队伍。这些寺养僧兵的活动，从最初的护寺到参与政治活动，从有组织的、严格的僧兵训练到实际参与战争，使少林武术的水平与影响日益提高。

使少林拳真正名扬天下并对后来发展起决定性作用的机遇是，"唐太宗为秦王时，遣僧书约起兵擒王世充，后僧兵立功者十三人，唯昙宗拜大将军。"[②]唐朝建立之初，天下未定，征战不息。原隋朝大将军王世充占据嵩洛一带称帝。唐武德三年，李世民举兵讨伐王世充，进军很不顺利。次年四月的一次战斗中，唐军节节败退，就在这个时刻，少林寺昙宗、善护、志操、普惠、明嵩、灵宪、普胜、智守、道广、智兴、那惠、僧满、僧丰，共十三位僧人突然出现，袭击了王世充，王军大败，王世充被擒。李世民为了表彰他们的战功，封昙宗为大将军，准少

[①] 此为安阳师范学院马爱民教授的观点。据马爱民教授介绍，其对此相关材料进行过认真的考证。

[②] 叶封、焦钦宠：《少林寺志·游嵩少林记（无存）·金忠士》。

林寺养兵五百。

"太宗嘉其义烈，降玺书赐地。"[①] 这一历史事件，为少林寺赢得了很高的政治地位，也使少林拳从此名扬天下。贞观以后，少林寺深受历代皇帝关照，寺院发展极快，名僧层出不穷，从而成了天下第一名刹。习武扬名、习武参战立功受封，强烈地刺激着少林寺僧人们的习武热情。他们以参加唐郑之战立功受奖为荣，在历代皇室的支持下，"昼习经曲，夜练武略，修文不忘武备"[②]，习武同修佛紧密地结合在了一起。一部分少林和尚实际上变成了皇朝帝国供养的特殊军队，习武性质也较前大不相同。皇家对少林寺的重视和推崇，为少林寺武僧组织的存在和发展奠定了政治与经济基础，从而使少林寺事实上成为历代的全国武术交流中心，更使得少林武术能够博采众家之所长，汇集中华武术之精华。少林拳从此开始高速发展。[③]

3. 传播

在两宋至元的少林武术发展史中，值得一提的是福居和福裕。福居、福裕虽然不见得是武艺最为高强的武僧，但却为少林武术做出了巨大的贡献。福居丰富了少林拳的内容，福裕扩大了少林寺的规模。

南北两宋统治近320年，长期与辽、金、西夏少数民族政权对峙，战争频繁、内忧外患，民间结社组织星罗棋布。频繁的战争推动了汉族与少数民族之间的武术交流，使得汉族武术与少数民族武术都被动地得到改进，使得汉族武术与少数民族武术的基本内容都被动地得以丰富。自然，少林武术的发展也得益于这些频繁的被动交流。尽管少林寺及少林拳在这段时期的史料基本空白，但不能就此认为少林武术在这一时期毫无作为。在这一时期，寺院武术在一定程度上受到了限制，然而由于

---

① 叶封、焦钦宠：《少林寺志·少林寺碑在山门内·唐装》。
② 崔乐泉、杨向东：《中国体育思想史·古代卷》，首都师范大学出版社，2008，第302页。
③ 国家体委武术研究院：《中国武术史》，人民体育出版社，1997，第127~128页。

少林寺僧流落民间及俗家弟子的存在，无意间促进了少林武术与民间武术的交流。特别是，民间结社的大量存在使少林拳在民间的普及与交流变得更为容易和频繁。这对于少林拳内容的丰富、技术的发展起到了很大的促进作用。

据《少林拳谱手抄本》记载，宋代方丈大和尚福居，为提高众僧的武艺，邀请全国十八家武林高手会集少林寺，交流武艺，取众家所长汇集成《少林拳谱》[①]，对少林拳内容的丰富和技术的发展做出了巨大的贡献。

在辽金元统治时期，福裕及其弟子对少林寺规模的扩大做出了巨大的贡献。元初，福裕和尚受元世祖之命任少林寺方丈。福裕在和林、长安、燕蓟、太原、洛阳建了五座少林寺，为嵩山少林寺的友寺，并派任高僧和武僧住持，大大促进了少林武术的传播和发展。福裕的弟子们，也对少林寺与少林武术贡献很大。元代少林寺僧众人数达 2000 人之多，众多的少林弟子出任各地的僧官。

4. 成熟

少林武术的真正成熟，是在明清时期。明清，是中国武术的鼎盛时期，也是少林武术的鼎盛时期。当时，少林寺院有 4000 多人，几乎全是武僧，形成了一支庞大的僧兵队伍。明朝倭乱时期，国库空虚，兵员枯竭，部队的作战能力急剧下降，朝廷已经到了无兵可使、无将可用的地步。倭乱骤起之时，朝廷只好征调其他武装。此时的少林武僧胸怀爱国之志参与了抗倭战争，并在当时获得了极高的声誉。明朝嘉靖年间，倭寇窜扰东南沿海，少林寺派武僧 80 余人，在月空等人的率领下勇赴沙场，屡挫敌焰，先后有 30 余人为国捐躯。

明嘉靖四十年，抗倭名将、棍法名家俞大猷途经少林寺，指点武僧拳术和棍法。俞大猷在看过众僧的演练以后，认为少林寺棍法传久而

---

① 德虔：《少林武僧志》，北京体育学院出版社，1988，第 5 页。

讹，真诀皆失，乃从少林寺众僧中选出宗擎、普从两位少年僧人，让他们随军南下，亲自传授武艺，历时三年有余。普从不久去世，宗擎学得真诀，回寺广传僧众。明万历五年，俞大猷在京师授给宗擎棍术著作《剑经》。在名家的指点下，又经过实战的磨炼，少林棍术水平在明朝晚期有了明显提高。万历四十四年，程宗猷著《少林棍法阐宗》一书，把少林棍法列为棍家"正传"之一。其后，茅元仪在《武备志》中进一步提出"诸艺宗于棍，棍宗于少林"，第一次将少林棍术列为诸家棍法之首。①

明末清初之际，少林寺广泛汲取了北方许多拳派的精华，又学习了福建的棍术和四川的枪术，在本寺武功的基础上加以融会提炼，终于形成了内容博深、技艺精湛的少林拳系，全面取得了武术正宗的崇高地位。同时，由于少林武功的名气越来越大，北方的不少拳派也托名少林以自重。这样，少林拳系实际上已经涵盖了中国北方地区很多门派的武术，少林武术也就成了中国北方地区很多门派武术的总称。

从清代顺治开始，朝廷禁止寺僧习武，致使部分武僧高手离开寺院，流落四方传授武艺，从而促进了少林武术在民间的传播和与民间武术的交流。不愿离开寺院的武僧不能在公开场合习武，但并没有荒废武术，而是采用夜晚偷练的方法使寺院武术得以保存下来。可以说，清廷禁武非但没有使少林武功灭绝，反而因此使其传遍大江南北。清代历任住持大都佛武兼精，并倡导文书录集和历代秘本复抄，如《少林拳谱》木刻本，《飞火鞭谱》《少林武艺谱》《少林铁砂掌》等，就都是在这个时期完成的。

5. 势微

清末，少林寺自主权的被减弱，以及其对地方官吏的过分依赖，使得少林寺的衰败在所难免。清末民初，少林寺仅有僧人 200 余人，土

---

① 蒋宝德、李鑫生：《中国地域文化》（上册），山东美术出版社，1997，第 1441～1442 页。

地 2870 余亩。自从清康熙五年（公元 1666 年），少林寺最后一位钦命住持第 28 代方丈海宽去世，少林寺便进入群僧无首的状态，此后 320 多年没有方丈。民国初年，云松恒林和尚被举为登封县僧会司僧会、兼少林寺保卫团团总。他购置枪械以御匪，用菩萨心肠作金刚怒目。1920 年，他与土匪大小数十战，环寺数十村得以安居乐业，被誉为"少林活佛"。

恒林的弟子妙兴继主持寺政之时，军阀混战，政局复杂。1923 年 10 月，吴佩孚受命为直鲁豫三省巡阅使，其"建国豫军"旅长卢耀堂即收编妙兴为一团团长。1925 年 2 月，妙兴率僧袭击了陕西"镇嵩军"憨玉琨部。1927 年春，冯玉祥占领西安，联合北伐军会攻河南。妙兴率团开往郑州抵抗，后于舞阳阵亡。

1928 年春，"建国豫军"樊钟秀夺得巩县、偃师，进围登封，以少林寺为司令部。冯玉祥部石友三攻入少林寺，于 3 月 15 日纵火焚烧法堂。次日，旅长苏明启更令军士纵火焚烧天王殿、大雄宝殿、钟楼、鼓楼、六祖堂、龙王殿、紧那罗殿、阎王殿、库房、禅堂、方丈室等，一批珍贵文物及藏经 5480 卷均化作灰烬。此为少林寺历史上空前惨烈的大劫难。此后，不少僧徒流离失所。

6. 新发展

1948 年初，少林寺有地 2800 余亩。1949 年"土地改革"后，少林寺有地 30 多亩，常住院僧众只有 14 人。寺僧自耕自食，仅维持山门而已。寺僧贞绪、德根、行正、德禅、素喜、仁安、素云等人，在逆境中坚信三宝，护持经像；或依一技之长，造福民众。[①]"文化大革命"中，曾有 100 多名红卫兵冲进少林寺，要毁掉佛像、炸毁全部殿堂与碑碣，当时已是少林寺住持的行正和尚，抱住佛像"誓与佛同归于尽"，拼力制止了这场毁寺灭佛的闹剧。

---

① 少林文化研究所：《少林文化研究论文集》，宗教文化出版社，2001，第 12～13 页。

党的十一届三中全会后，国家将寺院交给僧徒自己管理。少林寺有20多亩山坡地可以耕种，还可以向游客收取门票，古寺渐渐恢复了活力。1982年，电影《少林寺》上映，掀开了少林中兴的序幕。此后"少林热"不断高涨，高峰期内每天游客超过10万人次，不少施主慷慨捐资，重建庙宇。1986年10月，行正荣任方丈，结束了自康熙以来300多年少林寺没有方丈的历史。1987年，释永信从重病去世的行正方丈手中接过重任，任"少林寺管理委员会"主任之职，执掌少林，并将自己亲手组建的少林寺武术队改组为武僧团。从1989年起，武僧团应邀出访世界各地，在全球掀起"少林功夫热"。1999年释永信正式出任少林寺方丈，加快了少林寺与少林武术的国际化步伐，开始了少林寺与少林拳发展的新时代。

二　内容特点

人们已经习惯于称少林武术为少林拳，然而，究其实质，它并不是一个拳种，而是一个由众多拳种组成的拳系。这个拳系的每一个小的拳种流派都各有特色。就整个拳系而言，其最为显著的共性特点就是我们前面已经提到的禅拳合一。

少林拳的要旨是拳禅合一。禅是武的精神实质，武是禅的表现形式，以禅入武，便可达到少林功夫的高层境界，也就是禅道。少林拳既不是简单、杂乱的技击技术方法的堆积，也不是重复的身体模型展现，从某种意义上来讲，少林拳是作为佛教的一种修行方式而存在的。

少林寺是佛教禅宗的祖庭。禅宗以明心见性、顿悟成佛为要旨。在佛门眼中，参禅是正道，拳勇一类乃是末技，僧众们主要是在借练功习武达到收心敛性、屏虑入定的目的，同时兼收健身自卫、护寺护法的效果。正因为禅宗没有把武技看得太重，而是以禅定功夫为根基，泯灭争强好胜之心，屏弃尘俗纷扰之念，才使得武僧们习惯于在心静如水、无患无虑的状态下练功。少林寺院武功的这种独到之处，使得历史上的少林武僧往往得以步入武学的较高境界。少林拳的拳种优势，在相当程度上归功于禅法的作用。

少林拳主刚，要求刚健有力、刚中有柔、朴实无华、攻防兼备，以攻击为主。其眼法要求以目视目，步法要求进退灵活，运气要求气沉丹田，动作要求站如钉立、转似轮、旋跳似轻飞、出手如电。

少林拳的套路一般都较为短小，运动多为直线往返。其动作姿势要求：头端面正，眼注一点，兼顾上下左右；头竖不偏，随身变转，开胸直腰，不松塌，裹胯合膝，微扣脚尖；肩下松，手臂击出曲而不曲、直而不直，以便曲防时含有攻意，直攻时含有守意。身法注重控制重心，动则轻灵，静则沉稳。步架要求进步低、退步高，动作整体表现为全身上下、内外协调一致。动作时要求做到"三催"，即步催、身催、手催，以迅疾见功夫。[1]

少林拳的基本功是站桩，桩有马步桩、椅子桩、丁字桩等，同时也练视、听、抓、拉、推、举、踢等。身法有八要，即起、落、进、退、反、侧、收、纵。要求藏而不露，内静外猛。战术上善于声东击西，指上打下，佯攻而实退，似退而实进，虚实兼用，刚柔相济，乘势飞击，出手无情，击其要害。在动静、呼吸、运气、用气方面的要求，正如拳诀所说："拳打十分力，力从气中出，运气贵乎缓，用气贵乎急，缓急神其术，尽在一呼吸。"即：要求肩与胯、肘与膝、手与足的外三合和心与意、意与气、气与力的内三合，从而形成内外一体；要求用鼻呼吸，必要时用嘴配合发出吼声，集中劲力，打出迅雷不及掩耳的爆发力，以威慑对方，克敌制胜。[2]

少林拳的单练拳术，有小洪拳、大洪拳、罗汉拳、老洪拳、炮拳、

---

① 康戈武：《中国武术实用大全》，今日中国出版社，1990，第174页。
② 《中国大百科全书·体育》，中国大百科全书出版社，1982，第300页。

长拳、梅花拳、昭阳拳、通背拳、长护心意门、七星拳、关东拳、青龙出海拳、扩身流星拳、龙拳、虎拳、豹拳、蛇拳、鹤拳、柔拳、少林五拳、五战拳、连环拳、功力拳、潭腿、柔拳、六合拳、圆功拳、内功拳、太祖长拳、炮拳、地躺拳、观潮拳、金刚拳、练步拳、醉八仙、猴拳、心意拳、长锤拳、五虎拳、伏虎拳、黑虎拳、大通臂、翻子拳、鹰爪拳、护身流拳等。少林拳的对练拳术，有三合拳、咬手六合拳、开手六合拳、耳把六合拳、踢打六合拳、走马六合拳、十五里外横炮、二十四炮、少林对拳、一百○八对拳、华拳对练、接潭腿等。少林拳的器械技法，有枪、刀、剑、棍等十八般兵器的单练与对练套路。

少林拳的散打技法，有单练、闪战移身把、心意把、虎扑把、游龙飞步、丹凤朝阳、字乱把、老君抱葫芦、仙人摘茄、叶底偷桃、脑后砍瓜、黑虎偷心、老猴搬枝、金丝缠法、迎门铁扇子、拔步炮、小鬼攥枪等。少林拳的气功有少林易筋经、小武功、混元一气功、阴阳气功、八段锦等。

目前流行于北方地区的多数拳种，如梅花、炮拳、洪拳、红拳、功（弓）力、劈挂、通臂、短打、燕青（秘踪）、拦手、螳螂、七星、朝（昭）阳、关东、八极、戳脚、鹰爪，以及长拳、猴拳、岳氏连拳等，都被认为属于少林拳。上述每一拳种，都又分别拥有若干拳械套路和功法。

少林拳的拳术和器械共计 552 套，另外还有七十二艺、擒拿、格斗、卸骨、软硬气功等功夫类套路 156 种，总计 708 套（种）。这些内容，有着不尽相同的类别和难易程度，有机地组合成了一个庞大而有序的少林功夫体系。[①]

下面我们介绍一下少林拳的几个常见拳种。

---

① 释永信：《少林功夫文集》，少林书局，2003，第 2 页。

1. 少林五拳

少林五拳，包含龙、虎、豹、蛇、鹤五种拳术，是泉州武术的一个重要拳种。其特点是"以形为拳，以意为神，朴素明朗，拳势激烈"，其精义是"注意不注气，注气不注力，见力生力，见力化力，见力得力，见力莪力"。

据传，金哀宗正大年间，嵩山少林寺白玉峰（法号秋月）始创少林五拳，后传给觉远和尚，二人撰写了《少林五拳精要》，系统阐述了龙、虎、豹、蛇、鹤五拳的特点和手、足、身、眼、步法以及五拳结合的练法。

明嘉靖年间，倭寇经常侵犯中国东南沿海一带，朝廷多次降旨诏嵩山少林寺武僧平寇。那时，许多武僧便就地建殿参禅，授徒传功。进入清代，少林净仁、净林二僧南迁，先后在福建、广东等南方地区将少林五拳深度传授。久而久之，北派五拳吸收了南派拳法，形成了南派少林五拳。

少林五拳属于象形拳类，鸟兽的行动和神态，在拳法中被栩栩如生地表现了出来。龙吟、虎啸、豹窜、蛇缠、鹤立，无一不显示出鸟兽之行与天地之合。

少林五拳，以长拳、南拳作为基本功，要求内外兼修，同时配以内功气息调节，精、气、神浑然合一，脚、腰、肩力催三关，以形为拳，以意为神，以气催力，以关发气。[①]

2. 少林花拳

少林花拳，是少林古拳法中的稀有拳种，属少林柔拳一派。其特点是"拳打卧牛之地，出手敏捷，打不露形，粘衣即打，手到劲发，离身消劲"，其精义是花拳八法，即"吞、吐、浮、沉、粘、离、擢、浚"。

少林花拳显现的是轻柔飘逸的风格，左盘右扭犹如迎风摆旗，攻守

---

① 华博：《中国世界武术文化》，时事出版社，2007，第74页。

变化恰似风吹柳絮，起落进退宛若行云流水，张弛急缓好像海潮起落。少林花拳的奥妙主要不在招式，而是在劲力的处理之上，要求"出手敏捷，打不露形，粘衣即打，手到劲发，离身消劲"。

少林花拳短小精悍，充分表现出了少林拳"拳打卧牛之地"的特点。在斗室之中，其尺棍兵器都可以被自如操练。明名士金圣叹曾就此概括为"花拳为一路短打"。

燕子锃为少林花拳的独门兵器。燕子锃为双手短兵刃，因外形酷似燕子身形而得名。平地时腾挪闪跳轻盈异常，跃起后凌空飞渡技击长空。身段美妙，柔中带刚，但又暗藏丝丝入扣之杀机。

泉州花拳最早见于清末民初。当时泉州学府路两位私塾老师周苍玉和周润玉兄弟，便是泉州少林花拳的开山祖师。二人将此拳传授于林朝泰，林又传于郑连来，郑连来又传于其子郑昆烟。[①]

3. 少林罗汉拳

少林罗汉拳的特点是"拳路清晰简明，短捷紧凑，灵活多变"。其精义讲究"出手似箭，收手如绵，一招得手，连环进击"，其拳理渗透着"相生相克、此消彼长、物极必反"的中国传统哲学观点。

少林罗汉拳的手形变化，充分体现了阴阳五行之说。少林罗汉拳的手形按"五行"分为五枝："仰掌为水，立掌为木，扑掌为火，握拳为土，钩手为金。"同时，各种手形又有不同的运动要求："水枝如行云流水，木枝穿插如动箭，火枝如炎冲云天，木枝下沉重如铁，金枝变形如钩。"这变化多端的"三掌一拳一钩"，造就了少林罗汉拳的灵活。

少林罗汉拳，不仅在招式上有独到之处，而且在武道上也有不俗见解。"练武者可分为三种境界：以力行，偏刚偏柔，刚而不柔，柔而不刚，为下乘；以气行，能刚，能柔，刚柔相济，气达全身，为中乘；以神运，虚实互补，刚柔俱化，劲透体外为上乘。"它告诉人们，习武之

---

① 吴绍桂：《青少年应该知道的少林武功》，泰山出版社，2012，第 42 页。

人有层次上的差别，武学之道不在于行而在于神，舞形易而入神难，需要练习者的悟性，更需要长久的揣摩与研习。其招式有"和尚捧经、醉卧罗汉、童子摘葱、连环进击……"

"一字马一片身"，是少林罗汉拳独特的攻守方法。无论进攻还是防守，少林罗汉拳均以自己的侧身对准对手的正中，前手似弓，随机应变地以寸劲或防或攻；后手相随，或上或下，守中护肋。

虽说"南拳北腿"，但是，作为南拳之一的少林罗汉拳，其腿技却不容小视。与"北腿"的高起飞踢不同，罗汉拳为低腿劲踢。腿法运用时，配合多样化的步法，隐蔽性大，重心颇稳，每每能出其不意，一招制敌。

少林罗汉门的传统独门兵器是"疯魔禅杖"，也叫"鲁智深醉打山门杖"，长近两米，重达5公斤，两端分别为日月铲。据传，此杖法本来为长白山道悦真人所有。游方高僧藏玄大师与道长交往甚密，两人经常对饮论武，互相研习武艺。高僧学得疯魔杖法之后，云游来到泉州少林寺，将绝艺传授给少林僧人，并承传至今。疯魔杖法"劈、切、截、戳、挑、撩、扫、挂、刺"，大开大合，大巧若拙，既似游龙走凤般轻盈矫健，又有秋风扫叶般勇猛无情。

泉州少林寺俗家弟子侯君焕，是少林罗汉拳的一代宗师。民国时期，庄子深拜入侯君焕门下，学到至今最为完整的罗汉门拳、械套路，包括罗汉三战、少林拳、降龙伏虎罗汉拳、五枝生克手法、五枝靠打对练和达摩棍法、伏魔禅杖以及血刃刀。后传其子辈。①

4. 少林龙尊拳

少林龙尊拳，又称龙拳。其特点是"吞吐浮沉，身技腰马，门户眼节，动静神气"，其精义是"有桥断桥，无桥生桥，注重练神"。它不仅集合了双手互搏术的守内、游外之功，同时还具备二次防御之功。

少林龙尊拳一共有17套拳法，刚健有力，刚中有柔，朴实无华，利

---

① 华博：《中国世界武术文化》，时事出版社，2007，第74~75页。

于实战。其招招非打即防，没有花架子，但每一手顷刻间的变化又都能起到"挡、防、攻"三种功效。"吞，如金猫捕鼠；吐，如饿虎出林；浮，如大鹏展翅；沉，如老翁持拐。"看似以防为主，却能诱敌深入，出奇制胜。如少林龙尊拳中的"三狮拳"套路，双拳奔出，气势磅礴，中指突起寸许，有如龙首。左右变换之时，动作迅速，富有整体感，可谓是神龙无首，变化莫测。动时，似黄龙滚水，浪里推舟；静时，养神安逸，出手有山岳之威。时而原地踏步，时而突然快速游走。这套拳法移动范围以及拳法收缩幅度虽然不大，却能在摇身转胛间起到"挡、防、攻"的效力：一拳迅速抵挡敌人的第一次进攻，另一拳防好敌人的二次进攻，紧接着利用与敌人近身的时机迅速进攻，即"有桥断桥，无桥生桥"。

少林龙尊拳不受场地限制，有"拳打卧牛之地"之说，可一手端茶，一手出招，喝茶对阵即能比出高低。少林龙尊拳的秘诀即"练神"，根基为"三战"，运气要求气沉丹田，眼法讲究以目视目，步法要求稳固而灵活，拳法则讲究门户。"出拳时，肘距离肋骨不能超过一拳头的距离，拳高则不能超过肩膀"，手法"曲而不曲，直而不直，进退出入，一切自如"，不仅能保证防守和进攻的力度，而且能起到借力用力的作用。[1]

第二节

太极拳系

太极拳，以太极为名，以太极哲理为理论基础，以柔和缓慢为运动特色，是一个分支流派较多、运动方式特殊、思想体系完备的武术拳系。

---

[1] 吴绍桂：《青少年应该知道的少林武功》，泰山出版社，2012，第48页。

一 起源发展

大体说来，太极拳的起源与发展，经历了一个创始、家传、开放、繁殖、繁荣的过程。

1. 创始

关于太极拳的起源，有多种不同的说法：一是李道子创拳说，二是许宣平创拳说，三是张三丰创拳说，四是陈卜创拳说，五是李仲、李岩、陈王廷共创说，六是陈王廷创拳说，七是王宗岳创拳说，等等。这些不尽相同的说法，各有自己的道理，但就目前而言，最大的可能是现传的各氏太极拳，均源自于陈家沟的陈氏太极拳，而陈氏太极拳的创始人，则是明末清初的陈王廷。

明洪武五年，朱元璋下令由山西洪洞向怀庆属地移民。移民中有一青年名叫陈卜，祖籍本在山西泽州东土河村，时因家乡连年遭灾，逃荒到洪洞，此时又与妻儿一起被裹入移民队伍迁入怀庆境内，在温县城东北10公里处定居，将此处取名陈卜庄。由于陈卜庄地势低洼，常受涝灾，明洪武七年，陈卜合家迁往常阳村。此村位于陈卜庄东南、西清风岭上，南临黄河，北负一岭，旱涝保收。因其西有柿沟，东有赵沟，北有正北沟，三面环沟，随着陈氏家族人丁繁衍，常阳村易名为陈家沟。

陈氏始祖陈卜全家定居清风岭上的常阳村后，勤劳耕作，兴家立业。为了保卫桑梓不受地方匪盗危害，精通拳械的陈卜在村中设立武学社，传授子孙习拳练武。陈卜及其后代六世同堂，计有二世陈刚、三世陈琳、四世陈景元、五世陈堂、六世陈宗儒等人。到七世开始分家立业。其中一支为七世陈思贵、八世陈抚民、九世陈王廷和陈王前兄弟。

陈王廷，明末文庠生、清初武庠生，文武双全，曾只身闯玉带山，劲阻登封武举李际遇叛乱，为清朝在山东平定盗匪立过战功，在河南、山东负有盛名却不被清廷重用。陈王廷报国无门，收心隐退，在耕作之余，依据自己祖传之一百单八氏长拳，在参阅《易经》《黄庭经》《纪效新书·拳经》等基础上，于大约康熙年间创编了这一独具特色的太极拳。拳者，武术也；太极拳者，即以传统哲理为统帅的武术也。

陈王廷创编的太极拳，其拳架吸取了《纪效新书·拳经》三十二式中的 29 个拳式，其内功吸取了道家《黄庭经》中的丹功精华（黄庭即丹田的异名），其拳理则处处讲阴阳相济、阴阳互包、阴阳互根、阴阳平衡等哲理，其运动过程，又处处强调阴阳变化的螺旋缠丝形式。

陈王廷老年能够造拳，与一名叫蒋发的武林高手是分不开的。陈王廷早年闯玉带山李际遇山寨时，曾结识李际遇部下一名战将蒋发。此人武艺十分精湛，传说脚快如飞，可百步追兔。李际遇被清政府镇压后，蒋发落难投奔了陈王廷，以陈王廷为友为师，自己甘愿为仆为徒，关系甚密，使陈王廷造拳有了切磋的对手，更使其所造太极拳可以在实践中得以检验，不断修正。

2. 家传

从陈王廷创拳开始，陈氏太极拳一直在陈氏家族内部世代传承。陈家沟练习太极拳之风甚盛，老幼妇孺皆练习。当地流传的谚语，如"喝喝陈沟水，都会翘翘腿""会不会，金刚大捣碓"等，在一定程度上反映了当时的情形。这种风气世代沿袭，经久不衰，使得历代名手辈出。

3. 开放

从陈氏十四世陈长兴开始，陈氏太极拳的传承方式，发生了极大的变革，开始逐渐地对外族人开放。陈氏太极拳的大架、小架之分，也是在陈氏太极拳传承方式发生变革以后，从与陈长兴同辈分的陈有本和第十五世陈清萍开始的。

陈氏家族第十四世、陈氏太极拳第六代传人陈长兴，著有《太极拳十大要论》《太极拳用武要言》《太极拳战斗篇》等。他在祖传老架套路的基础上将太极拳套路由博归约、精炼归纳，创造性地发展成为现在的陈氏太极拳一路、二路（又名炮捶）。后人称其为太极拳老架。[①]

陈长兴以保镖为业，走镖山东，在武术界享有盛名。据传，他在戏台前看戏，站立在千百人中（当时农村演戏，身强力壮者挤在台前，无座位），无论众人如何推、搡、拥、挤，脚步丝毫不动，凡近其身者，如水触石，不抗自颓，时人称为"牌位大王"。其子耕耘拳艺精奥，继续走镖山东，历时十余年，所遇匪盗敛迹，鲁人立碑叙其事以为纪念。耕耘之子延年、延熙均为太极名师。

从陈长兴这一代起，陈氏太极拳才传给外姓人氏。他打破门规局限，将陈家沟的独得之秘——太极拳传于河北永年县的杨福魁（名杨露禅），由此展开了太极拳史上的第一次大普及与大发展。

4. 繁殖

从陈长兴教授杨露禅开始，太极拳已经渐渐成为中国武术界一个影响巨大的拳种。经长时间的传授普及、拳种交流与融合提升，太极拳的发展一发而不可收，逐渐从陈氏太极拳中又演变形成了许多新的流派，如现代已经名扬世界的杨氏太极拳、吴氏太极拳、武氏太极拳、孙氏太极拳等。

杨露禅，河北永年人，酷爱武术，从学于陈长兴，并与其子杨健侯、其孙杨澄甫等人切磋交流，在陈氏太极拳的基础上，创编形成杨氏太极拳。[②]

杨露禅学成后返回家乡传习太极拳，因他能避开并制服强硬之力，当时人称他的拳为"沾绵拳""软拳""化拳"。后来，杨露禅去北京教拳，清朝的王公贵族多向他学习。由于他武技高超，当时人送其"杨无敌"的称号。清同治、光绪两代帝师翁同龢在观看杨露禅与人比武后，对大臣们说："杨进退神速，虚实莫测，身似猿猴，手如运球，犹太极

---

① 王西安：《陈氏太极拳新架一路》，河南科学技术出版社，2007，第 10 页。
② 《太极拳全书》，人民体育出版社，1995，第 309 页。

之浑圆一体也。"并为杨露禅亲题对联:"手捧太极震寰宇,胸怀绝技压群英。"① 后来,杨露禅根据实践,不断发展已有拳架,又经其孙杨澄甫一再修订,遂定型为杨氏大架太极拳,由于练法平正简易,故得以不断普及与发展,成为现代最为流行的杨氏太极拳。

杨氏祖孙三代,在北京负有盛名。杨露禅有三子,长子凤侯早亡,但留下一支,在河北邢台地区有传,次子杨班侯和三子杨健侯,各有所长。班侯脾气火暴,偏重太极拳的技击作用,实战中下手较狠,"出手见红",在京都留下"拳打雄县刘""擂打万斤力"等佳话,承父"杨无敌"之称号,在北京名噪一时,有"杨露禅闯天下、杨班侯打天下"之说,为太极拳在高手如云的北京树立了威名,并继而推动了太极拳在全国的快速普及和传播。但因出手打死洋人,无法再在北京容身而返回乡里,所以传播范围不广,实为憾事。目前有永年广府的班侯架和河北齐德居的八十一氏大功架传承。健侯性格温和,更重太极拳的健身作用,且授徒众多,所传为中架,当今流传的太极拳大多数为健侯一支。② 1928年以后,健侯之三子杨澄甫到南京、上海、杭州、广州、汉口等地授徒,其拳技遂流传于全国各大城市。③

河北省大兴人吴全佑和其子吴鉴泉,在学习与研究杨氏太极拳的基础上,通过对杨氏太极拳小架的逐步修订,创编了吴氏太极拳。

吴全佑,满族,先从师杨露禅学习杨氏太极拳大架,后来又从师杨露禅次子杨班侯学习杨氏太极拳小架。经过数年的勤学苦练,不断钻研,吴全佑融会杨露禅之大架和杨班侯之小架于一体,自创太极拳功架。

其子吴鉴泉,自幼从其父吴全佑学太极拳。他在慢架中去掉重复和跳跃动作,而在快架中仍保留跳跃和发劲等身法,经数十年的实践与修

---

① 杨东玉:《罩怀观象与中国哲学流派》,北岳文艺出版社,2006,第396～397页。
② 张永刚:《太极运动》,北京理工大学出版社,2008,第13页。
③ 赵斌等:《杨氏太极拳真传》,北京体育大学出版社,2009,第235～238页。

正，遂形成以柔化为主的一种紧凑、大小适中的拳术，即吴氏太极拳。世间流传的杨氏太极拳，有大架和小架之分，而吴氏太极拳，主要是在杨氏太极拳小架的基础上发展创新而成的。

河北永年人武禹襄，在杨露禅从河南焦作陈家沟返乡后，深爱其术，从杨处学得陈氏老架太极拳，后又从陈清平学得赵堡架，经过修改，创编了武氏太极拳。

武禹襄，河北省永年县人。祖辈世代传文习武，兄弟三人，两兄皆有功名为官。禹襄自幼习文好武，性孝友，侠尚义，乡秀才，廪贡生，候选训导。约1850年，同乡杨露禅自河南温县陈家沟学艺返乡，禹襄兄弟爱其术而从学陈氏老架太极拳，得其大概。[①] 1852年，禹襄亲赴河南，从温县赵堡镇陈青萍学习陈氏新架太极拳二路月余，得其精妙，并从长兄武澄清处得王宗岳《太极拳谱》，读后大悟。

在钻研陈氏太极拳新老架式的基础上，武禹襄结合《太极拳谱》之精华，通过自身练拳体会，融会贯通，创出姿势紧凑、动作舒缓、身法端正、步法轻灵并要求内气潜转、以气成式的太极练法。此式既不同于陈氏老架和新架，也不同于杨氏大架和小架，自成一派，后人称之为"武氏太极拳"。

孙禄堂，河北望都人，集形意、八卦、太极之大成，三拳合一，创编了孙氏太极拳。

孙禄堂别号活猴。早年随形意拳大师郭云深学习形意拳，并从八卦掌大师董海川弟子程廷华学习八卦掌。其后因照顾病中的武禹襄传人郝为真，而蒙其传授太极拳学。孙禄堂将三者合而为一，自成一家，人称孙氏太极拳。因内含八卦掌千变万化的特色，故又称"八卦太极拳"。

孙禄堂曾任南京中央国术馆武当门长、江苏国术馆副馆长兼教务长。他把武术前辈所传拳术套路和拳理真髓与自己的习武心得整理成

---

① 李鸿义：《武式太极拳图解及太极论诀》，南海出版公司，1998，第1页。

书，出版《形意拳学》《八卦拳学》《八卦剑学》《太极拳学》《拳意述真》五本武术经典著作，为后世的武术理论研究奠定了基础。

除了这四大家，还有和氏太极拳、李氏太极拳、忽雷太极拳等，均在武术界产生了一定的影响，为太极拳的百花齐放做出了巨大的贡献。

5. 繁荣

清末民国，太极拳走出陈氏家族，新的太极拳流派不断涌现，太极拳经历了一个快速普及与发展阶段。而在中华人民共和国建立，特别是改革开放之后，太极拳受到党和国家领导人的重视，更是进入了一个前所未有的大繁荣时期。

这一时期，与其他武术拳种一样，太极拳的发展，成为政府与社会的一项事业。卫生、教育、体育等部门都把太极拳列为重要项目来开展，出版了上百万册的太极拳书籍、挂图。在政府与社会组织的共同努力下，太极拳发展很快，打太极拳的人遍及全国，全国各大公园、街头和体育场馆多设有太极拳辅导站，吸引了大批爱好者。

同时，由于中国政府与太极拳传人的共同努力，太极拳在国外，也受到普遍欢迎。欧美、东南亚、日本等国家和地区，都有太极拳活动。据不完全统计，美国已有 30 多种太极拳书籍出版，许多国家成立了太极拳协会等团体，积极与中国进行交流活动。太极拳作为一种特色鲜明的中国传统运动方式，已经引起了很多国际朋友的关注和重视。[①]

二　内容特点

所有流派的太极拳，都是有共性特点的。比如，在身体姿势方面，均要求含胸拔背、沉肩坠肘、塌腕、松腰实腹、全身中正等；在动作线路方面，均要求弧形运转、节节贯穿、上下相随，从而能够运动圆活、衔接顺畅；在动作速度和劲力上，除了陈氏太极拳二路在演练时常常发

---

① 《中国大百科全书·体育》，中国大百科全书出版社，1982，第 345 页。

力之外，其他套路均要求以松柔和缓为主导，以意导体，意、气、体配合协调；在技击战术上，均强调在"舍己从人"的前提下，以静制动、以柔克刚。大致说来，腰为主宰、以身带臂，螺旋缠绕、连绵不断，呼吸随势、意气势合，缓慢均匀、浑圆对称，刚柔相济、节奏鲜明，外似处女、内似金刚，等等，乃是各家太极拳共同的风格特色。

　　不同的太极拳流派，陈氏、杨氏、武氏、吴氏、孙氏，以及现在影响力还相对较小的和氏、李氏等，除了我们上面所说的共性特点之外，也有其各自的特点。这里，我们就其主要方面作一简要介绍。

　　1. 陈氏太极拳

　　陈氏太极拳有大、小架之分，有新、老架之分，有拳术与器械之分，有单练和对练之别，有套路与推手之分，也有单练与散手之分。陈氏太极拳的器械技法很多，主要包括单剑、双剑、单刀、双刀、双锏、枪、大刀、杆等技法。这里，我们简述一下陈氏太极拳主要且常见的内容。

　　陈氏太极拳老架。此套路属大架系列，为陈氏十四世陈长兴在家传拳架的基础上总结与编排而成。老架以缠丝为轴心，古朴而无花架势。

　　陈氏太极拳小架。此套路原被称为新架。在陈发科所编之套路流传之后，此套路逐称为小架。小架为陈氏十四世陈有本所创。此套路除去劲发于外的动作，把劲路涵于套路当中，蓄而待发。整套拳打起来温文尔雅，有儒者之风范。

　　陈氏太极拳新架。此套路属大架系列，为陈氏十七世陈发科由老架编排而成，经其子陈照奎定型为新架。新架尤其突出缠丝螺旋的动作。在套路上以松活弹抖、节节贯穿、胸腰运化、转关折叠等特点独树一帜。

　　陈氏太极剑。此剑法套路是在陈氏太极拳的基础上发展起来的。陈氏太极拳的基本技术原理，对陈氏太极剑也同样实用。陈氏太极剑的传统套路共五十八个动作，剑法多样，有劈、刺、撩、挂、点、崩、云、架、穿、提、扫、抹、带、斩、截、托等。其特点是刚柔相济，快慢相间，以身带剑，灵活多变；运动路线缠绵曲折，风格别致，有很高的强身健体的价值。

陈氏太极推手。在陈氏太极拳中，套路与推手互为体用。习练套路是束身行为（约束身肢）与意识修为，通过推手能够检验束身水平与意识修为的正确与否。两者相辅相成，不可偏废。通俗的说，练套路如同生产，练推手如同质检，找出问题所在与不足之处，然后再生产，再质检，如此循环往复，一生无有穷尽，不断提高追求，情趣尽在其中，不亦乐乎。

陈氏太极拳缠绕折叠，松活弹抖，快慢相间，刚柔相济，连绵不断，一气呵成。如滔滔江河奔腾不息，气势恢宏，又似游龙戏水怡然自得。陈氏太极拳的核心在于"自缠"，即身缠、手缠、足缠、臂缠、腿缠，周身缠，故有陈氏太极拳乃"缠"法之说。

2. 杨氏太极拳

杨澄甫虽然只公开传授大架，但曾传一路"太极长拳"于陈微明。此拳单招与大架极为相像，但一些招式名称有别，亦多出一些大架所没有的招式。杨家支派王兰亭王府皇家太极拳的太极拳架，为杨氏太极六十四式老架。杨家支派"府内派"的太极拳架（不包括小九天等套路）有大架、老架和小架。其中老架可能出自杨家中架。杨氏太极拳还有打手（今人多称"推手"）、大履、散手、太极功等流传于世。

杨氏太极拳在社会上广为流传，与杨澄甫有着密切的关系，他所教授的杨氏太极拳柔和简易，很适合作为健身运动。为了配合现代人的生活习惯，一些人把杨澄甫大架再次简化，编成更短的拳架流传下来。八式、十六式、二十四式、四十式及四十八式等拳架都因此而被广泛流传。由于杨氏太极拳姿势舒展，平正朴实，练法简易，因此深受广大群众热爱，传播得最为广泛。

杨氏太极拳拳架舒展简洁，结构严谨，身法中正，动作和顺，轻灵沉着兼而有之；练法要求由松入柔，刚柔相济，一气呵成，犹如湖中泛舟轻灵沉着兼而有之。

3. 吴氏太极拳

吴氏太极拳是在世传杨氏太极拳小架的基础上发展而成的。吴氏太极拳以柔化著称，动作轻松自然，连续不断，拳式小巧灵活。拳架开展而紧凑，紧凑中不显拘谨。推手动作严密、细腻，守静而不妄动，亦以柔化见长。

吴氏太极拳的特点是以柔化为主，能做到因势利导，以柔克刚，以静制动，以逸待劳，极柔软而后极坚刚。所谓极柔软，是高度的不丢不顶，如影随形，触之总觉空虚无物，摸不到对方中心，进则落空，退即失势，故柔软不是软弱无力。所谓极坚刚，一方面是接受者的感觉，总觉对方力大，自己处处不能得机得势；另一方面是久练之后，产生一种鼓荡之劲，如皮球，如水浪，一种极富弹力的整体劲。

吴氏太极拳在推手时，特别强调不顶撞，少刺激人，不把人家当扶手，也不给对方作扶手，使人不知我，我独知人，让对方败于不知不觉之中。太极拳一般都是先化后打，也有的太极流派主张即化即打，而吴氏太极拳平时多主张化而不打。以化为主，引而不发，使人感到的不是刚力而是柔劲。当然，吴氏太极拳并非只能化不能打，而是要打时，则能达到化之至多，打之至深。①

4. 武氏太极拳

武氏太极拳既不同于陈氏太极拳的老架与新架，也不同于杨氏太极拳的大架与小架，学而化之，自成一派。武氏太极拳小巧紧凑，集强身、防身、修身于一体，适合文人修炼，人称干枝老梅、朴实无华。

拳势讲究起、承、开、合，动作连贯顺遂，用内功的虚实转换和

---

① 王力泉、王辉璞：《吴氏简化太极拳》，辽宁人民出版社，1984，第1~2页。

"内气潜转"来支配外形,以"神宜内敛","先在心,后在身","以心行气,以气运身,意动身随,意动气随,意到气到,意到力到,意力不分",达到意、气、形三者合一。行云走架,双足如在大地上写书法,一笔一画严守格律,与人交手,注重接劲打劲。

武氏太极拳理法原理丰富完整又邃密细腻,以求太极为主,走内劲,以意行气,练精、气、神三者合一。技艺特点是因敌变化、借力打人,用意气的变换来支配外形的运动,强调走内劲而不露外形,追求人为我制而我不为人制的神奇境界。

5. 孙氏太极拳

孙氏太极拳,是在武氏太极拳基础上,融合形意拳进步必跟、退步必撤的步法,八卦掌拧旋敏捷的身法,两门拳术的一些手法,创编而成的。孙氏太极拳动作小巧轻灵,架高步活,柔缓圆活,转换轻盈,运动方向变化多。步法进退相随,运转开合相接。

守"中",是孙氏太极拳的第一个特点。孙氏太极拳,从起式到收式,各种动作都要求中正平稳、舒展圆活、紧凑连贯、一气呵成。正因为中正,既不能前俯后仰,又不能左偏右倚,从而使得躯体手足上下呼应,内外一体。

进步必跟、退步必撤,是孙氏太极拳的第二个特点。进步必跟、退步必撤,这种移步的方式,有利于培养习练者重心移动和动静合一的能力,还有利于上下相随、手足相顾,使习练者在移步中,不失六合之要。

每逢转身,多以开合手相接,是孙氏太极拳的第三个特点。孙氏太极拳中有十二个开合手,将套路分为十三节。每逢转身以开合手相接,可以引导习练者身体随重心的虚实转换、内气的自行运转(称为圆研)。开合手便于引导习练者体会体内气息的运行与重心转换相协调。开合手的安排,利于习练者在练拳时,习练者体内的经络疏通和血脉通畅。

太极拳的分支流派很多，除了上面的陈氏、杨氏、吴氏、武氏、孙氏之外，还有和氏、李氏、忽雷架、腾挪架等。它们内容大致相同，但各有特色，如忽雷架太极拳，在演练时通过骨头间的摩擦发出"忽如雷炸"的声音，而腾挪架太极拳则讲究丹田内转，处处裆胯带动，等等。

第三节

形意拳系

形意拳，又名神拳、心意拳、心意六合拳、六合心意拳、六合拳、守洞神技、无手拳、守洞尘技、五行拳等，人称"枪拳"，以"阴阳、五行与象形"为理论指导，以"直来直去，硬打硬进无遮拦"为技法特色，是一个分支较多、流传较广、影响很大的武术拳系。

一 起源发展

形意拳系的起源发展，经历了创始、传承、创新、兴盛、坚持、新生等阶段。

1. 创始

关于形意拳系的创始，目前知道的有三种传说：第一种传说，"为印度高僧达摩所创"；第二种传说，"为岳飞所创"；第三种传说，"为姬际可所创"。现在看来，可能性最大的，是第三种说法，形意拳系创始于姬际可。

姬际可，字龙峰。其祖姬从礼于明初由洪洞迁徙至蒲州。姬际可为八世姬训之次子。自幼学文，13 岁开始习武。5 年后，父母相继去世。

姬际可20岁左右时，离家奔少林寺，翻越中条山时不幸马前失蹄，跌入深涧。他手抓树枝，沿峭壁攀登，险里逃生，终于到达少林。姬际可在少林寺学艺十载，颇得少林秘法，擅长大枪绝术，有飞马点椽之绝技，人号神枪。后来，少林寺主持请他做了师傅，专授武功。

清军南下，各地反清志士云集少林。姬际可素来敬仰岳飞精忠报国的精神，以反清复明为己任，遂与各路豪杰相商反清大计。后被清廷获密，派亲信入寺，姬际可险遭不测，于是下山出游。先到南方，遍访技击名家，辗转到峨眉，又入汉中，逾秦岭，上终南。[①] 当时的姬际可既难遂反清复明之志，又有被清廷缉捕的危险。于是，为表达自己反清复明之志向，姬际可假托岳飞之名，撰《六合拳经》，以六合为法，以五行十形为拳，创立了"心意六合拳"。

2. 传承

姬际可创拳的政治目的在于传播反清复明思想。这一点在其拳诀甚至拳法中均有所见。所以，心意拳一成，他便离开终南山东行，物色传人。

"然此拳一经问世，人竟以狂妄自我，庶不知此拳有防身御侮养性修身之术。以心意诚于中而肢体形于外。舍藏先天之本，性命生死之道，阴阳之母，四象为根，以夺阴阳之造化，扭转乾坤之气机。然沿途所遇，皆为庸俗之辈。到苏常一带访友，巧遇王辅臣父子，承他父子另眼相待，其子耀龙尚能刻苦用功。转瞬五载，又西南行，至秋浦遇曹公托其子继武与我，一教十二年，其技方成。"（《姬际可自述》）

姬际可所传王耀龙一脉，现无发现传人在，而其所传曹继武一脉，则传人众多。康熙二十五年，姬际可在秋浦传艺时手书自述，赠予曹继武。据《姬氏族谱》记载，姬际可晚年归里后，老年破流寇于村西，

---

① 吴殿科：《形意拳术大全》，山西人民出版社，2000，第7页。

手歼渠魁，村民以夫子事之。

曹继武，生于康熙四年，从姬氏习心意六合拳十二年，技勇方成。康熙三十二年武科联捷三元，钦命为陕西靖远总镇都督。后因宦途坎坷，致仕归籍。曹继武传戴龙邦和李失名。①

据现代人推测，李失名，并不是一个人的真实姓名，而只是隐去姓名的意思。据说，李失名，是一个常年活动在洛阳十方院附近的道士。曹继武把心意拳传给了李失名，而李失名又把心意拳传给了河南洛阳的放牛娃马学礼，从而开启了河南心意拳这一大分支。

传说马学礼曾遵师命到少林寺试功，并打出了少林寺，因此被称为"神拳"。"神拳"马学礼的美誉传开后，洛阳的各大商行纷纷重金聘请他当保镖。马学礼行镖十余年，从未出过差错。后来，河南知府邀请他担任河南府"公差都头"（负责社会治安的官员）。他缉盗成绩突出，素有侠义之名。②

马学礼47岁时弃官归乡，在瀍河清真寺办起武学，传授心意拳，一生收徒众多，最有名的门徒有三人：马兴，后来成为心意拳洛阳系代表人物；马三元，后来成为心意拳漯河系代表人物；张志诚，后来成为心意拳南阳系代表人物。马学礼晚年编著了一套心意六合拳拳谱，命名为《圣行心意六合拳》。他去世前嘱咐后人："非吾门真弟子，宁可失传，也不乱传。"③ 所以，马学礼所传的河南一支，今称心意六合拳，一般只在回民中流传。④

戴龙邦，山西祁县人。由于各种原因，自戴龙邦学得心意六合拳奉师命回归故里起，即只传子侄及内亲，到戴文雄遵遗训将拳禁锢，不外

① 吴殿科：《形意拳术大全》，山西人民出版社，2000，第11页。
② 王静：《河南省心意拳传承研究》，河南大学硕士学位论文，2009。
③ 李洳波：《心意六合拳》，山西科学技术出版社，2003，第12~13页。
④ 武世俊：《早期形意拳的基本功法修炼》，人民体育出版社，2011，第2页。

传人，先后将近 90 年，"家拳""祖传"之说即由此出。① 在戴家内部，戴文雄传子戴五昌、同族戴良栋，戴良栋传子戴奎、侄戴鸿雄等。约在 20 世纪 20 年代，戴奎因膝下无子，打破了戴氏"传男不传女、只传戴姓不传外家"家规，传王映海、段锡福、岳蕴忠、高升祯、史雄霸、郭云天、马二牛、柳焕英、任大华、王步昌等人，从而成就了现代山西戴氏心意拳这一大分支。

李洛能，河北省深州人，闻戴文雄之名求教。戴文雄被李洛能的学拳诚心所感动，遵母命于道光十九年正式收其为徒，传授心意拳术。后来，李洛能广授门徒，培养了大量的名家高手。李氏后学们深入研讨，多有创新，改心意拳为形意拳，从而开启了一个创新发展的大好局面，形成了河北、山西形意拳一大分支。

李洛能所授，最著名的有八大弟子：山西的车毅斋、宋世荣、宋世德、李广亨四人；河北的郭云深、刘奇兰、刘晓兰、贺运亨。这八大弟子各有所长，北方形意拳逐步衍化为具备地方特色的山西形意拳，又称山西小架；河北形意拳，又称河北大架。②

3. 创新

李洛能与他的徒弟车毅斋、贺运亨、李广亨以及弟子李复祯等一道潜心于心意拳术的研究、改革、创新，在车毅斋的提议下，李洛能先后对戴氏心意拳拳名、拳理、拳法等都进行过深入细致的研讨。经过多次反复研究"心意"与"形意"的内涵，认定"心意"本同一理，均成思于内，而"形意"则兼"外形"与"心意"双重含义，是内与外的结合，思与行的统一。于是，李洛能提出了以"形"代"心"取名"形意拳"的主张。此后，始有形意拳之名见于世。

同治五年，李洛能同弟子车毅斋创编了第一个形意拳对练套路，初

---

① 吴殿科：《形意拳术大全》，山西人民出版社，2000，第 12 页。
② 武世俊：《早期形意拳的基本功法修炼》，人民体育出版社，2011，第 2 页。

名"五行生克拳"，后改称"五行炮"。李洛能晚年归冀后，车毅斋继承师志，不遗余力，继续改革、完善形意拳术，先后又创编"挨身炮"等9个对练套路，以及拘马拚、狮吞手、十三炮法等。至此，由李洛能师徒改革创新的形意拳术理论逐渐完善，内容日趋丰富。此拳突出"防御为能"的特色，套路严谨，拳法多变，风格独特，车毅斋首在同门中试传时即备受欢迎。不久，太谷城乡习此拳者日渐增多。

光绪初年，此拳很快传入太原、榆次、徐沟、平遥等地。光绪十四年，车毅斋在天津以形意剑术击败日本武林高手板山太郎，名声大震，清政府特授予"花翎五品军功"，以示嘉奖。光绪十五年九月，李洛能弟子直隶形意拳大师、以半步崩拳打遍华北无对手的郭云深首到太谷走访形意同门，与车毅斋师兄切磋技艺长达一年有余。[1]

此后，直隶形意拳名师到太谷走访形意同门的还有刘奇兰、李太和、刘元亨、李占元、张树德等，各地武林高手先后到太谷与形意门人较技者多达百余之众。光绪十九年，李洛能弟子，直隶人宋世荣、宋世德兄弟携眷由大兴迁晋，定居太谷，首在形意同门中传播王南溪所注内功经。光绪二十一年，李洛能弟子榆次人李广亨在太谷城内"中兴正"商号作《心意精义》，对心意拳之历史源流、拳理拳法、拳名演变、五行、十二行拳之练法以及诸多套路都做了详细注解，成为形意门中具有权威性的拳谱资料。[2]

晚清，李洛能的著名弟子车毅斋、李广亨、宋世荣、宋世德、贺运亨聚首太谷传授形意拳艺，形成了"五星聚太谷"的局面。再加上李洛能、车毅斋的弟子李复桢等名家也在太谷，从而使太谷成为形意名流荟萃、交流技艺的地方，被武林誉为"形意拳之乡"。

光绪二十三年，刘奇兰弟子王福元到太谷拜访车毅斋。车氏悉心传

---

[1] 吴殿科：《形意拳术大全》，山西人民出版社，2000，第15页。
[2] 吴殿科：《形意拳术大全》，山西人民出版社，2000，第15~16页。

授拳艺，如入门弟子，并将其推荐到榆次陈侃为萧家护院，以为谋生之所。光绪二十四年，李存义奉师命赴晋，向车毅斋师伯学习拳艺，并探望师弟王福元。光绪二十六年，李存义参加义和团事败，到太谷避难，车毅斋命弟子李复祯等保护其安全，并推荐其为当地富户孟氏护庄。李存义在太谷期间，车毅斋为其补足十二形拳，并传授挨身炮等套路。宋世荣向其传授内功四经。光绪二十九年，郭云深最后一次到山西太谷，与师兄车毅斋等商计十二形之排列序次，经研究决定将原先李洛能所传之六象排在前、车毅斋所传之六象排在后的序次，改为"龙虎为开"排在前，"鹰熊为合"排在后。自此，鹰、熊二形不再单独演练，形意门人谓之"鹰熊合演"。①

4. 兴盛

1911 年，形意名家李存义在天津创办中华武术会，团结武界同仁，培养了一批优秀武术人才，为发展武术事业做出了可贵的贡献。1914 年，李存义最后一次到太谷，与同门师兄李复祯、布学宽、宋铁麟、刘俭等共同商讨形意门人的辈次，决定从飞羽公第二代传人起，以"华邦惟武尚社会统强宁"十字为辈序，使后之来者有谱可稽。是年，形意拳新秀郝恩光首将形意拳传到国外，开创了中国拳师教外国人学形意拳的新纪元。

1918 年，曾于光绪末年在太谷受过形意大师车毅斋、李广亨、宋世荣指点的韩慕侠，在北京击败俄国大力士康泰尔，为中华民族争得了荣誉，中国人闻之扬眉吐气。此后，形意拳名声大震，全国各地学形意拳技者与日俱增。山西省城各大中小学，太谷、榆次等地的学校普遍增设国术课，许多形意拳拳师被聘请传授形意拳术，一批形意拳新秀成长起来。形意门人孙福全、刘殿琛、姜容樵、凌善清、恭颠、董秀升等编著的形意拳专著先后惠行，向国人推荐形意拳术，进一步推动了形意拳

---

① 吴殿科：《形意拳术大全》，山西人民出版社，2000，第 16 页。

的发展。同时，还出现了以描写形意拳名人为主要内容的传记性小说，如《清侠传》《当代武侠奇人传》等。

到了1936年前后，全国各地成立的国术馆（会）中都有形意拳师任教，有的还担任要职，形意拳的普及之势逐渐形成。李洛能在山西的传人以口授身传技艺见长，善技者不断涌现，在国内享有盛名。[①]

5. 坚持

1937年日本入侵中国，形意拳术几乎被扼杀。许多青年拳师奋起抗日，为捍卫中华民族的尊严，抗击日寇的侵略做出了积极贡献。仅山西即有陈晓峰、胡殿基（化名杜子和）、史克让等多名担任要职的形意拳新秀为抗日战争献出了生命。老年拳师则不顾安危，冒死犯难传拳授艺，秘密培养了众多的优秀形意拳人才。

6. 新生

20世纪50年代以来，形意拳系得到了恢复与发展，一些专家学者开始进行形意拳系的理论研究。他们克服重重困难，挖掘、整理、考证、调研形意拳系的各种文献，承前启后，继往开来，竭力全面、深入地阐释形意拳系中拳理、拳法的疑难问题等，为形意拳系的健康发展做出了重大贡献。[②] 目前，习练形意拳系各分支拳种的人数都很多，使得传统的形意拳系再次焕发了青春。

二 内容特点

姬际可开宗创派以来，历经数百年十余代人传承，已形成了庞大的体系。在传承过程中，因受时间、地域、文化、信仰、宗教、习俗等客观和主观因素的影响，逐渐形成了比较明晰的、具有广泛代表的三大主要流派。第一派，是以曹继武的再传弟子马学礼为代表的河南心意六合

---

① 吴殿科：《形意拳术大全》，山西人民出版社，2000，第17页。
② 吴殿科：《形意拳术大全》，山西人民出版社，2000，第18页。

拳；第二派，是以曹继武之后的戴隆邦、戴二闾、戴良栋、戴奎为代表的山西戴氏心意拳；第三派，是以戴隆邦、戴二闾之后的李洛能、车毅斋、郭云深等为代表的河北、山西形意拳。

1. 河南心意六合拳

自河南洛阳人氏马学礼得其真传后，数百年来，形成了心意六合拳河南派一大支流。

心意六合拳，是以心意诚于中、肢体形于外之意命名的，要求身成"六势"，强调"内、外三合"。"六势"，即鸡腿、龙腰、熊膀、鹰捉、虎抱头、雷声；"内三合"，即心与意合、意与气合、气与力合；"外三合"，即手与足合、肘与膝合、肩与胯合。

心意六合拳的基本技法是所谓的"十大真形"。"十大真形"有"鸡、龙、虎、蛇、燕、鹞、马、猴、鹰、熊"。河南马氏所传的心意六合拳，是依据上述 10 种动物之形态、特点和攻防技能，像其形、取其意而立法为拳的，形象为身之形，而拳技为意之用。这其中，以鹰、熊两艺为本，鹰形专向攻取，熊形专向防守，越此两势，则拳艺失真。

河南马氏所传的心意六合拳，主要技法有拳把，即鸡步趟腿（鸡形步、鸡步踩腿）、鸡步掂腿、龙形裹横、龙形滚横、大劈裹横、迎面贴臂、一头碎碑、虎抱头、鹞子入林、剑出鞘、托阴掌、背合掌、鸡步摇涮把（摇闪把）、熊形单把（单把）、虎扑双把（双把）、十字把、穗子把、单抖把、双抖把（夜马闯槽、肚里出捶）、猴形倒打把、三度听嗡把、四拳八势等；拳术套路，即心意四把捶、心意十形七拳（十形七拳）等；器械套路，即心意六合枪（六合大枪）、心意六合剑（十大真形剑）、心意三节棍等。[①]

心意六合拳以单势技法为主，无对打套路，拳把一开，一左一右式交换盘练，运动路线皆为直线，盘拳练艺必须侧身。发拳击掌以腰力催

---

① 李新民：《心意门秘籍》，人民体育出版社，1995，第 17～18 页。

肩、肩催肘、肘催手、手打抖擞；手不离腮，肘不离肋。发掌均五指炸开，双掌同击时则两拇指紧合相扣，身成六势，沉肩坠肘，含胸拔背，势如背锅，谷道上提，舌顶上腭，束身紧凑，如抱一团。发拳击掌尽力外展，束身下蹲，而后用力长身而起，起落如弹簧。发招技击，势发随声，声随势落，势随声出；发声吐"咿"字。技击中专打对方要害部位，拳势凶猛，发力快促。"上打咽喉，中击心，由下向上先撩阴。"常用七拳同时击人，使人遭击后，再无还手之可能。

在传拳授艺方面，心意六合拳门人将拳艺分为"钻翻艺"和"罩艺"两大类。钻翻艺是指贴身入盘，近怀靠打。此艺对人体之中节的翻、转、拧、插要求很高，适于身材灵小者习练。罩艺，顾名思义，是指从上向下拍打、按打之艺，此艺对人体之本力和梢节的协调性要求较强，适合身高力强者习练。师者授艺多视其天赋分别传授，故而心意六合拳中常有同师学艺而不能相互交流技艺之现象。

2. 山西戴氏心意拳

受戴氏家族"只传戴姓，不传外家"家训的影响和制约，山西戴氏心意拳保持了古朴的拳术风貌。按类型，戴氏心意拳的内容，可分为桩功、步法、单式练法、套路练法、散打、兵器几个部分。[①]

基本功有：养、坐、开、闸、砸、竖、射七步丹田功；猴势桩、浑元桩、三才桩、两仪桩、童子功等。

步法有：虎步、鸡步、蛇行步、龙形步、车轮步、坐盘步、进退连环步、人字步、纵步、箭步、串步、快步等。[②]

单式练法有：五行拳，即劈拳、崩拳、钻拳、炮拳、横拳；十大形拳，即龙、虎、蛇、猴、马、鹰、鹞、燕、鸡、熊；七小形，即鼍形、鲐形、螳螂形、蜻蜓形、蜜蜂形、蜘蛛形、金鱼形，另外还有牛形（鸟

---

① 张方：《戴家心意拳的功法与拳械》，《武林》2002 年第 9 期。
② 山西省地方志编纂委员会：《山西通志·体育志》，中华书局，1995，第 21 页。

牛摆头、犀牛望月)、鹿形(背角走林)、猫形(狸猫上树)、鹤形(白鹤亮翅)、喜鹊蹬梅、兔子蹬天、狗之躲闪及其他种种动物之技击之能①;三拳,即钻、裹、践拳②;点穴法;七炮,即冲天炮、掘地炮、捉边炮、摸边炮、斩手炮、追风炮、连珠炮③;五膀,是取其直穿、钻顶、颠压、摆裹、点打五劲之意,将之应用于膀法技击之中,其中,卧虎膀、押摩膀为直穿法,鹞入林膀、裹风膀为钻顶法,犁行膀、钻拳膀为颠压法,人字膀、裹风膀为摆裹法,坡落膀为点打法。④

拳术套路有:一趟"四把拳",五趟"闸式捶"。戴家"四把拳",即一把横拳、二把挑领、三把鹰捉、四把斩手炮;五趟"闸式捶",重视往下压劲,如闸门断水。

拳术套路还有一套小红拳,一趟连环把,谓之"心意拳中之少林门"。虽由戴家传出,但非戴家拳法之本体。据戴家口传,此两套少林拳法,系当年姬龙峰在少林寺居住期间和寺僧交流的拳法,龙峰把心意拳术传与寺僧(多年来为少林寺秘传之精品),又从寺僧那里学得小红拳和连环把两个套路。⑤

兵器分长、中、短三种类型,长者有子路枪、六合枪;中者有三棍(崩棍、炮棍、反背棍)、六合棍、金刚棍、螳螂棍、六合鞭、三刀、六合刀、十三刀、六合剑、进退六剑;短者有螳螂刀、峨眉刺、铁筷子、闭穴橛等。⑥

戴氏心意拳无对打套路,强调从实战出发,即散打。戴龙邦规定,练拳时保持原身打扮,不准因练拳而更衣脱帽。因突然应敌,没有更衣

---

① 意源书社的王占伟先生在郭瑾刚所著《戴氏心意拳》一文的导读中,以形象的四字动词描述山西传系中的七小形:乌牛摆头、狸猫上树、饿狗扑食、野马践槽、灵蛇拔草、金鱼抖鳞、鹞子穿林。

② 郭瑾刚:《戴氏心意拳》,山西科学技术出版社,2003,第105页。

③ 郭瑾刚:《戴氏心意拳》,山西科学技术出版社,2003,第167页。

④ 郭瑾刚:《戴氏心意拳》,山西科学技术出版社,2003,第109~190页。

⑤ 芝羽:《山西戴氏心意拳》,互动百科(网站),2008年8月13日。

⑥ 王毅:《戴氏心意原传器械动法》,山西科学技术出版社,2006,第1页。

脱帽的时间。①

　　戴氏心意拳是重神不重形、重内不重外，意识、呼吸、动作三者密切配合的内功拳。具体特点一是以意领气，气发丹田。此拳重意，所谓"心意诚于中，肢体形于外"，以养丹田为重点，内劲发自丹田，以意领气，使内劲运转全身。二是无手不圈，无势不圆。心意拳无论出拳出掌都呈圆形。上旋下旋，内旋外旋，立旋平旋。运动如行云无断劲，高低起落如弹簧。通常是身落手起，身起手落。三是由慢而快，三步功夫。初练时越慢越好，以养丹田之气。练到一定时间后即可快慢相间，有了相当功夫之后，练时越快越好，以求实用。四是由松入柔，积柔成刚。初练时肌肉放松，去拙劲、拙力，四肢以柔为贵，习之既久可产生一种内劲，即所谓爆发力。五是手脚相合，攻防交替。此拳顺式多，出左腿同时出左手，出右腿同时出右手，手腿齐到。六是与人交手时，攻中有防，防中有攻，攻防互变交替使用。无纯防手，亦无纯攻手。

3. 河北、山西形意拳

　　广泛流传于河北、山西的形意拳是由李洛能和他的弟子们发展、传承下来的。

　　李洛能得戴家心意拳真传之后，不断对其拳理、拳法进行深入研究和反复实践，认为心与意本同一理，基于心意诚于中，肢体形于外之理，即内与外相合，意与形统一更为贴切，则易心为形，此后，形意拳之名广传于世。李洛能先生不仅对形意拳的发展与光大做出了卓越的贡献，而且对形意拳的改革创新做出了极大努力：一是将拳架中侧身弓箭步练法，将身体重心后移，改为前三后七的"三七步"，并克服以掌代拳的形式，这些改变使人们在练习上更适应人体松紧转换的机制与拳术之舒适自然的要求。二是建立了"三层功夫"即所谓"炼精化气、炼

---

① 　郭瑾刚：《戴氏心意拳》，山西科学技术出版社，2003，第4页。

气化神、炼神还虚"的理论，使拳理发展更为系统。从而形成了以心意六合拳为主，又有别于心意六合拳的形意拳术和理论体系。①

形意拳以五行拳（劈、崩、钻、炮、横）和十二形拳（龙、虎、猴、马、鸡、鹞、燕、蛇、鼍、鮐、鹰、熊）为基本拳法，其桩法以三体式为基础。山西一些地区有以"站丹田""六合式"为基本桩法的。单练套路有五行连环、杂式锤、八式拳、四把拳、十二洪捶、出入洞、五行相生、龙虎斗、八字功、上中下八手。对练套路有三手炮、五花炮、安身炮、九套环。器械练习以刀、枪、剑、棍为主，多以三合、六合、连环、三才等命名。②

至此，形意拳的方法理论更为清晰明确。它要求：一是简洁朴实，直来直往，一屈一伸，节奏鲜明，朴实无华，富于自然之美。二是严密紧凑，"出手如钢锉，落手如钩竿"，"两肘不离肋，两手不离心"。发拳时，拧裹钻翻，与身法、步法紧密相合，周身上下好像拧绳一样，毫不松懈。三是沉着稳健，身正步稳，"迈步如行犁，落脚如生根"，要求宽胸实腹，气沉丹田，刚而不僵，柔而不软，劲力舒展沉实。四是快速完整，做到"六合"，即心与意合，意与气合，气与力合，肩与胯合，肘与膝合，手与足合，动作强调上法上身，手脚齐到，一发即至，一寸为先。拳谚有"起如风，落如箭，打倒还嫌慢"之说。

形意拳讲究"三节""八要"。"三节"是"梢节起，中节随，根节催"。从全身讲，头与上肢为梢节，躯干为中节，下肢为根节；上肢，以手为梢节，肘为中节，肩为根节；下肢，则分为胯、膝、足三节。做到三节的要求，就能保证周身完整一体，内外合一。"八要"是：顶（头要上顶，掌要前顶，舌尖上顶）、扣（肩要扣，手背足背要扣、牙齿要扣）、圆（胸要圆、背要圆、虎口要圆）、敏（心要敏，眼要敏，

① 张长英：《河北形意拳承传与发展》，《中华武术》2000年第2期。
② 《中国大百科全书·体育》，中国大百科全书出版社，1982，第438页。

手要敏）、抱（丹田抱、心意抱、两肋抱）、垂（肩下垂，肘下垂，气下垂）、曲（臂要曲、腿要曲、腕要曲）、挺（颈要挺、脊要挺、膝要挺）。这样就可以保证身体各部姿势正确舒展。

形意拳包含着丰富的技战术内容和深奥的技击理论，强调敢打必胜、勇往直前的战斗意识。拳谚说："遇敌有主，临危不惧。"在战术思想上，主张快速突然，以我为主，交手时先发制人，"乘其无备而攻之，出其不意而击之"，"有意莫带形，带形必不赢"。在攻防技术上，提倡近打快攻，抢占有利位置，"眼要毒，心要奸，脚踏中门裆里钻"，"进即闪，闪即进，不必远求"。形意拳主张头、肩、肘、手、胯、膝、脚七法并用，处处可发，"远了便上手，近了便加肘；远了用脚踢，近了便加膝"。它要求虚实结合，知己知人，相机而行，不可拘使成法。做到"拳无拳，意无意，无意之中是真意"，做到此，方算上乘功夫。①

河南马氏所传的心意六合拳，山西戴氏所传的心意拳，河北、山西李洛能所传的形意拳，构成了当代中国形意拳系的三大流派。各派虽然风格不同，但拳理拳法是一致的，遵循着相同的拳谱即《守洞尘技》《六合心意古拳谱》。他们认为，"师父可以改拳，但绝不可以改谱"。

第四节

八卦掌系

八卦掌，又名游身八卦掌、八卦连环掌，以八卦为名，以八卦理论为依据，以掌法变换和行步走转为主要技法，是一个特色鲜明、分支较多、影响很大的武术派系。

---

① 《中国大百科全书·体育》，中国大百科全书出版社，1982，第438～439页。

一 起源发展

八卦掌的起源发展，大致包括初传、分支、传播等阶段。

1. 初传

八卦掌的起源，至少有三种说法：一是明末清初四川峨眉山碧云、静云两道士所传八卦掌之说。二是清代河北文安县人董海川所传八卦掌之说。三是清末河北霸县人李振清所传阴阳八盘掌之说。这其中，条理最为清晰的，是董海川所传八卦掌之说。客观地说，目前几乎没有什么证据能够证明，八卦掌是董海川创造的，但是有一点却是事实，那就是，直到今天还没有发现在董海川之前有人传授八卦掌。董海川是我们现在知道的最早传授八卦掌的武术家。

兰簃外史《靖逆记》中记载："嘉庆丁巳，有山东济宁人王祥教冯克善拳法，克善尽得其术。徒手搏击数十人，无敢近者。庚午春二月，其僚堉滑县库书牛亮臣见克善拳法中有八方步，亮臣曰：尔步伐似合八卦。克善曰：子何以知之？亮臣曰：我所习坎卦。克善曰：我为离卦。亮臣曰：尔为离，我为坎，我二人离坎交宫，各习其所习可也。"[1] 据此，有人认为，文中冯克善、牛亮臣所习拳法，实际是八卦掌的雏形。这里，我们并不想说明什么，只是把其列出来，以供后人参考。我们这里对于八卦掌历史的梳理，还是要从董海川开始。

董海川身材魁梧，臂长手大，膂力过人，擅长技击。他自幼嗜武，不治生产，性好田猎。少年时即以武勇称著乡里。弱冠后技益精湛。清咸丰年间因事（一说避祸）南游，足迹至吴越、巴蜀和江皖。其间曾避乱山中，受道家修炼术的启示，遂结合武术攻防招数，创编成转掌。

清同治四年，董海川至京师，初充清宫宦官，旋因疾恶如仇，时露

---

① （清）兰簃外史：《靖逆记》。

英气，引起同人猜疑而改隶肃亲王府。董初为散差太监，后升任七品首领职。肃王太监中有个叫全凯亭的，略解武技。一次偶然窥见董海川练习武技，慕董武功高深，跪求录为弟子。此后，董海川的拳技渐为人知。其术以绕圆走转为基本运动形式，区别于过去流传的拳术，武坛人士称之为"平日所未闻未睹者"。

一些怀疑其术技击实用性的武技家，纷纷慕名前来与董海川较量。精于罗汉拳的尹福，擅长摔跤术的程廷华，善用连腿的史计栋，以大枪著称的刘德宽等少壮武豪，相继败在董海川手下，求为董门弟子。据董海川碑铭载："十数武士围攻，手到皆疲。""更有剑戟专家，特与公赛，公赤手空拳，夺其械，踏其足，赛者皆靡。尝游塞外，令数人各持利器。环而击之，先生四面迎拒，捷如旋风，观者群雄无不称为神勇。"① 董海川名声日隆，弟子日众。不数年，董海川始传的八卦掌，就传到各地，在武坛形成一大流派。

同治十三年，董海川因老辞职，游居弟子家，专事授徒。"游其门者，常数十百人。""请艺者自通显以至士贾与达官等，几及千人。"

董海川于清光绪八年（1882 年）冬季逝世，原葬于北京东直门外小牛房村旁，1980 年迁葬京西万安公墓，有碑铭数幢环墓前后，后世编有多种崇尚董海川武功的传奇故事，其中以小说《雍正剑侠图》影响最广。该书中以童林（字海川）影射董海川，给董海川生平和八卦掌渊源染上了一层神奇色彩。②

2. 分支

董海川授艺，因人施教，不拘一格，故使八卦掌形成了多种不同的风格。其弟子程廷华、尹福、樊志勇、史计栋、梁振蒲、宋长荣、宋永祥、张占魁、刘风春、李存义等，以及他们的再传弟子们，为后世八卦

---

① 孙豹隐、李旺华：《八卦掌练与打》，三秦出版社，1991，第 131 页。
② 河南省文安县地方志编纂委员会：《文安县志》，人民体育出版社，1994，第 706 页。

掌的传播与发展，做出了很大贡献。目前流行的八卦掌中，主要是以他们姓氏立派的几个分支，如尹派八卦掌、程派八卦掌、史派八卦掌、梁派八卦掌、张派八卦掌等。这其中，流行最广的，当数尹派与程派。

以尹福为代表的尹式八卦掌。尹福，河北冀州人，居住在北京朝阳门外吉市口头条。尹福身手非凡，因其面貌清秀，身材肖瘦，性情温厚，人称"瘦尹"。[1] 尹福自幼习练少林弹腿和罗汉拳，从师董海川后，将其技艺融入了八卦掌，形成冷、弹、脆、快、硬的技击特点。后供职于宫廷，出入禁宫，宫女、太监等均以老师称之。据说许多皇族都随其学过八卦掌。尹福在京授徒颇多，影响较大的有杨俊峰、居庆元、门宝珍、马贵、钟声、金增启、李永庆、马世清、宫宝田、女婿何金奎、子尹成璋与尹玉璋等。因光绪皇帝也跟着他练掌，总管太监崔泇贵是其弟子，所以，当时的北京人尊称他为帝师。[2]

以程廷华为代表的程派八卦掌。程廷华，河北深县程家村人，在北京崇文门外花市头条以做眼镜为业，人称"眼镜程"。自幼好武习摔跤，下盘功夫扎实，刚柔相济于身。从师董海川后，经常将董海川接出肃王府，住在眼镜铺内，日夜随师苦练、感悟，形成独特的掌法，即"游身八卦连环掌"。程廷华在原花市火神庙（眼镜铺所在地）设场教徒，董海川经常住在此处，故董海川的众多弟子多集中在此。董海川的后期弟子，多为自己坐视指导，由程廷华代师教授，所以程派八卦掌传播得比较广泛，京城内外郊区县乡都有习练者，并逐渐传播到全国各地。程派弟子中，影响较大的有孙禄堂、刘斌、杨明山、李文彪、程有龙、张永德、姬凤祥、刘振宗、王丹林、冯俊义、张玉奎、高义盛、何金奎、郭凤德、李梦瑞等。[3]

① 〔日〕松田隆智：《中国武术史略》，吕彦、阎海译，四川科学技术出版社，1984，第175页。
② 申国卿：《燕赵武术文化研究》，人民体育出版社，2010，第124页。
③ 贾树森：《八卦掌入门》，人民体育出版社，2006，第4~5页。

以史计栋为代表的史派八卦掌。史计栋，河北冀州人，因排行老六，人称"史六"。早年开设冥衣行，后于北京朝阳门内开设义和木器厂，所以人亦称"史六掌柜"。史先习弹腿，后练连腿，和尹福是同乡又是好友。尹福拜董海川为师学八卦掌后，史六经尹福介绍，也拜在董海川门下学八卦掌。史计栋谦虚谨慎、为人忠厚，秉性颖悟，备受董海川器重喜爱；曾因办差得力，同治年间加封四品带刀侍卫。董海川晚年曾在史六家住过一段时间，将义女许配史计栋为妻，之后史又拜董海川为义父。史计栋在董海川门下，朝夕追随，苦练多年，受董海川悉心传授，尽得八卦掌真谛。并在董海川指导下把原来擅长的精妙腿法有机地融于八卦掌的走转之中，形成了快速善变、发腿击人出乎意外的独特的八卦掌腿法。① 在史派弟子中，史计栋高徒韩福顺除了精通八卦掌外，还在八卦云十四转刀、八卦八趟走刀、子路刀、转环刀、对劈刀等都下了功夫，使用精纯。②。韩的主要传人吴俊山，精六合拳，多年执教于国术馆，颇负盛名。后中央国术馆迁居云南，史派八卦掌得以在云南发展，传人很多。③

以梁振蒲为代表的梁派八卦掌。梁振蒲，河北冀州人。幼时跟本村拳师秦凤仪学弹腿，后来人京学做估衣行，于16岁时拜董海川学习八卦掌。梁振浦是董海川晚年所收弟子，为人豪爽，聪敏好学，又是董海川弟子中年龄最小的，故深得董海川喜爱。董海川晚年将许多精绝及新创之术皆传与梁，尤以八卦七星杆所悟最深。1899年，梁振蒲因大闹马家堡，打死金镖赵六等人，被捕入狱。1900年，八国联军攻进北京，清政府迁逃，梁振蒲随犯人逃出，隐于乡间，后开设德胜镖局，走镖北京、保定、德州一带。后来镖行停业，又以教拳为业，在天津、河北等

---

① 河北省冀县文史资料委员会：《冀县文史》（第1辑），1986，第96~97页。
② 蒋勋培、全汝忠、罗洪宣：《八卦掌和八卦掌对打》，云南人民出版社，1982，第87页。
③ 李义芹等：《史式八卦掌》，东南大学出版社，2007，第37~38页。

地国术馆及师范、中学教拳，桃李满天下，其主要传人有郭古民、李子鸣、田金峰、李通泰、傅振伦等。梁派八卦掌第二代传人中最有影响、最具代表性的人物是郭古民、李子鸣二位先生。[1]

以张占魁为代表的张派八卦掌。张占魁，河北河间人，人称"闪电手"。张占魁曾先后任天津营武处出班首领、天津第一国术馆馆长、天津黄年会武师、河间武术会名誉会长和监考、冯国璋代总统卫队长等职。[2] 张从小喜欢拳脚，曾拜本村一位拳师学花拳，后拜在形意名家刘奇兰门下习练形意拳，苦练多年，技艺精湛。艺成后又经师兄李存义推荐，拜董海川学习八卦掌，其八卦掌技艺主要得自程廷华，后合形意八卦之大成创形意八卦掌一支，在京津一带颇负盛名。晚年寓居天津专事授徒，成名弟子很多，如韩慕侠、钱树桥、王俊臣、刘馥春、姜容樵和赵道新等。[3]

3. 传播

自各大分支流派建立以后，虽然一直采用师徒制的方式传播，但因流派与传人的迅速增多，八卦掌的习练人数依然在迅速扩大。

新中国成立以后，与其他武术拳种一样，八卦掌开始受到更多人士的关注，在社会上以各种形式广为传播。

1980年9月，北京市东城区体委成立了全国第一家公办武术馆，设有八卦掌项目，当时聘孙志君、刘敬儒、朱宝珍和王举兴等任教，至今教授学生数千人，为八卦掌纳入现代化的发展轨道奠定了基础。

1982年经北京市武术协会批准成立了北京市第一个单拳种的研究会——八卦掌研究会，李子鸣任会长。研究会的成立使八卦掌又进入了一个新的发展阶段。研究会成立至今已走过了30多个春秋，日趋成熟，并在市武术协会的领导下，沿着规范化、制度化、法制化的道路不断成

① 黄鑫：《八卦掌·幽身漂袭的变幻技法》，北京体育大学出版社，2002，第13页。
② 左炳文：《闪电手"张占魁"》，《中华武术》1989年第6期。
③ 黄鑫：《八卦拳·幽身漂袭的变幻技法》，北京体育大学出版社，2000，第13~14页。

长、壮大。2004 年，通过民主选举的方式产生了第四届常委会。研究会有明确的章程、严谨的制度、周密的工作计划，正确的指导思想。近年来，研究会每年举行一次比赛，并建立了八卦掌网站和数据库，公布了教练员的考评标准和考核制度，实行网上咨询和教学，并与有识之士在理论和技术上探讨与交流，使八卦掌这一优秀拳种在新形势下与时俱进，使其得以在民众中更好地普及、传播，为人们的身心健康尽微薄之力，以慰董海川创传此拳之初衷。[①]

现在，八卦掌已经成为很多高等院校武术专业的重要课程和专业武术队的重要项目，八卦掌的习练者遍布全国各地，甚至，在全世界的不少国家和地区都可以看到八卦掌的影子。

二　内容特点

"八卦"一词，最早见于《周易》的"两仪生四象，四象生八卦"。八卦，原指八个方位，即北、南、东、西、西北、西南、东北、东南。八卦掌以掌法为主，其基本内容是八掌，合于八卦之数；在行拳时，要求以摆扣步走圆形，将八个方位全都走到，而不像一般拳术那样，或来去一条线，或走四角，所以被称为"八卦掌"。[②]

八卦掌的基本内容，是八母掌，也称老八掌，即单换掌、双换掌、顺势掌、背身掌、翻身掌、磨身掌、三穿掌和回身掌。随着八卦掌的流传和发展，各地流传内容不完全相同，有以狮、鹿、蛇、鹞、龙、熊、凤、猴八形为代表的，也有用双撞掌、摇身掌、穿掌、挑掌等作为基本八掌的。其中每一掌都可以衍化出很多掌法，素有一掌生八掌、八八生六十四掌之说。[③]

八卦掌以八大掌为母掌，演化出很多不同风格的实用掌法和套路。

---

① 贾树森：《八卦掌入门》，人民体育出版社，2006，第 7 页。
② 陆草：《中国拳》，海燕出版社，1999，第 29 页。
③ 北京大学国情研究所：《世界文明百科全书》，山西教育出版社，1992，第 15 页。

八卦掌有单练、对练和散打等形式。根据老拳谱记载，八卦掌尚有十八趟罗汉手、七十二暗脚、七十二截腿，但目前很少传习。八卦掌的器械种类很多，主要有刀、枪、剑、戟等，尤以八卦刀最为著名。另外，八卦掌还有鸳鸯钺、鸡爪锐、风火轮、判官笔等短小的双器械。这些短小的双器械，在其他拳种中较为少见。八卦掌对练习的要求体现出其随走随变、械随身走、身随步换、势势相连的特点。[①]

八卦掌集八大桩法、八大圈手于一体。以走为上，步走圆形，提、踩、摆、扣，左右旋转，绵绵不断；以掌代拳，全身如一，穿、插、劈、撩、横、撞、扣、翻、托、滚、钻、争、裹、动、静、圆、撑，意如旗飘，气似云行；身体拧转、旋翻协调完整，刚柔相济，奇正相生。好手行拳，常常行如游龙，见首不见尾；疾若飘风，见影不见形；瞻之在前，忽焉在后，使对手头晕眼花；避实击虚，手打肩撞，一切皆以意为之。

在运动形式上，八卦掌以"沿圈走转"、"蹚泥步、剪子腿、稳如坐轿"、"扣摆转换"、"避正打斜"等特色明显区别于其他拳术。在八卦掌的这些特色运动中，需要做到气贯四稍达四肢百骸，通任督二脉，全身舒泰，飘飘欲仙。[②]从这个角度讲，其既是拳，更是内功中的高级动功。

就八卦掌的身形、身法、步法的变化而言，其主要特点可归纳为"一走，二视，三坐，四翻"，即"龙形猴相，虎坐鹰翻"，或者"形如游龙，视若猿守，坐如虎踞，转似鹰盘"。"走"就是以滔滔不绝的圆形步，使之"形如游龙"，悠然之中含有稳重；"视"就是要在转行时或转身换掌时，两眼总是注视着两掌方向，像猿猴守物那样机灵之中含着警惕意味，并通过眼的注视把它表达出来，使之"视若猿守"；"坐"

---

① 北京大学国情研究所：《世界文明百科全书》，山西教育出版社，1992，第15页。
② 李子鸣：《董海川八卦掌》，吉林科学技术出版社，2002，第9、10、12、101页。

就是在转行时，它的两腿并不伸直，采用"坐胯"，在转身换掌时的一顿之间又有"坐桩"的动作，使之"坐如虎踞"，沉着有力；"翻"就是在转身时必须采取鹞鹰盘旋空中翻身降落的那种灵敏、洒脱之势，使之"转似鹰盘"。[①]

八卦掌的步法灵活，旋转似流水；八卦掌的掌法多变，上下翻动如蛟龙。它要求练习者要娴熟流畅，身捷步灵，疾若飘风，舒展大方，势势绵绵，刚柔并济，避实就虚，随走随变。

八卦掌的功理，主要讲究"八要"与"九论"。

八要：三形，即"行走如龙，动转若猴，换势似鹰"；三势，即"步如蹚泥，臂如拧绳，转如磨磨"；三空，即"手心涵空，脚心涵空，胸心涵空"；三合，即"意与气合，气与力合，力与意合"；三圆，即"脊背要圆，两膀抱圆，虎口张圆"；三顶，即"舌顶腭，头顶天，掌顶前"；三裹，即"气要裹，肩要裹，两肘要裹"；三敏，即"心要敏，眼要敏，掌要敏"。[②]

九论：论身，即头正身直，虚灵顶劲，以腰为轴，胯为先锋；论肩，即肩宜松，松则肩穴开，气贯周身；论臂，即前臂圆则内劲伸出，似曲非曲，似直非直，曲如弓形其力无穷；论指，即食指勾眉，中指上指，无名、小指并拢，大指微扣；论手肘，即前手向外推，后手向下坠，前肘对准向脚跟，后肘对准后脚尖；论股，即前股领路，后股坐劲；论足，即里足直出，外足微扣，足扣要小，足摆要大，足如蹚泥，平起平走；论谷道，即谷道上提气通督脉，接至任脉，气入丹田，此所谓提肛实腹；论腿，即上腿带动胯部，小腿后膝带动踝部。[③]

八卦掌的掌型主要有仰掌、俯掌、竖掌、抱掌、穿掌、劈掌、撩

① 王震：《醉拳·八卦掌》，福建科学技术出版社，1986，第72～73页。
② 北京武术院：《燕都当代武林录》，台海出版社，1998，第2～3页。
③ 蒋浩泉、裴锡荣：《八卦散术六十四路》，安徽教育出版社，1983，第2～3页。

掌、挑掌、塌掌、撞掌、掖掌等，掌法主要有推托带领、搬扣劈进、穿闪截拦、粘连黏随、削砸劈挎、缠挑刁钻、撩塌掖撞、片探切翻；步型主要有掰步、扣步、仆步、半马步等，步法主要有起落摆扣、进退跟撤、开掰插闪等。

八卦掌要求两腿形似剪，行步如蹚泥。其腿法主要有摆扣踢曲、兜崩翻踹、劈蹬截切等。八卦掌有明腿、暗腿之分，但以腿掌齐至，暗腿为主。八卦掌要求身形似游龙，腰如轴立。其身法讲究拧裹钻翻，圆活不滞，身随步动，掌随身变，步随掌转，上下协调。要求周身一动无有不动，拧旋走转似流水，上下翻动如游龙。①

练习八卦掌，要从行步入手，内功为基，正形、通气、懂劲、熟技、明变。八卦掌的练习，被分为"定架子""活架子""变架子"三步功夫。"定架子"是基础功夫，要求一招一式，规规矩矩，宜慢不宜快，以求姿势正确，桩步牢固，行步平稳；要求做到"入门九要"，即塌（塌腰）、扣（含胸）、提（尾闾上提、谷道内提）、顶（头上顶、舌上顶、手前顶）、裹（裹臂）、松（松肩、沉气）、垂（垂肘）、缩（胯根、肩窝内缩）、起钻落翻（臂内外旋）等；切忌挺胸提腹、努气、拙力（称为三大病）。"活架子"主要是练习动作的协调配合，使各种动作能够在走转变换中娴熟运用。"变架子"要求内外统一，意领身随，变换自如，随意穿插，不受拳套节序限制，从而做到轻如鸿毛，变如闪电，稳如磐石。②

以上所述，是八卦掌的共性内容与要求。具体而言，不同的流派，如尹派八卦掌、程派八卦掌、张派八卦掌、樊派八卦掌、史派八卦掌、梁派八卦掌，以及宋长荣所传八卦掌、宋永祥所传八卦掌、刘宝珍所传八卦掌等，还是稍有不同的。这几种流派的八卦掌，特点大致如下。

---

① 北京武术院：《燕都当代武林录》，台海出版社，1998，第3页。
② 李诚：《武术大会》，北京体育学院出版社，1990，第65页。

尹派八卦掌，掌形为牛舌掌（或称蛇头掌），手臂伸得较直，四指并拢，拇指内扣，掌指向前，掌心含空，掌背形成瓦垄；掌法以穿、搬、截、拦、削、撞、砸为主。步法为寒鸡步，强调小步、快步、续步，在走转时有如寒鸡行走之态，步步贯穿，并具有含、稳、续三劲：含即欲进步先抽胯、提膝、蓄劲，要体现出听察蚁鸣之神态；稳即在快速行走时要轻灵稳健，落步有方，不盲目轻率，要体现出万籁俱寂的环境；续即前脚落地时后脚要蹬拔，使前脚落地的瞬间，在后足蹬拔之力和丹田鼓荡之气的催动下，继续再向前尽力延伸铺进，如鸡之踏雪，要体现出神气灌达足尖而不弱之气势。拳术套路以穿掌、塌掌、推掌、托掌、劈掌、削掌、双合掌、钻掌这八大掌为主，要求做到鸡腿、虎坐、龙身、鹰爪、猴相。在技击实战时，强调以我为核心，通过不断调整角度而迫使对手绕我而行，从而以逸待劳，伺机进攻或者反击对手；强调"破进直穿"，即冲进、挤进、靠进、滑进；强调"打闪穿针"，进手隐藏快速；强调冷、弹、硬、脆、快，刚冷发力。因其善爆发、顿挫和弹抖，故常被人称为"硬掌法"。①

程派八卦掌，与董海川原始构架接近。掌型为龙爪掌。拇指外展食指上竖，四指微拢，掌心内含，掌背呈瓦垄状，掌心朝前掌根前顶。在掌法上，讲推、托、带、领、搬、扣、劈、进、披、撞、削、塌；在劲力上，要求刚柔相济，沾粘连随，拧旋挣裹，觉实圆活，注重腰力，寸劲爆发，也有人称之为揉掌法；在步法上，强调行步蹚泥，换式扣摆；在腿法上，注重底盘，注重桩法，多用暗腿；在打法上，讲究游身绕进，斜出正入，走化沾打，脱身化影，背身击敌；在形象上，讲究行走如龙，回转若猴，换式如鹰，三形兼备，且演练动作较大，大开大合，舒展大方；在套路编排上，以八大掌为主，即"单换掌、双换掌、顺势

① 张全亮：《八卦掌实战技法暨珍贵武林档案》，重庆出版社，2010，第3~5页。

掌、背身掌、转达身掌、磨身掌、翻身掌、回身掌"的连环变化为主，拳械套路颇多。[①]

史派八卦掌，掌型为钩镰手，食、中二指并拢，虎口撑开，拇指内扣，其余二指内抱微曲。此掌形便于上刁下扣，前截后捋。在基本运动形式上，表现为蹚泥步和鸡行步绕圈摆扣走转；在基本战术原则上，表现为"避正打斜，以正驱邪"；在基本运动法则上，表现为"以动为本，以变为法"；在技术内容上，除了经董海川改编而成的八卦腿法外，还有自成体系的八大掌、六十四掌以及刀、剑、钺、杆、枪等器械的技法。史氏八卦掌的基本理论，乃是以易理为指导的八卦掌"三十六歌诀""四十八法诀"，完全是从实践中总结出来的以史氏练腿、用腿为核心内容的体会要诀。其掌法讲究八法五势（形）：八法即推、托、带、领、搬、拦、扣、截，五势（形）即龙、虎、猴、蛇、燕；八法中的每法为一段，每段八掌，每掌多势（形）；八法五势（形）融会贯通，左右沿圈换练。在技击实战时，强调顺势而为，不招不架，不妄动，不拼力量，能够通过转移闪让、引进落空化解掉对手的各种进攻，从而使其不能自控、处于被动挨打的局面。[②]

梁派八卦掌，掌型为龙虎掌，虎口撑圆，立掌坐腕，掌心空而内含，五指第一关节内扣，大拇指外张，食指领。在掌法上，以穿、带、挑、塌、推、捋、掰、劈等掌法为多；在身法上，以拧、坐、揉、抖、旋、翻、颠、撞等身法见长；在步法上，以扣、摆、挫、跺、蹚、踢、蹬、踹等步法为主；在形象上，以猴头、蛇眼、龟背、龙腰、鸡行、虎步、鹏展、鹰旋等形象为尊；在战术上，以善趋其后、以正击斜，声东击西、出其不意，避实击虚、借力发人，刚柔相济、以便应变，以巧制拙、以捷制疾等战术为上；在理论上，以"简易、变易、不易"之易

---

① 张全亮：《八卦掌实战技法暨珍贵武林档案》，重庆出版社，2010，第 5～6 页。
② 张全亮：《八卦掌实战技法暨珍贵武林档案》，重庆出版社，2010，第 8～9 页。

理和云盘转掌"三十六歌""四十八法"之规则为准；在武德上，以海纳百川之精神、炉火纯青之功夫、见义勇为之正气、尊师重道之美德为训。①

　　张派八卦掌即形意八卦掌，其特点是：象形取意，以形育神。形意八卦掌的套路编排都是按八个卦象（乾、坎、离、艮、坤、巽、震、兑），模仿八种飞禽走兽（燕、鹰、熊、猴、龙、蛇、虎、马）的形象，运用八卦掌的步法、身法、掌法等来设定的。如：乾卦设为燕掌共六式，坎卦设为鹰掌共六式，离卦设为熊掌共十二式，艮卦设为猴掌共十式，韩卦设为龙掌共八龙，巽卦设为蛇掌共九式，震卦设为虎掌共九式，兑卦设为马掌共十四式，各形掌式皆为沿圈（称无极圈）左右练习，连环变化，每掌各式名称也多取上述八形，但不求形似而求神真。训练时要求顺项提顶、收肛上提，拔背含胸、松肩沉肘，拧旋、走转、曲腿蹚泥，指分掌凹、以势助腿，左旋意守丹田、右旋意守命门。张派八卦掌受形意拳影响很重，被人称为"转圈的形意拳"。②

---

① 张全亮：《八卦掌实战技法暨珍贵武林档案》，重庆出版社，2010，第6～7页。
② 张全亮：《八卦掌实战技法暨珍贵武林档案》，重庆出版社，2010，第10页。

第 三 章
本 质 内 容

....

　　不同的拳种，虽风格不一，但其本质内容，还是基本一致的，都不外乎击技、套路、道德和练法。击技，是一种无限制的拼杀手段，主要内容有招法与打法；套路，是一种多向度的实用艺术，主要内容有招法与招法组合方法；道德，是一种为自己的做人智慧，主要内容有自强不息、厚德载物、示弱不动心、无执无痕、无为无待；练法，是一种挖掘潜能的训练方法，主要内容有外练与内练。

....

文 化 符 号 ： 武 术

第一节

制敌击技

作为武术用法之一的击技，是一种无限制的拼杀手段。

击技，即技击的技巧、技艺，也就是我们常说的技击技法。技，有技巧、技艺之意；击，即打击之意。技击，就是运用各种技巧、技艺进行打击的意思；而击技，其实也就是技击所运用的技巧、技艺，是由各种技击动作及其运用方法所组成的技法系统。

击技，不是对某一时刻、某一拳种、某一项目的特定方法的特指，而是对漫长的中国历史长河中围绕着技击取胜这一工具性目标业已形成的由各种技击动作及其运用方法所组成的技法系统的笼统称谓。

击技，包括招法和打法两大类内容。招法，类似于现代所说的技术；打法，则类似于现代所说的技击动作的运用方法。

如果说人类创造某物的目的就是该物的本质的话，那么，中国武术的最原始的本质，必然就是击技。从发生学的角度看，武术本就是对击技的称谓。原始的武术，只有击技这一项内容，其与击技本就是同一个概念。虽然后来的武术内容已有所增加，但武术之所以一直被称为武术，是与其对于击技的长期重视息息相关的。技击取胜，是武术的原始目的；击技，是武术的核心内容；武术的其他部分的内容，都是在击技

103

的基础上产生发展出来的。因此，对武术首先需要了解的是作为其原始目的与核心内容的击技。没有了击技，武术就无从谈起；没有了击技，也就没有所谓的武术套路。

武术击技的产生，来源于现实生活或者军事斗争的搏杀对抗，自然人们习练武术击技的目的是要为现实生活或者军事斗争中的拼杀对抗服务。产生原因与目的追求的特点，必然使得武术击技呈现出一种能够适应其产生原因与目的追求特点的性质。现在看来，武术击技，其实就是一种历史形成的由招法、打法所组成的有关技击打斗的技法系统，是一种意在制服对手的无限制的拼杀手段。作为一种拼杀手段的武术击技，与现代比赛场上看到的作为现代体育竞技手段之一的现代武术散打技法区别很大，表现出了极强的应急性、无规则性、致命性等特征。武术击技的这些与现代武术散打技法明显不同的特色，整体彰显其拼杀手段的性质。这，也就使武术击技在指导思想与打斗方式等方面均表现出诸多的与军事战争策略相类似的特点。

招法，是组成武术击技的基本内容，是技击实战时拳手进行攻击、防守或防守反击的基础方法，是技击实战的工具，大致相当于现代武术散打技法中的技术，但却远比现代武术散打技法中的技术要复杂得多。与现代武术散打技法中的技术不尽相同的是，武术击技的招法具有更为明显的综合性质。现代武术散打技法中的技术是分解到最小单元的，如直拳、摆拳、蹋腿等攻击性技术和后闪、外格、内拨等防守性技术；而武术击技的招法则多是综合性的，每一招法都暗含着多种劲路转换与攻防变化，如形意拳的虎扑、采莲手的珍珠倒卷帘等。严格地讲，对于武术击技的招法，我们甚至不应该用现代的技术概念去比附它。武术击技的招法几乎都是攻防一体、随时准备应付各种变化的。武术击技的招法几乎都是直接来源于变化的实战中，自然多是对实战现场的运动性把握。因此，武术击技的招法要远比现代武术散打技法中的技术含义丰富，但也远比现代武术散打技法中的技术难以掌握和难以运用。

武术击技的打法，大致相当于现代武术散打技法中的战术，但又与现代武术散打技法中的战术有着本质区别。现代武术散打技法中的战术，是在公平公开与规则制约前提下的体育竞技策略，而武术击技的打法，则是一种阴险毒辣而无所限制的生死拼杀谋略。武术击技区别于现代武术散打技法的特色，不仅表现在其招法所内含的动作意识的高度综合性，更表现在其对抗实战过程中的招法运用即打法的诡诈性与凶残性。很多阴险毒辣的打法如"上插眼睛下踢裆""以狠制快，以狠对狠""出其不意，攻其无备""先发制人""一招制敌"等，对于公平公开的在裁判监督下以打点计分来决定胜负的现代武术散打比赛来说几乎是一些无法实现的空话，而对于作为无限制的生死拼杀的武术技击实战来说则可能是其获胜的法宝。

现在，当人们谈到武术技击实战的时候，往往会把它与现代武术散打比赛混为一谈。多数人们都看到了现代武术散打比赛与武术技击实战的不同，但不少人在谈论现代武术散打比赛与武术技击实战的区别时，却多以"现代武术散打比赛有技术限制而武术技击实战没有技术限制、现代武术散打比赛戴拳套穿护具而武术技击实战不需要戴拳套穿护具"来加以表述。其实，这些区别固然存在，但相比而言，却又绝非是最为根本的。

应该承认，现代武术散打比赛对技术运用的限制，以及散打运动员穿戴护具与拳套对技术运用的影响，已使武术击技的招法与打法在现代武术散打比赛中无法全部有效地得以发挥。然而，现代武术散打比赛一些有别于武术技击实战的表现，并不足以使两者之间形成什么根本性的区别。现代武术散打比赛与武术技击实战的根本区别，在于现代武术散打比赛的体育竞技性质和武术技击实战的生死拼杀性质。

现代武术散打比赛，是一种完全被竞技规则引导、驱使和控制的现代体育竞技形式。比赛时，两人体重大致相同，遵循同样的规则，比赛的开始、中断、继续、结束等都是在裁判的控制下进行的，这就使现代武术散打比赛始终处于一种完全公开与公平的对抗状态中，从而使那些传统的突发、隐蔽、阴险的打斗策略失去效用。另外，拳套护具的缓冲、规则对技术运用的限制、对消极防守的处罚、打点计分的评判方式，不但使运动员重击胜敌的概率大大降低，使运动员巧妙进行防守反击的意识受到限制，也使那些传统的抗击打功夫不再具有太多的发挥空间，从而使比赛双方的技术方法日趋接近、对抗战术日趋简化。

与现代武术散打比赛差别很大，武术技击实战所应对的多是日常生活与军事斗争中的突发事件。武术技击实战，不但没有任何技术限制、没有任何措施保护、没有任何规则调控，而且，对抗双方的胜负评判，是以摧毁对方、制服对方为依据的，甚至只要能摧毁对方、制服对方，无论别人怎样来评判结果的输赢胜负都不是重要的。在事先约好的比试中，你步法敏捷、身法灵活、拳脚犀利，在很短的时间内数十次击中对方，应该是了不起的；但是，对不起，如果你一不小心，就在你踌躇满志、洋洋自得的时候被对方重击制服，那么，你也就不得不宣告失败了。在即将展开打斗时，你被对方柔弱的假象所迷惑，盲目地认为这是一个容易摆平的对手，但对方却突发狠招，使你猝不及防，那你也就只能把这个失败作为一个深刻的教训了。日常生活中，你与他人发生冲突，就在你准备据理力争、以理服人的时候，对方突然一记重拳，你可能也就只好后悔自己习艺不精了。

武术技击实战的生死拼杀性质，使得武术击技必然具备了拼杀手段的性质，也自然使其不得不对拳手的功力加以重视，更使其不得不对世间的所有关于斗争的智慧加以关注。确切地说，正是武术技击不同于作为竞技比赛项目之一的现代武术散打的生死拼杀性质，致使武术击技自然而然地形成了以下两个特色：一是武术击技的招法对功力的要求非常高。武术家们首先关注的是拳手每一个招法动作的打击力量与拳手自身的抗击打能力等功力，而对击中对方或对方击中自己的点数不感兴趣。二是武术击技的打法，与军事战争策略更为相似，而与现代体育比赛的战术思想差异较大。与军事战争策略更为相似的打法，致使兵家、道家、法家等传统文化中所包含的诸多斗争策略甚至阴谋诡计自觉不自觉地成为其重要的思想资源。

最安全地保护自己，最有力地打击对手，是武术技击实战的基本宗旨。在武术人的心目中，招法中的技巧成分固然十分重要，但是，相比较而言，招法能够形成的打击力与抗击力可能更为重要。招法的最终目的，还是要表现在打击对手和保护自己的效果上。没有强大的打击力，技巧性再强的招法也是没有意义的；没有强大的抗击力，招法的技巧性与攻击性也是很难发挥出来的。"一力降十会""防护再好不如不怕打"等是武术人信奉的非常朴实的思想观念。这些朴实的思想观念在技击实践中的长期引导与日益落实，致使武术技击者自觉不自觉地对其自身的打击力与抗击力给予了极大的重视。中国武术被称作中国功夫，"千招会不如一招毒""一力降十会"等观念的长期流传，"大力金刚掌""铁砂掌""铁腿功""铁头功""铁臂功""二指禅"等提高打击力的功法与"金钟罩""铁布衫"等提高抗击力的功法在武术中的重要地位与巨大影响，都充分地显示了这一点。固然，在现代散打比赛中，运动员的打击力与抗击力也是十分重要的，但相对而言，它与其在武术技击实战中的作用却是无法比拟的。

在现代武术散打比赛中，运动员的强大的打击力与抗击力，必然会给对方造成很大的精神压力与技术压力，但无论如何，它都不可以对比赛的结果造成决定性的影响。在竞技比赛中，强大的打击力与抗击力，会在气势上给对手造成很大的压力，会给对手的技术发挥造成严重的干扰，但遇到心理素质较好的对手，你照样会在对手的巧妙反击中遭遇打击，也照样会在对手的无伤害打击中失去点数，甚至会在这种无伤害的打击中气势汹汹地接受比赛失败的公平结果。然而，强大的打击力与抗击力，对武术技击实战的影响则不会是这个样子。在武术技击实战的这种无限制的生死拼杀中，特别强大的打击力与抗击力，完全可能使对手手足无措。对手无法承受我的打击，对手打击没有对我造成任何的伤害，我如入无人之境，我似面对纤弱的婴儿，对手的一切智慧，有时将会起不到任何作用，因为在这种无限制的生死拼杀中，再多的打击点数都是毫无意义的。

你死我活的生死拼杀，绝不是一个公开、公平、公正的友好竞技，更不是一个以礼相谦让的君子交往。因此，在技击对抗过程中拳手们表现出来的凶残、诡诈，不但没有人对其加以否定，而且还将其作为对武术技击训练者的基本要求。孙武在其《孙子兵法》中把兵家之道定性为诡道①，其实这又何尝不是作为无限制的拼杀手段的武术击技的根本属性？我们完全可以说："击技者，诡道也。"

武术技击实战是以制服对手（至少也是以自卫）为目的的，武术技击实战的过程是不择手段的。武术击技在其长久的发展过程当中，从来没有受到过真正的体育竞技的规则意识的约束②，而是一直以无限制的拼杀手段的形式存在，从而使得武术击技在发展中狡诈的成分越来越多。武术的这一根本特性与发展史实，决定了中国武术的技击指导理论即打法的诡道性质。

应该说，武术击技从产生之日起，就已经表现出非常明显的作为无限制的拼杀手段而不是体育竞技手段的性质。这样，从一开始，武术的技击指导思想即打法，就已经表现出很明显的诡道性质，虽然其并不像在后来发展中表现出来的那么成熟。

武术史的研究认为，武术的起源与原始人类的生存竞争关系很大。③ 原始人类为了生存，不得不经常与各种猛兽进行搏斗。通过无数

---

① 《孙子兵法·始计》："兵者，诡道也。"

② 这里说的"从来没有受到过真正的体育规则意识的约束"，只是在强调武术没有出现过真正的由生死搏斗手段向体育竞技运动方向的根本性质的转变。虽然，在武术的发展史上，不乏一些类似于竞技形式的擂台比武，但决不能把其与现代意义上的来自西方意识的体育竞技相提并论。

③ 国家体委武术研究院：《中国武术史》，人民体育出版社，1997，第1~2页。

次的搏斗以及无数次对经验的总结与对教训的吸取，必然形成自己最为得意的搏斗技术，哪怕这些技术是十分原始与粗糙的。随着原始人类生存领域的扩展与生存环境的改变，原始人群之间的生存竞争，也必然使原始人的搏斗技术开始从人与兽的斗争逐渐扩展到人与人的斗争直至原始战争中。原始战争中人与人的直接搏杀，又必然使这种搏杀技术中的智力因素加速增多。也就是说，人与人的直接对抗，使原始武术即武术击技中的诡道内容必然快速地发展起来。

客观地说，目前武术史的研究成果尚不能确定武术的真正起源问题。但是，对于我们来说，无论武术起源于什么状况，当武术技击实战表现为人与人之间生死拼杀的时候，在这种生死拼杀中包含有诡道的成分，应该是合情合理的。

当然，我们说武术击技的本质之道乃是诡道，并不全是出于推测。应该说，除了人们在运动实践中的亲身体悟以外，几乎所有的武术实战策略，也均可以证实这一点。

"凡手战之道，内实精神、外示安仪。见之似好妇，夺之似惧虎。布形候气，与神俱往。"[1] 此手战之道，含阴阳变化之理，神妙深奥；虽外示柔弱，却暗藏杀机。这是对手战的精神状态与思想意识的一种要求，其中已暗示着武术击技之道的诡诈与凶残的性质。

著名武术家、意拳创始人王芗斋先生坚持武术技击的生死拼杀性质，强调拳手要有勇敢顽强的心理素质。在他看来，"技击在性命相搏一方面言之，则为决斗，决斗则无道义，更须抱定肯、忍、狠、谨、稳、准之六字诀要，且与对方抱有同死决心，若击之不中，自不能击，动则便能致其死，方可击之。其决心如此，自无不胜"[2]。

面对如此狠毒的搏击场面，抱有现代体育竞技心态的武术散打运动

---

① （汉）赵晔：《吴越春秋·勾践阴谋外传第九》，勾践十三年。

② 姚宗勋：《意拳——中国现代实战拳术》，北京体育学院出版社，1989，第156页。

员，还能保持原有的镇定吗？

综观所有武术的格斗场面，多数都会给人同时带来残忍与狡诈的强烈感受。相比而言，带有女子拳术特色的"采莲手"可能关注更多的是实战技巧，即狡诈之计谋的运用。

"在实战技击中，要做到指上打下、指下打上，声东击西、声西击东，欲前佯侧、欲侧佯前，示近击远、示远击近，欲退佯进、欲进佯退，从而引逗、迷惑对方，破坏其判断能力。另外，还应学会隐蔽特长。高明的技击战术是令敌错误地认为你的真实特长是你的短处，你不会运用它与其搏斗。这样往往能达到意想不到的效果。"[1] 拙著《采莲手实战技击法》中的以上论述，已表明"采莲手"对狡诈之计谋的特别关注。虽然这些论述并非来自某一古籍，但却是对历代先师们口传心法的简要总结。

中国社会长期以来的重文轻武的传统意识，武术的民间地位与阴谋特色，加上武术非常严重的保守思想，使其难以形成大量系统的理论著作。然而，即使从民间武术通俗语言的只言片语中，还是能让你感受到武术击技之诡道的反规则意识与超常狠毒的诡诈性质。如"出其不意，攻其无备""先下手为强，后下手招殃""举手不让父，抬手不留情""一击必杀"，等等。

其实，对任何理论与传言的叙述，都比不上对武术击技的招法与打法的直接体悟。武术击技的招法与打法中所内含的笑里藏刀式的阴险、杀人不见血式的冷酷、声东击西式的狡诈，足可以让你惊叹武术击技对人性阴暗力量的利用程度。

我们可以断定，只要武术击技作为无限制拼杀手段的性质不变，人类智力的进化与人类文明程度的提高，必然引导着武术击技中诡道思想的更加成熟。可以想象，即使我们只是把文化史上可以明确考证的短短

---

① 乔凤杰：《采莲手实战技击法》，北京体育学院出版社，1993，第 274 页。

2000 多年作为思考对象，作为武术技击指导思想的诡道，已经经历了怎样的一个发展过程。一个以诡道为指导的作为无限制拼杀手段的武术击技，在经过数千年的实践经验与理论总结后，作为其对抗之精髓的诡道的高深程度，是可想而知的！我们可以想象，在原始本然的武术击技中，不但蕴含着很多高深的对抗智慧，同时也潜存着很多非常可怕的与人类群体追求相冲突的不和谐因素。我们必须重视对这些古老智慧的理解与发展，同时也必须正视这些不和谐因素的潜在危险。

伴随着数千年的人类文明发展史，连绵不断的人类战争，愈演愈烈的人事纷争，源远流长的阴谋文化①，以及儒家礼文化中本就固有的某些特权性质的反规则意识②，促成了数千年武术击技诡道的发展高速史。

武术击技的拼杀手段性质，以及这种拼杀手段性质使其表现出来的应急性、无规则性、致命性等特色，使其无法完整地被直接移植到现代武术散打技法体系中。然而，这并不意味着武术击技在现代社会中已经完全失去了存在的意义，也不意味着现代武术散打技法是与武术击技没有任何关系的零起点创造，更不意味着武术击技的现代发展就应该被现代武术散打技法来完全取代。实际上，不但那些过去流传下来的武术击技在当代社会中仍然具有扎实可靠的群众基础与数量庞大的练习人口，而且即使在当今社会已经普遍开展并被运用于体育竞技比赛的现代武术散打技法，本身也是现代社会对于过去流传下来的武术击技固有价值进

---

① 《孙子》中的诡道思想，《老子》中的谋略哲学，《韩非子》中的权术理论，以及后世越来越多的阴谋策略（如广为流传的《三十六计》、明代冯梦龙的《智囊》等所包含的阴谋成分）的隐性发达，加上兵家思想的生活化，共同建构了对中国人造成根深蒂固影响的阴谋文化。这里，笔者勇于承认它的历史存在，并不是要完全认可它的不加限制的后世继续。正视一切文化内涵与形式，对我们来说，是十分必要的。这绝非是笔者对中国传统文化的鄙视与污蔑。

② 儒家之礼的重要价值——别，在为社会分工与人文建构做出贡献的同时，也客观地使官居高位的人士可以享有超越他人的特权，可以遵循优越于他人的行为规则。这种等级分明的多规则状态，确切地说，这种官位越高道德责任越小而个人权力越大的多规则状态，必然潜在地培养了老百姓的官本位思想，并潜在地引导着人们以反规则手段获得利益为价值荣耀。这是我们面对传统的儒家文化时必须认真反思的。

行开发与利用的产物，是过去流传下来的武术击技在当代社会一种新的但绝不是唯一的存在形式。

中国古代特殊的生存环境与社会背景，中国古人特殊的认知方式与价值取向，促使了现在我们看到的无限制拼杀手段性质的武术击技的形成；未来中国的生存环境与社会背景，未来中国的认知方式与价值取向，也将对未来武术击技形态的形成产生很大的影响。任何一种击技形态的最好前景，就是能够被纳入武术击技未来发展的传统之中。我们必须承认现代武术散打技法对于武术击技发展所做出的巨大贡献，然而就现今而言，还无法确定现代武术散打技法是否具有普适而稳固的传统性，是否能够成为未来武术击技的一个重要组成部分。我们应该对现代武术散打技法的生命力与发展方式给予必要的关注，使其能够成为一种货真价实的武术击技形态。

第二节
演练套路

武术套路，是中国武术区别于西方体育同类项目的最为耀眼的特色性内容。作为武术用法之一的套路，是一种多向度的实用艺术。更确切地说，武术套路，是一种融技击性、养生性与艺术性于一体的多向度的实用艺术。

击技，是武术的原始形态，是面向拼杀实战的由招法与打法组成的技法系统；套路，是对击技招法价值的拓展与演变，是对击技招法价值的另类开发。在击技中，招法是仅仅服务于拼杀实战的，然而，在套路中，招法则变成了人们进行养生、表演、技击等的基本工具。所谓套路，也就是对各种击技招法的各种方式的组合演练，是对击技招法的价值再造与艺术表现。这是一种有别于击技的技法系统，是武术击技的附属产物。

武术套路，是对漫长的历史长河中形成的各种套路演练技法体系的笼统称谓。击技的内容是招法与打法，而套路的内容则是招法与招法的组合方式。

应该承认，武术家们创编武术套路的初衷，并非一定就有满足人们审美需要的主观意识，然而人们在现实生活中对武术套路的表演运用，却又促使人们在关注其技击训练效果的基础上，自觉不自觉地对其进行着越来越多的美化；同时，也应该承认，武术家们创编武术套路的初衷，也并非一定就有满足人们养生需要的主观意识，然而由于中国传统文化占据很大成分的养生文化在中国古代社会各个层面的广泛影响，又使诸多的武术套路，客观地具备了养生的价值。人们对武术套路的表演运用，使原本作为击技招法组合的武术套路从一开始就向着艺术方向偏离；高度普及的养生文化，也在很多武术套路中留下了深深的烙印。武术套路的艺术偏向，武术套路的养生成分，加上武术套路本就固有的技击意识，使武术套路表现出了对于技击性、养生性与艺术性的多重眷顾，从而使武术套路在客观上成为一种实用艺术。

坚持武术套路的技击性，是几乎所有的武术家们的一个基本原则。

虽然，大家都很清楚，武术套路之所以是套路而不是原始的击技，就是因为它已经发生了变化，而且既然是发生了变化，就可以向任何方向和任何形态转变，但是，也许是出于对本原与历史的一种天生的感情，在众多的武术家们看来，如果武术套路没有了技击性，那就不叫做武术套路了。

"拳有势者，所以为变化也。横邪侧面，起立走伏，皆有墙户，可以守，可以攻，故谓之势。拳有定势，而用时则无定势。然当其用也，变无定势，而实不失势，故谓之把势。作势之时，有虚有实，所谓惊法者虚，所谓取法者实也。似惊而实取，似取而实惊，虚实之用，妙存乎人。"①

在唐顺之看来，在起立走伏中无论横邪侧面随时都可以进行攻守变化的拳势，是技击实战的重要前提。虽然拳势在练与用时是有所不同的，但是，作为拳势练习的重要形式，武术套路的技击性还是不可丢弃的。应该承认，武术家们在承认武术套路有别于武术技击的前提下②，始终坚持着套路动作的技击特性和套路要为技击训练服务的宗旨。

其实，即使我们从古人那里找不到任何的论据，单从现代流传下来的武术套路中，也可以发现其对于技击性的高度重视。无论是刚猛快捷的少林拳套路，还是柔和缓慢的太极拳套路，抑或是敏捷轻灵的采莲手套路，无不把其套路动作的技击性和套路练习为技击服务的思想意识放在首位。甚至，在那些技击声誉极佳的心意拳（形意拳）家们看来，他们练习的心意拳（形意拳）套路，本身与击技就没有太大的区别，练法本身就是打法。③ 对于武术家来说，如果有人评价他所练习的武术套路没有技击性，甚至只是说这一武术套路技击性不强，他都会觉得受到了莫大的污辱，因为在他们的心目中，真正的武术套路，首先必须具有技击性，必须既是对有效击技招法的记录，又是具有某种特殊意味的技击模拟训练方式。

然而，虽然多数武术家一直强调武术套路动作的技击性，但武术套路的表演性质，却又使这些武术家们不得不对其进行了或多或少，或有意或无意的艺术化修饰。武术套路的表演性质，早已使其在保持套路动作技击性的同时，客观地成为一种对人类格斗力量与实战智慧的艺术展示，成为一种对人类勇于挑战外来强制的精神气魄的情感表现。

---

① （明）唐顺之：《武编前集·卷五》。
② 如明代戚继光在《纪效新书·拳经捷要》中所言："拳法似无预于大战之际，然活动手足，惯勤肢体，此为初学入艺之门也。"
③ 在本人的记忆中，心意六合拳名家吕延芝先生曾多次这样表述。

　　作为一种情感表现，武术套路中的动作，当然就不一定全是它的原样，而多半是渗透了表现者的情感理解的内容了。套路运动中的动与静、上与下、快与慢、刚与柔、攻与防、进与退、紧与松、起与落等节奏变化，自然也是根据自己的情感理解与情感想象而人为建构的。在创编与演练武术套路时，情感的投入与想象是非常重要的。它要求我们在演练武术套路时，一定要深爱这项运动特别是深爱你正在演练的这个套路，一定要融入自己对套路动作技击含义的深刻理解，一定要发自内心地投入自己最浓厚的感情，从而通过自己的外在运动与内在精神把武术套路的艺术品位表现出来。它要求人们在演练武术套路时，不仅要做到身体参与，更要做到精神参与。

　　武术套路，是对武术击技的情感性描绘，是对武术击技的艺术再现。击技招法，是武术击技的基础，自然，击技招法，也就是武术套路创作与演练的原型。武术的击技招法，其来源是复杂多样的：有的是对人们技击经验的总结与升华；有的是对外界动物的模仿与技击性升华，如各种象形拳；有的则来源于神话传说，如大圣拳、罗汉拳等；有的是对日常生活中的某些现象的技击性升华，如醉拳等。武术套路对击技招法的艺术再现，是一种情感性的创造，而不是对全部实际内容的显性摹写。与传统艺术家们的思想观念完全一致，武术家们非常清楚，全部摹写，把武术的击技招法原封不动地进行演练，将会阻塞欣赏者再创造的可能性，窒息欣赏者的审美想象。人们在演练武术套路时，必须超越击技招法的动作原型，表达出演练者自己对于击技招法的内在理解与情感想象。

　　真实的技击实战的形势，是瞬息万变的；真实的技击实战的过程，是打无定法、因敌而制胜的；自然，高效实用的武术击技，也必然是变化多端的。这样的场景，这样的再现对象，武术套路是无论如何也不可能全部收罗进去的。为了达到更好的艺术效果，为了给欣赏者留下更多的想象空间，武术家们在创编武术套路时，并没有把技击实战的各种可

能性或全部场面都进行实写，而是有虚有实。武术套路所实写的，往往
是该套路的创编者所认为最为重要、最有典型意义的动作，而把其他的
可能性与场面通过隐性的方式进行虚写。绘画中有所谓的烘云托月，为
了突出月，却偏不画月而只是通过画云留空白的方式来把月衬托出来。
同样，武术套路为突出某种力量或者效果，也常常采用这样的方式，如
武术对练套路中，为了突出某一击技招法的技击效果，并不是通过展示
这一击技招法打击的凶狠程度，而常常是通过对手的凶狠与自己的轻易
化解来进行表现的。

武术套路中的闭门推月、野马分鬃、回头望月、观山、海底捞针、
珍珠倒卷帘、虎扑、猛虎下山、金鸡独立、关公捋须、单鞭、狮子抱
头、倒骑龙、鬼蹴腿、雁翅、旗鼓手、仙人指路、青龙戏水、燕子穿
林、长蛇摆尾、鲤鱼跃浪、哪吒探海、狸猫扑鼠、铁牛耕地、满天星斗
等，都只是实写了个人所做的某一个动作甚至只是半个动作，而真正想
要表现的，却并没有或故意没有写出来。闭门推月要推什么样的月，如
何推，以什么样的心情推；野马分鬃是什么样的野马在分鬃，如何分，
什么状态下的分；回头望月是谁在回头，望何时的月，如何望，以什么
样的心情望；观山是在观什么样的山，在什么位置观，如何观，以什么
样的心情观，观到了什么；等等。这些都并没有被武术套路所实写，而
是给演练者与观看者留下了无尽的想象空间。这样的艺术创作方式，均
可以使人通过演练与观看这些套路动作而无尽地展开自己的情感想象，
进入各自不同、人人有异的艺术意境当中。

通过对技击场面的想象与虚拟，武术套路比真实的技击场面或真实
的击技更能够清晰地表现出武术技击的动态个性特征。武术家们在创编
武术套路时，绝不是像现代某些所谓武术家们一样全凭低水平的胡思乱
想捏造出来的，而是经过长时间的深思熟虑和很多代人的磨炼改善而形
成的。经过认真体悟，不难发现，在很多优秀的武术套路中，那些被实
写的动作，确实能够起到很好的"烘云托月"的效果。高层次的武术

套路演练者，都应该能够理解武术套路的情感特色，应该明白其中的实写与虚写，应该理解各种武术套路的艺术指向，应该能够以自己虚实有致的演练方式来引领自己与欣赏者进入一个不受任何限制、可以自由想象的艺术意境中。

直到今日，诸多的武术家并不愿意承认武术套路的艺术成分，然而无论如何，我们都无法回避这样的一个事实，那就是武术套路中演练动作的固定化、程序化、节奏化等，已使其自觉不自觉地在保证其实用功效的基础上开始有意识地去满足人们的审美需要，从而也就自觉不自觉地使其融入了不少情感化特征非常明显的艺术成分。

武术套路的艺术性，主要表现在其对纯朴的击技招法和多变的击技招法组合进行了自觉不自觉的人为美化。套路不同于击技的明显之处就在于套路的表演性质。不难理解，当人们把一种本非用于表演的东西用于表演时，无论这是一种什么样的东西，表演者都会情不自禁地对其进行或多或少的自以为是的美化。因此，武术套路的艺术性，应该是毋庸置疑的。我们虽然可以对其进行美化的方式与结果发表不同的看法，但是我们却无法否认这种美化本身。既然武术套路要表演给大家看，那么武术套路的表演者必然自觉不自觉地要对其进行某种方式和程度的美化。这种日积月累的自觉不自觉的美化，逐渐地成就了武术套路的艺术性。

在古代西方，也曾出现过类似于武术击技的格斗技法，然而，却并没有由此而引发产生像武术套路这样表演性很强的程序化运动形态。对于这样一种只出现在古代中国的独特的文化现象的成因，我们已无法进行准确与清晰的考察，但我们却可以根据相关历史事实进行推测。通过对相关资料的考察研究，不难发现，把格斗动作编排起来进行表演，或以艺术化的方式再现某些打斗的场景，乃是中国古人一个由来已久的历史爱好。武术套路能在中国武术中出现，或许就与中国古人的这个历史爱好有些关系。

武术套路除了具有比较容易让人注意到的技击性与艺术性之外，还具有一种特殊的性质——养生性。在现代，提起武术套路，常常让更多人倍感兴趣的，多是其本身所具有的养生健身功效。毋庸置疑，作为一种运动形式，武术必然具备健身的价值，然而我们这里对武术套路的养生功效的强调，并不是基于这一人体运动的共性而言的。我们强调武术套路的养生功效，乃是因为很多的武术套路完全可以被当成一种实实在在的武术套路形式的养生术。

武术套路的养生性，是人们对作为套路之基本单元的击技招法及其衔接方式进行价值再造的结果。

少林武术的传人们常常强调，少林功夫是禅武医一体，拳既是拳，更是禅与医。因此，轻视少林拳的养生功效，是少林武术传人无论如何也接受不了的。少林武术的传统套路，攻防格斗含义无疑是其基本内容，但在其具体练习中，却明显地融入了诸多中国古代的养生观念。少林武术套路的动作设计和动作组合，讲究气沉丹田、动静结合、阴阳平衡、刚柔相济等，无不显示出非常明显的养生意识。

心意拳以"六合"为其重要的指导理论。其要求做到的"手与足合、肘与膝合、肩与胯合"的外三合和"心与意合、意与气合、气与力合"的内三合，也无不显示出了非常明显的养生意识。

迄今为止普及面最广的太极拳套路，几乎不用去了解其指导理论而只靠短暂的观赏即可看出其本身所具有的养生价值。宁静放松的身心状态、柔和缓慢的运动方式，"尾闾中正、气沉丹田、以意导动"的指导理论，无不使这一老少皆宜的传统拳种展现出不可替代的养生价值。

不可否认，古代养生文化对于武术各拳种流派的影响并不是完全均衡的，但就后世人们可以了解到的武术套路而言，却都是或多或少地受到了古代养生文化的影响的。因此，本可以与武术套路没有关系的养生，却在日后客观地成为武术套路的一个重要特征，从而使养生性客观地成为对武术套路演练者的一个非常重要的指导与要求。

作为一种中国传统文化，养生术与养生思想是源远流长的。随着中国主流文化儒家、道家、佛家对养生术与养生思想的普遍青睐与大力弘扬，日趋成熟的养生术与养生思想，在中国文化的诸多领域都产生了很大的影响。在中国传统文化中占据很大成分的养生文化在中国古代社会的各个层面影响广泛，自然使诸多武术套路的创编者与演练者，自觉不自觉地对养生给予极大的关注。

养生与武术从什么时间开始融合，或者说养生从什么时间开始进入武术，我们尚无法完全弄清，但是，养生与武术的融合，却是一个不争的事实。养生与武术的融合，为武术套路的练习引进了不少的养生观念，或者说，使不少的养生观念客观地成为武术套路练习的指导理论之一。正是因为养生思想的融入，也就使那些本只是击技招法的武术套路动作，被人为改造成了一种特殊形式的养生术，从而使武术套路的价值得以客观的改造。在这方面，表现最为明显的就是现在已经风靡全球的太极拳了。

武术的各家各派在其特定的创编理念指导下，对将要出现在套路中的所有动作进行了选择与规定，并对入选的所有动作进行了有意识、有规律的人为组合，从而形成了各自之间不尽相同的个性特征与风格特色。虽然，我们并不否认武术中可能存在不含任何养生意识的套路，但是，却并不妨碍我们在基本特色方面对于武术的技击性、养生性与艺术性的总体认定。最起码，在精明的武术家们看来，在大多数的老百姓看来，能在武术套路中融合技击性、养生性与艺术性，自然应该是一件较为理想的事情。技击性、养生性与艺术性，是武术套路的总体特色。应该说，正是因为武术所有具有技击性、养生性与艺术性，使得武术客观地成为一种地地道道的实用艺术。

武术套路是技击性、养生性与艺术性相统一的实用艺术。把武术套路界定为实用艺术，我们就基本上可以理解多少年来人们有关武术套路的技击性、养生性和艺术性的各种争论中存在的问题了。从实用艺术的角度，我们可以得出一个结论，那就是想把武术套路界定为击技招法记录方式、技击训练方式、养生术、纯粹艺术的做法，都是不全面、不准确的。作为一种兼顾多方面的实用艺术，在对多方面的兼顾中，自然可以根据自己的喜好与需要有所偏爱。正是因为这个原因，虽然我们从整体上讲武术套路是一种兼顾技击性、养生性与艺术性的实用艺术，但是，武术的各门各派的套路对技击性、养生性与艺术性的处理却并不是完全一致的。某个套路更多地关注到其技击性，某个套路更多地关注到其养生性，某个套路更多地关注到其自身的观赏性，都丝毫不会影响我们对武术套路的实用艺术性质的整体界定。

武术套路不是纯粹工具，也不是纯粹艺术，其所固有的技击性、养生性与艺术性，都不是可以视而不见的。在很多武术套路中，作为其基本单元的击技招法，在养生理念的指导下，其本身实际上也是一种养生动作。它要求练习者要同时具有技击意识与养生意识。因此，很多的武术套路训练，也就必然会有技击训练与养生训练的功效。然而，我们却不可以因为它的这些实用功效而否定它的艺术性质。武术套路具有技击与养生的功效，并不等于说武术套路就是单纯的技击训练与养生训练。

从时间顺序上讲，武术套路动作的艺术化，或许会先于其养生化，然而，一旦武术套路动作中开始出现养生化的成分，武术套路艺术化的对象，也就不会再是原初的只具有技击性的动作而是兼具养生性与技击性的动作。在成熟的兼顾技击性、养生性与艺术性的武术套路中，技击性与养生性，并不是与艺术性相冲突的属性。在成熟的兼顾技击性、养生性与艺术性的武术套路中，技击性与养生性不仅是其的实用价值，同时也是其艺术再现的对象。这一作为再现对象所展示出来的技击性与养生性，已经客观地成为武术套路中独具特色的依存美。没有了技击性、养生性的存在，不仅武术套路没有了技击功效与养生功效，更重要的是作为动作艺术形式之一的武术套路，与舞蹈、体操等动作艺术也就没有了实质性的区别。也就是说，没有了技击性与养生性，这种所谓的实用艺术不仅没有了实用价值，同时也就丧失了其赖以独立存在的艺术个性。这正是我们要竭力保持武术套路的技击性与养生性的深远意义。也许，有不少的武术家强调武术套路的技击性与养生性，完全是把武术套路作为技击训练的重要阶段与养生训练的特殊方式，并非是在把武术套路作为实用艺术的前提下进行思考的，然而事实是，不管你是否已经意识到了武术套路的艺术性，就在你以套路形式极力表现你所理解的技击性与养生性的时候，这个被你理解为技击训练方式与养生训练方式的武术套路，已经客观成为以技击性与养生性为鲜明个性特征的艺术形态。既然技击性与养生性是武术套路非常鲜明的艺术个性，那么武术套路的创编与演练，也就始终在自觉不自觉地捍卫着它的这一非常鲜明的艺术个性——技击性与养生性。

当然，武术套路以技击性与养生性为自己的艺术个性，并不意味着技击与养生本身就可以完全被等同于武术套路。我们说技击性与养生性是武术套路的艺术个性，是在把武术套路定性为实用艺术的前提下来述说的。技击性与养生性是武术套路的实用价值与艺术个性，武术套路对于兼具养生性与技击性的套路动作的展示，是要经过明显的艺术化处理的。

把兼具养生性与技击性的动作组合成套路进行演练，绝不能等同于把技击训练与养生训练的过程开放给大家去看。套路的创编与演练，从一开始就已经在保证其技击意识与养生意识的前提下，把这些兼具养生性与技击性的套路动作转化为一种可感观的用于表演的艺术形式，而与技击训练和养生训练的公开展示是完全不同性质的两回事。武术套路是对技击训练与养生训练的艺术美化，是对技击意识与养生意识的艺术抽象。这种艺术抽象，已经改变了技击意识与技击功效之间、养生意识与养生功效之间的唯一性联系，从而使其外观表象达到高度的自我完满，成为一个不用分析解释便可直观把握的形式。虽然武术套路的演练必须首先照顾到技击训练与养生训练的效果，但我们必须清楚，武术人对于兼具养生性与技击性的套路动作的演练，已经不再以技击效果与养生效果为唯一动机，已经是一种专业训练基础上的艺术表现。武术套路以技击性、养生性为价值追求与艺术个性，是对武术家们所理解的功利意味的艺术表现。

动作的技击性与养生性，是武术套路的根本特色，同时，武术套路对兼具养生性与技击性的套路动作的表现又绝不是原封不动的。武术套路始终没有放弃基本动作的技击特色与养生价值，但武术套路又绝不仅仅是对技击实战与养生修炼的简单公示。武术套路是对技击实战与养生修炼的艺术化展示，是对技击实战与养生修炼的情感化表现。

武术套路对技击与养生的高度重视，使传统的武术家们不可能放弃武术套路的技击价值与养生价值；同时，武术套路的表演性质，又使传统的武术家们不可能忽视武术套路的艺术意味。

需要说明的是，虽然某个武术套路可能是由某一个人创编的，其套路演练可能又是由某一个人完成的，但作为一种对功利意味的情感表现形式，其所表现的主要是具有普遍性的人类的共同情感，而不是创编者或演练者的独特的个人情感。在武术套路的创编与演练中，自然避免不了渗入创编者和演练者自己的独特的情感，然而这绝不会是主要的。因为，作为一种艺术，作为一种要供大量的他者来欣赏的武术套路，必须符合众多他者的审美趣味。作为一种实用艺术，武术套路是中国传统武术家们对于技击与养生的情感表现，是中国武术家们所理解的技击与养生的感觉形式的符号性表现，而不是中国武术家们自身情感的征兆性表现。武术套路表现的是中国武术家们的情感想象而不是他自身的情感状态，表现的是他们对于武术"内在生命"的情感性理解而不是他们对于武术运动的个人情绪。包括武术套路在内，任何一种艺术，决不会只是一种个人独特情感的流露，而必须是对人类普遍情感的表现。

技击性、养生性与艺术性，是武术套路的根本属性，但这并不意味着以任何方式进行武术套路的练习，都会使其技击性、养生性与艺术性展示出来。实际上，武术家们强调武术套路的技击性、养生性与艺术性，与其说是对于武术套路固有属性的揭示，倒不如说是对武术套路练习者的一个最基本的要求。武术家们强调武术套路的技击性、养生性与艺术性的主要目的，是在号召与要求大家一定要保持武术套路本身的技击性、养生性与艺术性。因为，即使是一个技击性、养生性与艺术性意味很强的武术套路，被一个不理解其技击含义、养生思想与艺术理念的人练习之后，也会使其与技击性、养生性以及艺术性毫无关系。对于技击性、养生性与艺术性的强调，不但可以使那些技击性、养生性与艺术性的意味很强的武术套路得以良好的保存，还可以使那些技击性、养生性与艺术性的意味不重的武术套路在不知不觉中得以改善。从某种意义上讲，强调武术套路的技击性、养生性与艺术性，更多的是对武术套路演练方式的一种思想引导。

第三节

做人道德

就源头而言，武术，就是"用武的术"，就是所谓的武术技法。也就是说，本来的武术，其实就只有武术技法这一类内容，武术就是指武术技法。然而，中国古代的特殊社会背景，中国古代特别重视做人的文化传统，使得武术道德渐渐地成为中国武术一项必不可少的重要内容。因此，虽然最原初的武术可能与这些所谓的武术道德并没有什么本质的联系，但是我们现在对于武术用法的探讨，却不得不把那些长期以来一直指导着武术人的各种行为的武术道德也包括在内。

道，是人生的最高智慧；德，通"得"；道德，即"得道"，即

"所得到的道"，也就是人们所获得的关于人生的最高智慧。道德，是
人们所得到的人生的最高智慧，是人们安排自己生活方式时的根本依
据，是人们愿意持守的生活态度和愿意遵循的行为原则。自然，所谓的
武术道德，即武术人的道德，也就是武术人所得到的人生的最高智慧，
也就是武术人安排自己生活方式的根本依据，也就是武术人愿意持守的
生活态度和愿意遵循的行为原则。

道德是一种智慧，然而，道德这种智慧，并不是那些具体的工具性
的方法，而是合理安排自己理想人生的最高智慧。道德所关注的，是人
生的价值意义；道德的价值，是要为人们日常生活提供思想指导。这
样，武术道德，必然就是武术人安排自己理想人生的最高智慧，其所关
注的必然是武术人的价值追求，其主要价值，必然要为武术人日常生活
提供思想指导。

我们已经知道，武术初起时即是充满斗志的。作为一种生存手段，
武术技击必然以克敌制胜为目的。然而，由于政治性先于工具性，道德
笼罩于一切，是中国古代社会的基本特色，所以趋向于平衡、和谐的中
国古代政治思想，以其略显过分的政治意识与道德敏感，必然把对平
衡、和谐社会状态的关注，延伸到社会文化的各个领域。自然，道德与
政治的干预，构成了武术技击的诡诈之道受制于某种合理的道德规范的
强大的外部压力；对于以诡诈为道的武术技击，是不得不加以规范与统
制的；崇尚诡道的武术技击行为的发生，必须在武术道德这一做人圣道
的指导下来进行。①

就习武者而言，面对主流思想的强大压力，只有服从和遵循传统道
德的规范，自觉地以传统道德规范的要求来完善自己。任何一个习武
者，都必须生活在时代的风尘中，无法脱离现实，更不可能背弃现实，

---

① 乔凤杰：《本然与超然——论传统武术技击的诡道与圣道（一）》，《山东体育学院学
报》2005 年第 2 期。

因此习武者必须把武道的最高目标从技术性的层面提升到政治与道德的高度。武术技击对政治与道德的瞻顾，即使不是因为习武者的功利动机所致，也必定要被社会压力所驱使。武术技击之道不得不受制于主流思想中为人处世之圣道的牵引。

由于传统的重文轻武的历史现实，使很多在实践中实实在在地起着巨大作用的价值理性，诸如我们这里所说的武术人的圣道，也即武术道德，与武术的各种技法一样，多停留在口传身授的教诲中，很少形成文字。当然，我们说很少形成文字，是相对于口传身授的巨大影响而言的，并非说绝对没有记录。①

具有武德规范性质的少林"十禁"，虽然带有明显的佛门特色，但透视其本质，仍然是以儒家伦理为基调的。德虔大师在他的《少林武术大全》中说："早在南宋，少林寺觉远和尚就为训练众僧习武规定了森严的'习武禁约'，名为'十禁'：一禁叛师；二禁异思；三禁妄言；四禁浮艺；五禁盗劫；六禁狂斗；七禁违戒；八禁抗诏；九禁欺弱；十禁酒淫。犯者轻罚百尺，重者驱之。"②

如果说少林"十禁"多了一些戒律而少了一些指导的话，意拳大师王芗斋先生对习武者的要求，就比较清晰了："拳学一道，不仅锻炼肢体，尚有重要深意存焉。就传统而言，首重德行，其应遵守之信条，如尊师敬长，重亲孝长，信义仁爱等，皆是也。此外更需要侠骨佛心之热诚，舍己从人之蓄志，苟不具备，则不得谓拳家之上选。至于浑厚深沉之气概，坚忍果决之精神，抒发人类之情感，敏捷英勇之资质，尤为学者所必备之根本要件，否则恐难得传，即使传之，则亦难能得其神髓矣。"③

---

① 乔凤杰：《本然与超然——论传统武术技击的诡道与圣道（一）》，《山东体育学院学报》2005 年第 2 期。

② 德虔：《少林武术大全》（上部），北京体育学院出版社，1991，第 38 页。

③ 姚宗勋：《意拳——中国现代实战拳术》，北京体育学院出版社，1989，第 147 页。

作为名扬天下的陈氏太极拳，其对陈氏门规戒律的表述，相对来说，就显得规范了许多。其门尊十二严，提倡"端、公、仁、浩、忠、诚、敬、正、义、勇、信、德"等优良品德；其戒章十二禁，禁戒"邪、刁、猾、奢、诈、疯、卑、奸、谎、狂、恶"等人的劣性，都已经清晰地告诉门徒，要以传统儒家的德行思想为指导，以天下为己任，做一个敢作敢为、道德高尚的人。①

我们说传统武术道德更多地体现了主流传统文化之道，其实有一个比各种武术资料对武德观念记载更有说服力的理由，就是几乎在所有门派教拳习武的口传身授中，都在强调着这样一些观念，那就是一定要遵循社会基本的伦理规范②，要心胸开阔，要甘于人后，做一个对国家忠诚、对师长孝敬的武术大家。可以这样认为，传统的武术道德，其实也就是传统文化的主流思想所强调的为人之道，也即儒家、道家、佛家等所谓的做人之道。只是，我们称其为武术道德，是因为这是要求习武者在运用武术的实践中来遵循与证悟的。传统武术，其实只是传统做人之道的一个实践领域而已。

传统的做人之道在传统武术中的实践，使传统武术技击工具运用的展开也被严格地加以限制。我们常说，练习武的目的是防身自卫，而不是争勇斗狠，③ 但却很少深刻地思考过，这个"防身自卫"的说法，其实已经是对传统武术技击工具作用的严格限制。作为一种工具，在为我而战时，它只能用于防与卫，而不能用于攻击。当然，保家卫国、惩恶扬善时，则另当别论。或许，我们很少去思考那些早已让我们习以为常的话语，但是，我们确实不能忽视，在这些简单朴实的话语

---

① 陈立清：《陈氏太极拳小架》，香港银河出版社，2001，第 16～18 页。
② 乔凤杰：《本然与超然——论传统武术技击的诡道与圣道（一）》，《山东体育学院学报》2005 年第 2 期。
③ 乔凤杰：《略论传统伦理观念对中国武术的影响》，《武林》1996 年第 6 期，第 4～5 页。

中，常常张扬着传统武术圣道的基本理想。先人们对习武者目的的定位，是防身与自卫而不是打击别人①，是与西方拳击等对抗运动截然不同的②。

对于中国古代的政治宣传与道德教化来说，武术自有其独特的表现方式。通过武术神话、武术游戏、武术艺术、武术技术等形式，使传统道德理想分别以神秘的、开心的、动人的、清晰的等方式深入人心。武术技击的诡道不仅已被限制在战术的层面，做人的伦理道德规范也获得了一种得以宣扬的崭新方式。此时，武术技击不仅不再与传统的伦理政治相对抗，而且自觉地充当了古代道德教化的急先锋。

其实，无论中外，在遥远的古代，都曾有过类似于武术的作为生死搏斗手段的搏击技术。作为生死搏斗手段，其中包含的诡道成分，必将随着人类文明程度的提高而日益发达。对于这种反规则、反社会的诡道的日益发达，任何一个民族，都不会坐视不管的。只是，不同地域的民族采取了不同的处理办法。笔者以为，在对待这些诡道的态度上，西方人采用了一种对其技术直接进行限制的方式。比如，西方的拳击在可用技术以及攻击部位等方面均已有明确的限制规定。③ 运用规则来削减搏击的诡道成分，使人性中阴暗的东西被有意识地加以引导，可能是西方

---

① 传统武术这一价值目标的确立，必然促使其对"防"与"卫"技术研究的重视，使传统武术具备了鲜明的中国特色。然而，我们还不能对此轻易地判定为技术的"仁慈化"倾向，而只能视其为传统武术在价值理性上更加宽容而已。可以认为这是一种工具理性向价值理性的主动性适应，而非本质的改变。作为指导技术的工具理性，是不适合以"仁慈"来定性的。对"防"与"卫"技术研究的重视，并不会改变传统武术在搏击策略上的诡诈性与在工具目的上的残酷性。

② 对传统武术技击与西方拳击的比较研究，笔者以前曾有专门的论述。见乔凤杰《武术与拳击》，《体育文化月刊》1996 年第 3 期，第 30～31 页。

③ 众所周知，拳击运动对运动员使用的技术与技术运动方式均有明确规定。笔者认为，这是西方人对原始拳击运动的一种规范方式。它与中国传统武术的规范方式有非常大的区别的。当然，对拳击的技术性规范，并不是一个十分古老的话题，但是我们必须承认，西方人对拳击的技术性规范，较之武术，是完全自觉的。这其中已包含了一个长远的心路历程。

人的基本思路。

很有意思的是，中国的传统武术技击在寻找其自身存在的价值依据时，并没有像西方拳击那样，把武术技击仅仅限制为一种运动，然后以对运动本身来说相对公平与公正的规则作为自身的规范，把对规则本身的绝对尊重作为习武者的专业素养，而是用另外一种成圣、成真、成佛的做人之道来引导传统武术技击的习练者，从而使习武者所追求的人生境界远远超越了通过武术运动自身能够达到的水平。此时，对传统武术技击来说，诡道最大程度的发展并不意味着武术技击的堕落，关键要看掌握诡道的武术技击人运用武术技击来做什么。中国古人似乎坚信，无论武术技击战术变得多么诡诈与阴险都不可怕；可怕的只是掌握这些阴险诡诈战术的武术技击人不做好事。因此，中国的传统武术技击更重视对习武者的道德品质的教育。① 就武术技击而言，武术道德的目的，不是为了慈善化技击技术，而是要影响与指导习武者的价值判断。一句话，传统武术几乎没有下功夫对技击战术的指导思想进行改造，而是把几乎所有的精力都用到了对人的引导上。对战术指导思想的改造还是对人的引导，可能是传统武术与西方竞技体育的最大区别所在。② 当然，无论是对战术指导思想的改造，还是对人的引导，都要由人来完成，都要落实到人身上。因此，无论是对战术指导思想的改造，还是对人的引导，从人来执行的这个角度看，两者的认识是一致的。

道德，永远指向人的价值取向，自然武术道德对武术技击的规范，也就主要是对习武者价值取向的指导。它主张习武者在对练时点到为止、在生活中见义勇为、在思想上疾恶如仇，并号召习武者以天下为己

---

① 乔凤杰：《本然与超然——论传统武术技击的诡道与圣道（一）》，《山东体育学院学报》2005 年第 2 期。

② 严格地说，中国现代用于比赛的竞技散手，其实已是对技术本身的规范，因此并不完全属于传统武术的范畴，可以被认为是传统武术向竞技化方向发展而形成的新的技术形式。

任，对朋友和善仁慈，对敌人坚决打击。就武术道德规范下传统武术的理想状态而言，作为习武者应该是仁慈的，而搏击技术的指导思想，则是指向狡诈与残酷的。

武术道德对人的价值观的引导而不是对技战术思想的规范，使传统武术没有向西方式体育的方向发展。应该说，传统武术技击具有发展为西方式体育的可能性但却没有发展为西方式体育，是与武术道德的性质及其对于武术的影响方式有着或多或少的关系。因此，在我们对传统武术技击进行分析研究时，不能只是为了进入西方的语境，就照搬西方的术语，而不顾中国传统武术发展的历史事实。客观地说，传统武术，只能是在传统文化背景下成长起来的传统文化的一种形式。它只能是传统武术。这种文化形式，强烈地反映出传统文化大一统思想强大的感化力与凝聚力，以及传统思想中固有的专制意识，更反映了传统武术不同于现代西方体育的作为生存手段的本质属性，自然也决定了传统武术在人文精神方面无法独立的附庸地位。对于这样一种文化现象，我们现在还不想轻率地讨论其得与失；但是，我们应该明白，这正是中国传统武术文化的一个特征所在。①

人从自然的人成为社会的人，必然要经过一个社会化的过程。作为人的社会化手段与方式的武术，在人的社会化过程中，本来就有着自己独到的积极作用。我们很容易看到，武术本身所具有的娱乐、健身、搏击等价值，对人在社会化过程中所产生的影响，有着调节与平衡的作用。比如，缓解人在工作中的焦虑，培养人的自信，增强人的竞争意识，等等。这是武术能够长期存在的前提条件之一。然而，我们还必须看到，本身即可以作为一种人的社会化手段与方式的武术，自身对人也有着不可忽视的负面影响。我们不难想象，诡道不可避免地培养的狡诈意识与狠毒心态，必然不应该是人类所追求的。武术自身对合理的价值

---

① 乔凤杰：《本然与超然——论传统武术技击的诡道与圣道（一）》，《山东体育学院学报》2005年第2期。

理性的内在需要，再加上传统社会主流的道德思想统制一切的意愿，决定了中国传统武术技击伦理化是中国传统武术发展的必然结果。①

历史上，武术道德对武术技击目的与追求的规范，杜绝与减少了武术技击诡诈之道对于他人或者社会群体的伤害。然而，虽然武术道德客观上具有这样的功效，但是武术道德的本意，却不仅仅是为了杜绝与减少武术技击之诡诈之道的社会危害，而是为了做人，是为了让武术人能够成为一个生活得既有意义又很快乐的人。武术道德的本质，是为了自己，而不是为了他人，不是为了纯粹的限制自己。

作为一种规范诡道之应用范围的圣道，是武术道德的存在意义之一。然而，成熟的武术道德，却并非仅限于此，而是一种涉及武术人全部生活的做人智慧。武术道德是武术人的一种生活智慧，武术道德的作用，不是为了规范诡道，而是要为武术人的生活态度与所有行为方式提供指导。它试图要指导的包括了武术人的所有技击行为与其他的日常行为，以及武术人的生活态度。它不但试图把武术人的所有技击行为与其他日常行为都限定在正义的框架内，还竭力想把所有的武术人都培养成为道德高尚、生活幸福的圣人、真人或者佛。

武术道德，是一个指导武术人的生活态度与行为方式的思想观念系统，那么，这个作为武术道德的思想观念系统中到底都是些什么样的内容呢？

传统武术的不同流派，对习武者为人处世之道的理解，并非完全一致。这些理解的差异，与不同流派产生的文化背景有关，牵涉创始人的生活阅历、文化涵养以及当时的社会历史条件等。近儒者，近墨者②，

---

① 乔凤杰：《本然与超然——论传统武术技击的诡道与圣道（一）》，《山东体育学院学报》2005 年第 2 期。

② 应该说，墨家的游侠思想，以及历史上对于一些游侠的记载，确实会对武术习练者产生极大的吸引力。基于这一点，一些学者坚信墨家思想对于传统武术价值理性的巨大影响。然而，审视武术史，不难发现，真正以游侠思想作为价值理性的武侠，多出在武侠小说而不是历史事实中。虽然不能否认武侠的历史存在，但却无论如何也不能说它曾经是主流。或许，中国古代武侠小说的盛行，恰恰表明人们对武侠的渴望之情。

近道者，近佛者，近兵者，近艺者，近医者，对于所谓的武术道德，可能均有不尽相同的认识。但是，可以确定，在传统文化的政治第一、国家至上的大一统思想的统治之下，无论是什么样的武术流派，从总体上看，对于武术道德，都不会有太多偏离文化主流的解释。①

虽然我们并不能完全否认武术人在自己习武用武过程中能够体悟出来一些有利于人的身心健康发展的作为自己行为原则的思想观念，但是总体而言，武术道德的内容，主要还是来源于中国传统文化思想。武术道德的实质，就是中国传统文化中有关道德的内容，准确地说，就是武术专业视阈中的中国传统道德。武术道德的内容是多元的，然而其主要的内容，乃是作为中国传统文化之主流的儒、道、佛三家思想中的道德内容。当然，在此三家中，又以儒家道德为核心。

"拳学一道，不仅锻炼肢体，尚有重要深意存焉。就传统而言，首重德性，其应遵守之信条，如尊师敬长，重亲孝长，信义仁爱等，皆是也。"② 在中国古代的道德领域，儒家思想的核心地位是不可动摇的。以礼为形式，道德与政治相结合的儒家思想，对于维护大一统国家的稳定，对于中国古代社会的思想控制，起着显而易见的巨大作用。中国古代的这样一种政治环境与思想状况，自然会对武术道德的形成产生巨大甚至决定性的影响。

然而，就历史事实而言，儒家、道教与佛教，也已经在中国古代产生了巨大的影响并成为中国传统文化的主要内容。客观地讲，以儒家思想为核心，由儒、道、佛三家共同组成的主流的中国传统文化思想，乃是中国古代社会上层建筑的主要组成部分。既然这样，可以想象，无论儒家思想的影响力量如何强大，武术也不可能在任何时候、任何地方都只是受制于儒家思想。思想的成分永远不可能是单一的，人的选择也永

---

① 乔凤杰：《本然与超然——论传统武术技击的诡道与圣道（一）》，《山东体育学院学报》2005 年第 2 期。

② 李荣玉：《走进王芗斋》，山西科学技术出版社，2011，第 176 页.

远不可能是单一的，所以武术所有流派的道德内容也不可能全部来源于儒家思想。少林武术道德的内容可能更多地来源于佛教思想，如德虔大师在他的《少林武术大全》中讲道："早在南宋，少林寺觉远和尚就为训练众僧习武规定了森严的'习武禁约'，名为'十禁'：一禁叛师；二禁异思；三禁妄言；四禁浮艺；五禁盗劫；六禁狂斗；七禁违戒；八禁抗诏；九禁欺弱；十禁酒淫。犯者轻罚百尺，重者驱之。"①；武当武术道德的内容则可能更多地来源于道家思想，如笔者接触过一些武当武术的传人，他们就竭力推崇老子所讲的"报怨以德""守柔示弱"等思想原则；等等。

中国的传统文化思想，绝不可以简单地等同于儒家、道家与佛家的思想，但是，我们又不得不承认，儒家、道家与佛家的思想的主流地位，又使其在某种意义上成为中国传统文化的代表。面对主流文化的强势劲头，"竭力要提高自己文化品位、竭力要捍卫自己文化尊严"的武术人，自然不会拒绝主流文化的统摄与指导。因此，毫无疑问，所谓的武术道德，其实就是以儒家思想为核心、以儒、道、佛三家思想为主要内容的中国传统道德，其实就是以儒家思想为核心、以儒、道、佛三家思想为主要内容的中国传统文化对武术人的道德指导。

当我们谈论武术道德的时候，其实也就是在谈论以儒家思想为核心、以儒、道、佛三家思想为主要内容的中国传统道德，准确地说，其实也就是从武术的角度来谈论以儒家思想为核心、以儒、道、佛三家思想为主要内容的中国传统道德。虽然我们并不否认武术道德中还有超出儒家、道家与佛家的思想内容，但是我们对于武术道德核心内容的思考，却多是在以儒家思想为核心，以儒家、道家、佛家的思想为主要内容的框架内进行的。

武术各个流派甚至同一流派的不同群体的道德观念并不都是完全一

---

① 德虔：《少林武术大全》（上部），北京体育学院出版社，1991，第38页。

致的，然而，就总体而言，却都属于中国传统道德的范畴。因此，我们也就常常把中国传统道德直接说成了武术道德。我们常常谈论的武术道德，不仅适用于武术的习练者，而且也适用于其他人群。武术道德自身所具有的很强的普适性，使得我们对武术道德的讨论，完全可以推广到包括非武术习练者在内的广大人群中。

儒家的"自强不息、厚德载物"、道家的"示弱、无为、无待"和佛家的"不动心、无执、无痕"应为武术道德的根本。只有"自强不息"，才会使自己体会到生命的意义，并使自己的意义生命刚健地运行下去；只有"厚德载物"，才能够建造良好的情感环境并使自己体会到情感的愉悦；而只有"示弱不动心、无执无痕、无为无待"，才能够杜绝各种各样的烦恼而让自己保持平静轻松的心态。因此，在思考武术道德也就是中国传统道德的时候，要更加看重的是由儒、道、佛三家共同组成的"自强不息、厚德载物、示弱不动心、无执无痕、无为无待"观念。中国传统道德也就是武术道德的核心观念，可以用"自强不息、厚德载物、示弱不动心、无执无痕、无为无待"来概括。①

自强不息，是为了创造生命价值并使自己刚健地生存下去而对自己人生的一种智慧安排。自强不息中，自强是基础，因为只有自强才能不息，同时也只有自强不息，才能为自己创造生命的价值。自强，即自我强大，不息，即永不停息。自强不息的基本含义就是，我们应该把握自己的生命，不断前进，不断更新，不断增强自己的实力。实力是意义生命的支撑与创造，自强不能在任何时候都给人带来利益，但是生命的重大利益，一定是靠自己强大的实力来实现的。

厚德载物，是为了营造良好的情感环境而对自己人生的一种智慧安

---

① 相比笔者以前出版的《武术哲学》，此处的武术道德，多了"示弱、不动心"两条。这也算是对《武术哲学》的一个补充性修正。

排。厚德载物，即培养厚实的道德，并能够包容他人，承载万物。厚德
载物中，厚德是基础，因为只有厚德才能载物，同时也只有厚德载物，
才能为自己创造良好的情感环境。换句话说，只有厚实的道德，才能使
自己承载他人的一切，包容他人的一切缺点与不足，才能使自己承载得
住自己的福报，支撑起自己已经拥有的各种财富，以及自己以后想要拥
有的各种财富，同时也只有厚德载物，才能够为自己创造一个良好的情
感环境。

示弱不动心，是为了保持平静而轻松的心态，在自己立身面世时
的一种心理自我调控方法。示弱的实质，就是不逞强，是要避免因争
强好胜而给自己制造一些不必要的麻烦；不动心的实质，就是在遭遇
任何环境和外在干扰时都保持平静的心态，是要避免因外在刺激而自
寻烦恼。

无执无痕，是为了保持平静而轻松的心态，在对待自己所做事情时
的一种心理自我调控方法。无执的实质，就是不执著自己所做事情的方
式与结果，接受被做事情可能出现的一切状况；无痕的实质，就是不让
自己所做过的任何事情在心理上留下任何的痕迹，轻松地忘掉所发生过
的一切事情。

无为无待，是为了保持平静而轻松的心态，在对待他人他物时
的一种心理自我调控方法。无为的实质，就是不对他人他物进行任
何的干涉，一切都任他人他物之自然；无待的实质，就是不对他人
他物存有任何的期待，平静地接受他人他物的一切方式与一切
结果。

自强不息、厚德载物、示弱不动心、无执无痕、无为无待，共同构
成了中国传统道德也就是武术道德的基本观念。它对于所有传统中国人
特别是武术人的影响是深入骨髓的。正是这些武术道德观念的引导，使
得诸多的武术人能够将出世与入世巧妙地融合在一起，能够以出世的心
态积极地入世。

武术道德的实质，就是以儒、道、佛为主要内容的中国传统道德；中国传统道德的实质，就是以儒、道、佛为主要内容的中国传统文化中的做人智慧。中国的传统道德，甚至仅仅是儒、道、佛三家的思想内容，也都是复杂而多端的，所以我们这里对于武术道德的梳理，就不可能非常全面与深刻。我们这里把武术道德观念归纳为自强不息、厚德载物、示弱不动心、无执无痕、无为无待，只是为了简捷清晰而已。笔者深知这种归纳本身的局限性，但是当我们面对众多的在理论层面上已经对传统文化非常陌生的现代中国人的时候，却深深地感觉到，这似乎又是一个必不可少的工作。

等同于传统道德的武术道德，为人们设想了人生中可能出现的所有困扰的解决办法，为人生的幸福之路提供了可能出现的所有障碍的解决办法。作为一个武术人，了解与践行武术道德，将会使自己活得充实、轻松、愉悦。自强不息、厚德载物、示弱不动心、无执无痕、无为无待，这些源于儒、道、佛的武术道德观念的出发点，完全是服务自己。但是，这些武术道德观念的服务自己，却又不是世俗的争名夺利、斤斤计较，而是从根本上在服务自己，是实实在在的"以己为本"。因此，从这个意义上讲，等同于中国传统道德的武术道德，实质上是一种极高明的人生智慧。

第四节
训练练法

武术练法，是一种挖掘潜力的修养方法。更确切地说，武术练法，是一种通过内外兼修来挖掘自身潜力的训练方法。

武术训练的本质，就是提高"我"的武术能力。因为，"我"的存在方式有两种，一种是被笔者称其为经验心的现实之我，另一种是被笔者称其为超验心的真实之我。所以，武术训练的方式，必然也就会有两种方式，一种是建构经验心，另一种则是彰显超验心。①武术中的建构经验心，笔者称之为外内训练，而武术中的彰显超验心，笔者称之为内向训练。武术的外向训练，是以"方法化"为特征的，旨在使人通过外向性的学习、练习而提高自己的能力；武术的内向训练，是以"无化"为特征的，旨在使人通过内向性的方法、欲望、自我等的逐渐消除而还原自己的本来面目，彰显自己本有的潜能。这两种方向相反的训练范式的并存与融通，使得中国武术人能够始终保持现实努力与终极追求的兼顾并举。

武术外向训练，即在武术领域中建构经验心，就是要使武术人的行为过程"方法化"，使武术人的技击实战、套路演练与道德实践等行为过程具有更强的计划性与技巧性，从而使武术人在技击实战、套路演

---

① 经验心，即是经验世界的"我"，是主客体两分的思维框架中的主体之心。它是相对存在、不断变化的心识流，是人的经验世界得以确立的基点。这一主体心的确立，使自我与外界得到区分，并使自我与外界的关系因此而变成了我们所常言的主客关系。正是由于这一作为主体经验心的存在，才使丰富多彩的作为客体的现象得以产生，而无论我们如何对这一作为客体的现象进行价值判断。由经验心这一主体所直观与演绎的，必然只能是作为客体的现象。也就是说，经验心所能认知与开显的，乃是非物自身的现象。人的经验心是一切现象的开显者，人的经验心所开显的一切现象，加上经验心本身，共同构成了人们常说的经验世界。就中国文化的主流传统而言，所谓的经验心，即是儒家的人心、私心等，道家的机心、成心等，佛家的染心、阿赖耶识、无明等。

超验心，即是"我"的物自身，是"我"的真实面目。它是绝对存在、永恒不变的根本智慧。这一作为人之本真的超验心，没有对个体自我之执持，因此也就没有所谓的自我与外界的主客分离。超验心的知识是自明的。超验心所自明的，乃是一个包括自己在内的物自身的世界。从一般人所处的经验层面来看，超验心所自明的，乃是全部真实的包括自己在内的物自身所构成的超验世界。在经验世界中，经验心是现象的开显者，但却永远不可能成为现象，经验心与现象永远是两种类型的东西；在超验世界中，超验心本来就是物自身，超验心与其他物自身是同一类型的东西。就中国文化的主流传统而言，儒家的本心、诚、太极、良知等，道家的道心、道等，佛家的净心、真如、般若、佛性、根本智等，落实到人身上，其直接指向的都是这一实为人之本真面目的超验心。

经验心与超验心，乃是"我"的两种不同存在方式。真实的"我"，即是超验心；而人的经验心这一不真实的"我"的出现，则是超验心在身体欲望的牵引下随躯壳起念的结果。经验心与超验心，其实是不一不异的：从本质上讲，经验心与超验心是一；而就表现形式而言，经验心与超验心是二。经验心的追求与超验心的要求并非永远一致，但是，却也并非永远矛盾。

练、道德实践等方面的经验能力得以提高。

外向训练的现实操作模式，是严格地按照理想的击技技法、套路技法、道德观念、外功方法进行训练，使自己成为一个最成功的理想方法模仿者，使自己的技击实战、套路演练、道德实践更为规范化。

建构经验心，是要改善经验心，是一个经验学习、经验总结、经验积累、经验转换的过程，是一种渐进式提高"我"的经验能力的过程。也就是说，建构经验心，是一个使自己行为日益"方法化"的过程。所谓的"方法化"，就是使人的行为能够按照某些方法的指导与要求来展开，从而使自己的行为具备较强的计划性与技巧性。传统武术的外向训练，即在传统武术领域中的建构经验心，就是要使传统武术人的行为过程"方法化"，使传统武术人的技击实战、套路演练与道德实践等行为过程具有更强的计划性与技巧性，从而使传统武术人经验心的经验能力得以提高。

建构经验心的实质是"方法化"，"方法化"的对象是人的各种行为实践，而"方法化"所依据的方法，则可以有多种来源：自己的经验总结，别人的经验总结，圣人的教诲。在这里，自己和别人的经验总结，很容易被理解，而圣人的教诲，怎么可能也是一种方法呢？其实，这并不难被理解，圣人所教诲的，对于圣人来说，当然不是方法而是圣人彰显超验心以后的本能表现，然而这些圣人彰显超验心以后的本能表现，对于我们这些凡人来说，又必然是一种值得我们学习的非常理想的经验方法。

从理论上讲，我们有机会聆听圣人的教诲，有可能使自己的行为完全按照圣人的要求去做，也有可能使自己的行为方式和圣人彰显超验心以后的本能表现完全一样。建构经验心的最高目标，就是完全按照圣人的教诲去做，使自己的行为方式和圣人彰显超验心以后的本能表现完全一样。我们期望得到圣人的教诲，我们愿意按照圣人的要求去做，我们崇尚圣人彰显超验心以后的本能表现，只是因为圣人彰显超验心以后的本能表现是最好的经验方法。当然，我们必须清楚，即使我们按照圣人的教诲已经使自己的行为方式和圣人彰显超验心以后的本能表现完全一样，我们的行为仍然属于经验心的经验行为而不是超验心的本能表现。任何人的超验心的本能表现，只能是自己在彰显超验心以后才会出现，而不可能通过效仿别人超验心的本能表现而实现。

经验心，即现实中的"我"；建构经验心的目的，就是通过现实中"我"的自我学习与锻炼，来提高"我"的能力。建构经验心是一个行为实践的过程，而建构经验心的行为实践，又必须通过对具体的方法理论与思想原则的掌握和运用而落到实处。外向训练，即在武术领域中的建构经验心，是一个依据人类已有的经验方法进行训练的过程，是一个通过对前辈武术家们在武术击技、武术套路、武术道德和武术外功等方面留传下来的经验方法的学习与练习来培养武术人的技击实战、套路演练与道德实践等方面的经验能力的过程。

在经验世界，"我"是以经验心的方式存在的。此时，"我"的做事能力是有限的，而且"我"的这一有限的做事能力是通过对做事过程的具体把握培养出来的。对做事过程的把握，必然是有好坏之分的，这就使得经验心的做事过程最好能够运用一个好的方式方法。技击实战、套路演练与道德实践，只是"我"要做的众多事情的一部分，经验心之"我"在武术的技击实战、套路演练与道德实践中，自然期望能够以某种理想的方式来进行。对习武者来说，外向训练即建构经验心的目的，是要提高习武者技击实战、套路演练与道德实践的经验能力，使自己的技击实战、套路演练与道德实践完全按照击技技法、套路技法与道德观念的要求来展开。

武术击技，是由无数的前辈武术家们创造与归纳而成的，以招法和打法为主要内容的实战技法系统。作为武术击技之要素的招法与打法，是武术击技外向训练中至为重要的东西。武术击技外向训练，就是要对练习者进行招法与打法的训练，力争把武术击技的这些招法与打法内化为武术人的技击实战意识与技击实战能力，从而使其能够以更为合理的方式进行技击实战。武术击技外向训练，也即在武术击技方面的建构经验心的训练，是一个学习、掌握各种招法与打法的过程，是一个对各种招法与打法的反复练习的过程，是一个运用各种招法与打法进行对抗实战的过程。

数以千百计的武术套路，均是在不尽相同的艺术思想或者养生思想指导下由不尽相同的技击动作组合而成的风格各异的演练技法系统。作为武术套路之要素的基本动作、组合动作、完整套路、艺术或者养生的指导思想等，是武术套路外向训练中至为重要的东西。武术套路的外向训练，就是要在艺术或养生思想指导下通过对基本动作、组合动作和完整套路的学习领会与反复演练，力争把这些基本动作、组合动作和完整套路及其艺术思想内化为武术人的套路演练意识与套路演练能力。武术套路的外向训练，也是在武术套路方面建构经验心的训练，是一个在艺术或养生思想指导下对基本动作、组合动作和完整套路学习领会与反复演练的过程。

在武术技法外向训练中，除了对其专业的击技技法与套路技法的训练以外，还有一些相对独立的辅助性的训练——外功功法训练。这就迫使我们不得不对此进行一个简要的补充说明。在武术训练体系中，有外功功法与内功功法两种类型的功法。外功功法训练的目的，是要快速提高练习者的专项运动能力，特别是快速提高练习者掌握与运用理想化的武术技法的能力；内功功法训练的目的，则是要开发练习者的人体潜能。外功功法的训练效果是快速可见，但前景却是有限的，内功功法的训练是直接指向超验心但却难以在较短的时间内看到明显的效果。内功功法训练隶属于武术内向训练的范畴，我们在这里暂不讨论。

作为武术训练体系中的功法之一的外功功法，是专用于增强练习者的功力即练习者的打击力、抗击力、耐久力、平衡力与柔韧性、协调性、灵敏性等的训练方法，是武术技法外向训练中具有辅助性作用，但却是非常重要的内容，大致相当于现代武术训练所说的专项素质练习方法。外功功法训练对于练习者专项运动能力的改善，直接有助于武术技击与武术套路的整体运动能力的提高，因此武术家们也就把武术的外功功法训练作为武术击技与武术套路的外向训练即建构经验心的重要辅助手段。这样，所谓武术击技外向训练，其实就是一种以击技招法训练为基础、以技击打法训练为灵魂、以外功功法训练为辅助的旨在提高武术技击习练者技击实战水平的综合训练，而所谓武术套路外向训练，其实就是一种以套路思想指导为灵魂、以套路动作训练为基础、以外功功法训练为辅助的旨在提高武术套路习练者套路演练水平的综合训练。

"自强不息、厚德载物、示弱不动心、无执无痕、无为无待"等，都是武术家们进行道德实践的基本依据。作为武术道德的基本观念的"自强不息、厚德载物、示弱不动心、无执无痕、无为无待"，是武术道德外向训练中至为重要的内容。武术道德外向训练，就是要理解、领会"自强不息、厚德载物、示弱不动心、无执无痕、无为无待"等基本观念的真正含义，在现实生活中按照这些基本观念的指导进行道德实践，从而把这些基本观念内化为武术人的道德实践意识与道德实践能力。武术道德外向训练，即在武术道德方面建构经验心，其实就是一个对"自强不息、厚德载物、示弱不动心、无执无痕、无为无待"这些基本观念领会、认同、内化的过程。也就是说，武术道德外向训练，即在武术道德方面建构经验心，是一个在现实中提高武术人思想境界的过程，是一个在武术实践和日常生活中以"自强不息、厚德载物、示弱不动心、无执无痕、无为无待"等这些武术道德的基本观念来指导所有武术实践与日常生活的过程。它是武术人进行道德实践的基本模式。

在武术外向训练中，武术的击技技法、套路技法、道德观念和外功功法等，是至为重要的训练依据。从某种意义上讲，武术外向训练，就是要依据武术的击技技法、套路技法、道德观念和外功功法等进行训练，实现武术人各种行为的"方法化"，使武术人的技击实战、套路演练、道德实践等行为具有更强的计划性与技巧性，从而使武术人的技击实战、套路演练、道德实践等能力得以提高。

武术外向训练的目的，是为了提高武术人在经验世界中的相关能力，而武术的击技技法、套路技法、道德观念和外功功法等，乃是武术后学者进行外向训练的主要依据。也就是说，前面我们谈论的武术的击技技法、套路技法、道德观念和外功功法等，都是来自前辈武术家们的经验积累，而这些来自于前辈武术家们经验积累的武术的击技技法、套路技法、道德观念和外功功法等，其实全是为武术外向训练即建构经验心服务的。按照武术各相关体系提供的内容进行训练，实质上就是把前辈武术家们的经验转化为自己的经验的过程。武术各相关体系所提供的这些击技技法、套路技法、道德观念和外功功法等，是无数前辈武术家们的经验积累，是中华武术后学者可以超过但却不应越过的。在武术各领域内展开的外向训练即建构经验心的活动，自然应以对武术的击技技法、套路技法、道德观念和外功功法等的学习、练习、实践为主线。

外向训练的实质，是"方法化"；外向训练的目的，是提高武术人的经验能力，使自己的技击实战、套路演练、道德实践能够按照击技技法、套路技法、道德观念的要求来展开；外向训练的依据，则是武术的击技技法、套路技法、道德观念和外功功法。更准确地说，外向训练，即建构经验心，其训练实质就是要把武术人的经验心"方法化"，其训练目的是掌握武术的击技技法、套路技法、道德观念，其训练依据就是那些优秀的击技技法、套路技法、道德观念和外功功法等。当然，在武术各领域内展开的外向训练即建构经验心的活动，也并非始终要墨守成规，而是可以超越与发展的。建构经验心的外向训练，其实就是对武术的击技技法、套路技法、道德观念和外功功法等的理解、实践与发展。

人为实现自我价值而由经验心向外展开的一切行为，都是对现实人的意义世界的建构，也都是对人经验心的建构。建构经验心最根本的特征，就是有意识的学，就是有意识的练。在武术外向训练中，武术人始终在以武术击技、武术套路、武术道德、武术外功为训练依据，不断地学习、不断地进步、不断地发展，日渐积累自己的实践经验，日渐提高自己的技击实战、套路演练和道德实践的能力。

在所有成熟的文化形态中，都会存在建构经验心的外向训练，都会存在从不同角度或在不同领域建构实现人之自我价值的方式方法与思想原则。武术没有例外，兵家、道家、佛家、儒家等也没有例外。正是这种没有例外地存在实现自我价值的方法理论与思想原则的文化特色，加上各家外向训练的诸多相通之处，使得武术与兵家、道家、佛家、儒家等文化形态之间在实现自我价值的方法理论与思想原则方面的交流成为可能。既然各家都有为实现自我价值而服务的内容，各家建构经验心的外向训练都有相通之处，并且各家都有其实现自我价值的方式方法与思想原则，那么完全可以理解，即使他们在目标追求上有些不同，他们在建构经验心、实现自我价值的方式方法与思想原则上的相互交流，也必定是顺理成章的。因此，我们不难发现，传统武术在外向训练即建构经验心的训练依据中，已经大量地融入了其他中国传统文化的内容。

经验是可以不断积累的，方法也是可以不断创新的，但非常遗憾的是，无论是对前辈们留传下来的传统武术各领域的系统的方法理念进行学习与实践，还是在此基础上创造与发现新的方法理念并按照新的方法理念进行实践，传统武术人的所有努力，是无论如何也脱离不了经验限制的。建构经验心，是一个"日益""为学"的过程，是一个虽然"日益"却又永远无法使自己得以完善的过程。这是我们在面对建构经验心这一外向训练时所必须正视的。

然而，建构经验心的这一令人遗憾之处，并不会导致人们对建构经验心这一训练范式的彻底失望。虽然建构经验心是一个永无止境但却前景有限的训练过程，但是不管人们对建构经验心这种外向训练方式是多么的不满意，也不管人们对自己训练的终极目标如何定位并对这一终极目标的实现具有多么大的信心与兴趣，多数的传统武术人都会一丝不苟

142

地坚持着自己的外向训练。这是因为，在他们看来，建构经验心，增强经验心的经验智慧，提高自己的经验能力，是更为直接明显而易于把握的。传统武术人虽然不会完全满足于各种现实能力的有限提高，但多数不会把自己的全部希望都完全寄托到那个遥远的连他自己也不知道何时才能实现的终极目标上。

在现实中，外向训练常被简称为外练。按照现代运动训练的"练什么与怎么练"这两个问题来谈武术的外练，这两个问题的答案，一是要练武术的"击技、套路、道德、外功"，二是要严格地按照武术"击技、套路、道德、外功"的方法要求来练习。对以上内容，武术的外练既可以全部都练，也可以挑选练习，不同的练习内容对应着不同的练习目的。练习击技主要是要提高技击实战能力，练习套路是要提高套路演练能力，练习道德是要提高道德素养，练习外功则是要辅助提高自己在技击或者表演中的某些能力。

武术的内向训练，即在武术领域中的彰显超验心，就是要"无化"掉武术人的经验心，使武术人自身潜在的无所不知、无所不能的超验心得以呈现与发挥，从而使武术人的各种行为方式都处于"无法之法"的本能状态。

内向训练的现实操作模式，大致分三类。一是继续练习击技技法、套路技法、道德观念，并在练习时逐渐超越这些方法，"无化"掉自己的方法意思，变方法练习为本能练习。二是进行专门的内功练习，按照内功的方法要求"无化"自己的经验意识，直到连这一内功的方法都给"无化"掉。三是在做任何事情时，都力求"无化"，都力求身体与精神上的彻底放松，"于无所住而生其心"，开发人的本有潜能。

超验心，即真实的"我"，也就是"我"的本来面目；彰显超验心的目的，就是通过对人的欲望和各种人为方法的消除，来还原人的真实面目，彰显人的本有潜能。建构经验心的目的，就是通过现实中的"我"的自我学习与锻炼，来提高"我"的能力。在经验世界中，有限的人们需要有一些相对理想的思想法则作指导；然而，在中国古人看来，如果能够通过一定的方式使本来的我即超验心之"我"得以彰显，那么此时"我"的技击实战、套路演练与道德实践等所有行为，就都已经不再需要任何的思想法则了。因为，在超验世界，即当"我"以超验心的方式存在时，"我"的做事能力是无限的，是无所不知、无所不能的。超验心的无限的做事能力，不是在经验中培养出来的，而是它本就具备的。技击实战、套路演练与道德实践，只是"我"要做的众多事情的一部分；自然，对于具有无限能力的超验心来说，技击实战、套路演练与道德实践，只是超验心本能发挥的一个小小场所而已。

在经验范围内，武术人在技击实战、套路演练、道德实践等方面所追求的理想目标，是各不相同的，但当超出人的经验范围的时候，武术人在技击实战、套路演练、道德实践等具体活动中所追求的最高境界却是完全一样的，都是超越与消除一切方法手段之后人的超验心的本能发挥，都是那种"无法之法"的行为状态。正是这样，我们才把这种超越与消除了一切经验法则之后完全依靠超验心的本能发挥的境界，即行为方式的"无法之法"的状态，称作武术人所追求的终极目标。

在这一最高境界中，人的一切行为将达到一种完全理想的状态，从而在武术的技击实战中能够"以无法胜有法"，在武术的套路演练中能够"气韵生动"，在武术人的道德实践中能够"从心所欲而不逾矩"，在其他任何一个领域内都能够"无为而无不为"。

对此，前辈武术家已有清晰的论述。"拳者，权也，所以权物而知其轻重者也。然其理实根乎太极，而其用不遗乎两拳。且人之一身浑向上下都是太极，即浑身上下都是拳，不得以一拳目拳也。其枢纽在一心，心主乎敬，又主乎静。能敬而静，自葆虚灵；天君有宰，百骸听命。"[1] "道艺之用者，心中空空洞洞，不勉而中，不思而得，从容中

---

① 陈鑫：《陈氏太极拳图说》，上海书店出版社，1995，第129页。

道，而时出之。拳无拳，意无意，无意之中，是真意。心无其心，心空也。身无其身，身空也。古人云：所谓空而不空，不空而空，是谓真空。"① 另外，形意拳所谓"动作出于无心，鼓舞出于不觉，身欲动而步亦为之周旋，手将动而步亦早为之似逼，不期然而然，莫知驱而驱"②，明显寓含着前辈武术家们对"无"之奥妙的深刻体悟。

"心中一物无有，极其虚灵，一有所着，则不虚不灵，惟静以待之，养其诚以至动静咸宜，变化不测。"（陈鑫语）③ "太极拳体：太极拳之道，开合二字尽之；一阴一阳之谓拳，其妙处全在互为其根。太极拳用：拳之运动，惟柔与刚；彼以刚来，我以柔往；彼以柔来，全在称量（以我手称住人之手，如秤称物；以我之心度人之心，量其上下迟速，或半路变换机势）。刚中寓柔，与人不侔；柔中寓刚，人所难防。运用在心，不矜不张；中有所主，无任猖狂；随机应变，终不惊慌。"④ 太极拳对拳的理解，轻视具体的招法，而是以"无"言"有"，以道解拳。

武术人的最高境界，就是超验心的本能发挥状态，而达到这种超验心本能发挥状态的方法，则是我们所说的内向训练。进入武术的最高境界，必须通过内向训练即在武术领域中彰显超验心来实现，而内向训练即在武术领域中彰显超验心的基本思路，则是"无化"。"无化"，即是对一切人为的方法意识、自我意识甚至这个"无化"意识的彻底放弃。武术推崇的内向训练，就是通过"无化"来进入那个完全依靠超验心之本能发挥的"无法之法"的最高境界。

"无化"，并不是一种可以归属于武术的击技技法、套路技法或者

① 孙叔容、李慎泽、孙婉容、孙宝亨：《孙禄堂武学著作大全简注》，海燕出版社，1992，第382页。
② 李金波等：《形意拳真传图谱》，北京体育大学出版社，2003，第215页。
③ 人民体育出版社：《太极拳全书》，人民体育出版社，1992，第266页。
④ 人民体育出版社：《太极拳全书》，人民体育出版社，1992，第306页。

道德观念中任何一类的经验方法，而只是彰显超验心的武术内向训练的训练思路。① 崇尚"无化"，只是强调武术训练要以彰显超验心为终极目标，而并非是要排斥经验世界中武术实践的任何经验方法。"无化"，是一个从有为到无为的损之又损的心理甚至是超心理训练过程。它是对武术训练的终极追求，也是对习武者的极端要求。它轻视人们进行武术实践时的一切人为造作。在训练方面的终极追求，使武术产生了不小的宗教魅力。

内向训练，即通过"无化"而向最高境界的终极追求，在武术训练中具有极为重要的意义。很多拳种与流派都直接把无化及无之境界作为其训练中一个明确要求与理想目标；在大多数的拳种与流派中，都有专门的或多或少用于修心的训练方式，如武术各拳种与流派中形式不一的站桩功等。至于太极拳，更是把修心与整个拳术运动融为一体，以无极为前提，无极而太极，以意导动，自然而然，使整个术的运动变成道的发挥过程。此正如陈鑫所说："学者上场打拳，端然恭立，合目息气，两手下垂，身桩端正，两足并齐，心中一物无所著，一念无所思，穆穆皇皇，浑然如大混沌无极景象，故其形无可名，名之曰无极，象形也。""拳名太极，实天机自然之运行，阴阳自然之开合也，一丝不假强为，强为者皆非太极自然之理，不得名太极拳。""身法端凝莫测，收敛精神，别无他诀，心平气和则得。""四体从心而运，官骸皆悦以顺从，而要皆以乾坤正气行之也。""一片灵机写太和，全凭方寸变来多，有心运至无心处，秋水澄清出太阿。""拳虽小技，皆本太极正理。""拳虽武艺，得其正道，无往不宜。"（陈鑫语）②

既然彰显超验心是武术训练的终极目标，那么我们何不把全部的精

---

① 客观地讲，道德观念中的出世性观念，已具有"无化"的成分，已在某种程度上能够起到"无化"人们方法意识的作用，然而其毕竟还不是对人们所有方法意识的彻底"无化"，毕竟还不是"无化"本身。

② 《太极拳全书》，人民体育出版社，1992，第264～266页。

力都投入到对无中生有的超验心的顿悟修炼中呢？老子讲"致虚极，守静笃"，难道我们不可以放弃所谓的武术外向训练吗？笔者认为，"无化"而到达武术的最高境界，只是武术训练的一个理想归属，并不是对修炼方式的特殊要求。其实，即使是"致虚极，守静笃"，也必须有个方法作前提。它只是提醒人们，无论采用任何方法进行训练，都必须牢记超验心的根源意义。也就是说，"无化"，只是强调本能对于方法的根本意义，而并不排斥对方法的学习。它是对武术训练的一个方向性引导。①

武术内向训练对"无化"的重视，绝不是对经验方法的否定，更不是只要达到所谓的"心无"就足够了。经验方法，即我们前面所说的技法与道德，是武术的基本内容；没有技法与道德这些经验方法，武术也就不再是武术了。武术的训练，必须要从对经验方法的学习开始，即必须要有"为学"。对技术的学习与实践，是为了体悟本能的存在；而对本能的重视，则是为了从根源上把握住最好的经验方法。对以经验方法为表现形式的武术来说，强调"无"的境界的最高地位，强调"无化"的终极意义，强调经验方法对于本能的依赖，必然是更为重要的。

在武术家们看来，所有优秀武术拳种的出现，都是也必须是到达最高境界武术家超验心的本能表现，而绝不是某一个聪明武术家的人为造作。虽然这些武术家到达最高境界也曾经历了一个漫长而艰苦的对前人之经验方法的学习、磨炼与超越过程。② 然而，现实中习武者对经验方法的掌握，并不是由本能而来的；相反，对多数习武者来说，其对本能的体悟是经由对前辈武术家们所提供的现成的经验方法学习与实践而逐

---

① 乔凤杰：《复归于无极——志同道合的武术与道家》，《山东体育学院学报》2006 年第 4 期。
② 乔凤杰：《复归于无极——志同道合的武术与道家》，《山东体育学院学报》2006 年第 4 期。

步实现的。我们所好者，是人的超验心的本能发挥；然而，这种人的超验心的本能发挥，却多半是在对经验方法的学习与超越中实现的。由超验心的本能发挥而至具体的经验方法，以超验心的本能发挥为经验方法，是就经验方法的理想而言的，是对经验方法的至高要求；由具体的经验方法而至超验心的本能发挥，通过对经验方法的超越而彰显超验心，则是就训练现实而言的，基本表明了人的本能显现的真实方式。虽然，对本能的彰显也可以采用直接消除经验心这种专门性的修炼方式，但是除了个别天才的武术家外，对大多数人而言，本能的彰显都是很难利用这种修炼方式达到目的的。对于大多数人来说，本能的彰显是在对现有经验方法的反复实践中超越实现的。本能，是自己理想经验方法产生的根源；前人留传下来的经验方法，则是后人悟道的基础与媒介。①

使人潜在的超验心得以彰显，是武术内向训练的终极目标，也是整个武术训练的终极目标；武术对习武者超验心的彰显，乃是一个"由经验心指向超验心"的内向性的反省过程。对超验心的彰显，是以对经验心的消除为逻辑前提的；而经验心的消除，则可以通过直接消除经验心的专门性修炼和先建构经验心再消除经验心的生活性修炼两种方式来实现。也就是说，彰显超验心的修炼，则有直接消除经验心和先建构经验心再超越与消除经验心两种方式。

由经验心向内展开的直接以消除经验心为手段来彰显超验心的专门性修炼，唯求超验心之彰显，是一种对现象世界视而不见的、一意孤行的、直接的修炼。在武术内向训练中，这种训练方式的常见形式就是我们前面提到的武术功法训练中的另一种功法训练——内功功法训练。在武术内功功法训练中，有多种形式，如站桩功训练、自然功训练等。

---

① 乔凤杰：《复归于无极——志同道合的武术与道家》，《山东体育学院学报》2006 年第 4 期。

"在静止不动的状态下（相对静止），去体会'不动之动'的微动。再由微动去体会欲动又止，欲止又动，动犹不动之动。这就是王芗斋先生常说的'大动不如小动，小动不如不动，不动之动，才是生生不已之动。'有了这种动犹不动，动静相互为用的体会和认识，才能体会呼吸与周身的联系，身外的阻力，松紧力的作用，从而控制在平衡状态下，通过持续锻炼的过程又产生出新平衡，如此循环下去无有止境。"① 姚宗勋先生对意拳训练思路的总体论述，是与我们这里所讲的"无化"思想基本一致的。

在建构经验心、实现自我价值的基础上再超越经验心、消除经验心的生活性修炼，是一种重视现象世界的兼顾经验生活的间接的修炼。这种训练的基本方式，就是先学习各种运动技法与道德观念，然后再超越与放弃各种运动技法与道德观念。应该说，从逻辑上看，既然最终要"超越与放弃各种运动技法与道德观念"，那么"学习各种运动技法与道德观念"必然是在做一种无用功，但事实上，对于"超越与放弃各种运动技法与道德观念"来说，"学习各种运动技法与道德观念"，却是具有非常重大意义的。这是因为，在武术外向训练中，人们学习的那些运动技法与道德观念，其实并不是与超验心性质相反的东西，而是介于一般人的"拙法"与超验心之本能之间的更为接近于超验心之本能的可以传授的"自然之法"。中国武术的运动技法与道德观念，与身心放松是紧紧捆绑在一起的，身心放松本身就是运动技法与道德观念的重要内容。在逻辑上，外向训练与内向训练的方向是相反的，而在事实上，外向训练与内向训练的方向其实是一致的，外向训练本就是内向训练的初级阶段，其本身已经包含了部分内向训练的内容或意义。

内向训练对人潜能的开发，虽然要摒弃个人私欲与机巧伪智，以"无化"为手段，以"无"为最高境界，但并非一定要拒斥经验心处

---

① 姚宗勋：《意拳——中国现代实战拳术》，北京体育学院出版社，1989，第13页。

理外在具体事物的现实行为。对于武术的内向训练来说，直接消除经
验心，主要是通过专门性的内功训练或强烈的"无化"意识来完成
的；而先建构经验心再超越与消除经验心，则主要是在具体运动练习
与操作实践中通过"无化"的思想指导与意识转换来实现的。欲显超
验心，当依经验心；超验心的彰显，既可以是对经验心向外的建构行
为的放弃，也可以是对经验心向外的建构行为的超越。这就使武术的
技法与道德的完整训练，变成了一个"从无到有，再从有到无"的
过程。

对超验心的崇尚，使武术家们确信，武术运动的理想状态，应该是
"以无法为法"的本能运动状态，而不是什么高明的人为设计。对"无
化"的强调，则是在告诉人们，终极的武术运动训练，应该通过消除一
切人为的经验意识而向着这个理想状态奋进。

总的来说，因为中国古人确信自己本真的存在方式是超验心，确信
自己潜藏着无所不知、无所不能的本能，并且认为人的包括运动能力与
道德能力在内的所有能力的终极来源乃是自己潜在的本能即超验心，所
以中国人对运动能力与道德能力的内向训练，也就变成了对自己潜在本
能的开发也即对超验心的彰显。武术朝着彰显超验心这一终极目标的内
向训练，乃是以"无化"为指导思想与根本手段对习武者自我意识即
经验心的彻底消除。人在兼顾建构经验心基础上不断消除经验心的过程
中，将不断地提升自己与完善自己，从而使自己获得生活的终极动力与
终极关怀。以彰显超验心为终极目标、以"无化"为指导思想与根本
手段来实现这一终极目标，乃是提高技击实战能力、套路演练能力和道
德实践能力的最明智的做法。

在武术外向训练即建构经验心的过程中，武术击技、武术套路、
武术道德的训练方法，乃是相互独立而自成体系的，然而在武术内向
训练即彰显超验心的过程中，这一切体系都已经没有了意义，因为无
论在哪种具体的活动领域中，对超验心的彰显只需要一种方法，那就

是在训练者的思想上彻底地"无化"掉一切法则与自我意识，甚至要"无化"掉这个"无化"的思想意识本身。通过"无化"而使超验心得以彰显，将使武术人各种能力都达到极致。"无化"是彰显超验心即武术内向训练的唯一方式，虽然这种训练既可以通过直接消除经验心的专门性修炼来实现，也可以通过先建构经验心再消除经验心的生活性修炼来实现。

内向训练的实质是"无化"；内向训练的目的是开发武术人的超验本能，使自己各种行为都以超验本能的方式来展开；内向训练的依据是武术的内功功法和"无化"观念。更准确地说，内向训练既然彰显超验心，其训练实质就是要"无化"武术人的经验心，其训练目的就是要开发武术人的超验本能，其训练依据就是武术的内功功法和"无化"观念。"无化"是一个意义深远的概念；对"无化"一词更直接的表述就是"无我化"；而"无我化"则是比"无执、无痕、无为、无待"以及我们常说的"无欲、无求、无名、无功、无利、无生死"等更彻底的对人的一切自我意识的全部消除。

内向训练是一种彰显超验心的训练，是一种彻底地改善"我"的能力的训练，是一种非常彻底的"超级心理训练"。这种"超级心理训练"，比起我们现代体育中所讲的心理训练要深刻很多很多，是一种被称之为"无化"的从身体到心理再到灵魂深处的彻底放松的训练过程。通过"无化"来实现彰显超验心这一终极目标，是开发武术人各种武术实践能力的最根本的训练方式。

在现实中，内向训练常被简称为内练。按照现代运动训练的"练什么与怎么练"这两个问题来谈武术的内练，大致可以分为下面三种方式：第一种方式是继续练习武术的"击技、套路、道德、外功"，但要在练习中逐渐淡化方法意识，超越方法，直到"无化"至"无"；第二种方式是练习武术的内功，从"忘我"练至"无我"；第三种方式是把人的一切行为都演变成武术内练，使人的一切行为都变为"忘我"直到"无我"的行为。这三种训练方式，其阶段效果肯定是有区别的，然而就其终极追求而言，则是完全一样的，那就是开发人无限的潜能。并不是所有人进行武术内练都能达到终极目的，为保证训练效益的最大化，武术人进行内练最常见的方式，就是第一种。武术内练的第一种方式与武术外练方式结合在一起，就形成了我们常说的"从无法到有法，再从有法到无法"的训练模式。

第 四 章
正 统 思 想

··

　　中国人对做人的高度重视，加上其功利性很强的
实用理性思维方式，使得武术的成长与发展，受到很
多其他中国传统文化的深刻影响，形成了全息意味很
重的思想内涵。从逻辑上讲，谈武术的思想内涵，自
然应该涉及对武术产生影响的所有领域的文化，既包
括官方的精英文化，也包括民间的草根文化，然而由
于精力所限，本章所述，只包括作为中国文化主流、
作为官方精英文化代表、对中国武术影响更为深远的
兵家、儒家、道家、佛家的思想。

··

文 化 符 号 ： 武 术

第一节

兵家思想

兵家的作战理念，可以概括为三句话："谨养而治气""掌握主动权""因敌而制胜"。"谨养而治气"强调了培养精神力量对于对抗斗争的重要意义，"掌握主动权"强调了抢占主动权之思想意识对于对抗斗争的重要意义，"因敌而制胜"强调的是如何保护自己而打击对手的更为真切的问题。这是古代兵家建构的完整斗争策略的三个层面，对中国武术的击技战术产生了很大的影响。

一　谨养而治气

1. 战在于治气

对异常残酷的古代军事战争来说，源自超越精神的作战气势，必然是非常必需的。"三军可夺气，将军可夺心"[1]，"善用兵者，能夺人而不夺于人"[2]。古代兵家十分强调临敌作战时军心与士气的重要性。

---

[1] 《孙子兵法·军争》。
[2] 《尉缭子·战威》。

司马穰苴说，"凡战，智也；斗，勇也"①，"凡战，以力久，以气胜，以固久，以危胜。本心固，新气胜"②。在他看来，军心稳定、士气振作，是战争制胜的重要因素。

尉缭说，"战在于治气"③。它非常形象地说，"一贼仗剑击于市，万人无不避之者。臣谓非一人之独勇，万人皆不肖也。何则？必死与必生，固不侔也。听臣之术，足使三军之众为一死贼，莫当其前，莫随其后，而能独出独入焉。独出独入者，王霸之兵也。"④ 他十分重视昂扬的斗志与勇猛的气势在战争中的作用，强调战争首先要注意对士气的培养。⑤

军心与士气对于战争取胜的重要，是古代兵家的共识，孙膑、何良臣、李靖、张浚、何守法等，均对此有颇为深刻的论述。

以个人之间的生死较量为形式的武术技击，自然不能完全等同于古代的军事战争。然而，形式之间的差距，并不能影响两者在认识上的某种默契。古代兵家关于"胜气""胆气""勇气"等的强调，对中国武术的影响是十分明显的。《少林拳术秘诀》说："欲学技击必须破生死观"；戳脚的《交手要诀》讲："凡与人交手务要壮起胆来，盖胆者心之辅，胆壮则心亮，手脚自不忙乱"；《少林交手诀》说，"一虎能胜十人胆，临敌要有十虎勇，一人胆大百人怕"；等等。不难发现，武术家们早已非常清楚拳手的精神力量在技击实战中的巨大作用。⑥

2. 谨养而勿劳

"胜气""胆气""勇气"等这些足以影响到军事战争之战略战术运

---

① 《司马法·定爵》。
② 《司马法·严位》。
③ 《尉缭子·十二陵》。
④ 《尉缭子·制谈》。
⑤ 乔凤杰：《谨养而治气——"武术与兵家"研究之二》，《广州体育学院学报》2006年第4期。
⑥ 乔凤杰：《谨养而治气——"武术与兵家"研究之二》，《广州体育学院学报》2006年第4期。

用的精神力量，对于战争的胜败得失，必将产生极大的影响。对于如此重要的夺人之气势，古代兵家是怎样进行培养的呢？

古代兵家对无数次的战争经验进行了总结，提出了不少行之有效的培养方式。他们强调，要培养正气，防止邪气，加强对军队的思想政治教育，使广大将士深信自己是以正义之师而行正义之战，培养将士顽强拼搏、为国死战的思想意识；要善我和气，防其离气，搞好官兵团结；要有意识训练士兵胆量，防止恐惧思想的出现；要严肃军纪，整顿军容；要激励三军，树立信心，消除一切恐惧心理；要揭露敌人的罪恶，激发全军的正义感；要注意锐不轻用，用则必胜，并能够在万一受挫时及时总结，安定军心；要不断地提醒大家，防止产生骄傲情绪；要鼓舞勇气，防备士兵泄气；要注意作战时"以逸待劳，以饱待饥"，"谨养而勿劳，并气积力"，永葆高昂士气；等等。

古代兵家认为，不但要注意培养我方军队的军心与士气，积蓄对敌作战的精神力量，还要设法"攻敌心"，摧毁对方的军心与士气，从而破坏对方的战斗力。他们提出，兵临敌阵，要大造舆论，揭露敌人的罪恶，瓦解对方的军心与民心；要在未战之前，即有意宣扬自己军队的强大、将帅的英明、装备的精良、三军的团结等，给敌军造成强大的心理压力，使敌之气失散；两军对垒，要抢先制造巨大的声势，显示我军的强大威力而使敌丧失胜利的信心与斗志；敌方进攻，我方要以精兵强将拔其头筹，挫其锐气；敌方来势汹汹，剑拔弩张，我方要避其锐气，待敌气衰而击其惰；敌方有所恃而不恐，我方要设法夺其所恃而使其气失；我方可断其后援，或断其粮道，或断其援兵，或离散其盟国，使前线敌军军心动摇；敌方远道而来，意欲速战，我方要坚壁清野，导向旷日持久而使之懈怠，然后再乘虚而击；敌军数倍于我，敌众我寡，敌强我弱，我方要引而劳之，以游击战法疲劳敌军，使其精疲力竭，无心再战；敌军内部矛盾重重，可用离间的办法使其彼此相怨、上下心离；发动敌方家属劝说敌前方将士，瓦解敌军心，动摇敌士气；等等。①

与军事战争性质相似而形式不同的武术，对于培养拳手的实战气势，提高拳手的精神力量，无疑受到了兵家的影响，也提出了许多与古代兵家性质相似而方法不尽相同的见解。在武术家们看来，加强思想教育使拳手树立正确的生死观与价值观，在平日的实战训练中有意识地培养拳手的心理素质，是培养拳手精神力量的两种重要方式。②

二　掌握主动权

1. 先为不可胜

"昔之善战者，先为不可胜，以待敌之可胜。不可胜在己，可胜在敌。故善战者，能为不可胜，不能使敌之必可胜。故曰：胜可知，而不可为。"③ 以孙子为代表的古代兵家非常清楚，战争的胜利，需要敌人给我们提供打击的机会。无论我们如何努力，只要对方在防守上不犯错误，我们是无法取胜的。然而，虽然我们无法凭主观努力而确保我军的胜利，但却可以尽可能地做到不犯错误，不给对方提供攻击的时机而确保自己立于不败之地。正是基于这样的原因，古代伟大的军事家们，在进行战前准备与战术策划时，首先需要制定一套确保自己立于不败之地的行动计划。只考虑击败对手而不懂如何确保自己不败的指挥者必定是愚蠢的。

这种以自保为前提的明智之举，是武术家们非常欣赏的。他们不但懂得在思想上确立"先为不可胜，以待敌之可胜"的战术意识，而且在不少拳种中，还专门制定了不为胜敌而只求自己在任何情况下均可立于不败之地的技战术方法，例如采莲手中就有一种"以不变应万变，不

---

① 史美珩：《古典兵略》，辽宁教育出版社，1997，第134～137页。
② 乔凤杰：《谨养而治气——"武术与兵家"研究之二》，《广州体育学院学报》2006年第4期。
③ 《孙子兵法·军形》。

求胜只求不败"专门用于拖闪对手各种攻击的万能防守步法。

2. 贵知彼知己

"故明君贤将所以动而胜人,成功出于众者,先知也。"① "知彼知己,百战不殆;不知彼而知己,一胜一负;不知彼不知己,每战必败。"② 古代兵家认为,知彼知己,乃是由"不致于人"通向"致人"的一个重要的环节。

如何做到知彼知己呢?知己乃是对己方综合实力的认真反省,这一反省虽然做起来并不轻松,但毕竟还是自己的事情。从古代兵学著述中可以得知,那些伟大的军事家们为"知彼"而采用的主要方法,大致有间谍法、侦察法和调查法三种类型。"策之而知得失之计,候之而知动静之理,形之而知死生之地,角之而知有余不足之处。"③

古代军事家们所采用的三种方式,在武术技击的实际操作中都有不同程度的落实。武术家们早已把古代军事行动中的"候之""形之""角之"等方法在技击对抗中发挥得淋漓尽致。

3. 深谋而慎战

古代兵家历来主张深谋慎战,认真策划作战的战略战术,不打无准备之仗,不打无把握之仗。他们认为,"胜兵先胜而后求战,败兵先战而后求胜。"④ "战不必胜,不可以言战;攻不必拔,不可以言攻。"⑤ "非利不动,非得不用,非危不战。主不可以怒而兴师,将不可以愠而攻战。合于利而动,不合于利而止。"⑥ "见胜而战,弗见而诤。"⑦ 他们要求,在战争的整个进程中,应该"不陉(轻)寡,不劫于敌,慎

---

① 《孙子兵法·用间》。
② 《孙子兵法·谋攻》。
③ 《孙子兵法·虚实》。
④ 《孙子兵法·军形》。
⑤ 《尉缭子·攻权》。
⑥ 《孙子兵法·火攻》。
⑦ 《孙膑兵法·八阵》。

终若始"①。

武术家们对此认识，与古代兵家没有什么太大的差别。在他们看来，怒而出击，愠而致战，疑而退却，乱打乱拼，都是技击实战的大忌。

4. 先机而制敌

兵家所讲的先机制敌，大约包括以下内容：一是抢先占据有利位置。作为一个优秀的军事家，首先必须懂得如何抢占兵家必争的战略要地。二是当自己误入险地、死地时，必须赶在敌人对我采取行动之前迅速脱离，切勿失于敌后。三是注意抢先使用诡道误敌，使敌有技无所施，有力用不出。四是夺敌之恃，夺敌之爱，抢先进攻夺取敌人的关键与要害之处，使敌失去支撑点而陷入被动。五是"武先加人者，敌无威接"，要做到"宁我薄人，勿人薄我"。在军争中先发制人，虽不是唯一可行的做法，但却确实是良好的对抗思路之一。

古代兵家的先机制敌，与其说是一种军事行动方式，不如说是一种可广泛运用于所有对抗形式的战术意识。"先下手为强"这种战术意识，早已被圆融无碍地运用于武术技击中了。

5. 藏己而掩形

藏己掩形，即是要严守各种战争情报和军事行动之"形"与"谋"。古代兵家认为，"谋藏于心，事见于迹，心与迹同者败，心与迹异者胜"②。"谋成于密，败于泄。三军之事，莫重于秘。"③ 要求"谋人而不使人知，诈人而不使人识"，以"假象"来掩盖自己的真实意图。

在武术家们看来，严格地遵循兵家的"谋人而不使人知"而造就的"呆若木鸡，面如纸灰"等超级表情，对于掩藏拳手的"形"与

---

① 《孙膑兵法·将德》。
② （唐）李筌：《神机制敌太白阴经·沉谋篇》。
③ （明）揭暄：《兵经·智篇》。

"谋"，还是很有价值的。"呆若木鸡，面如纸灰"，不会给对手提供任何有用的东西，也就使自己的真实意图深深地掩藏到了这个没有表象的表象之中。

6. 扬长而避短

兵家之道，贵制人而不制于人。"制人之术，避人之长，攻人之短；见己之所长，蔽己之所短。"① "胜利者，彼之所短，我之所长也。见利则起，无利则止。"②

史美珩先生对古代兵略中的相关内容进行了归纳总结，认为古代兵家常用以下三种方法来实现扬长避短。一是巧妙地排列组合。长短是敌我双方相对性的存在，灵活变换敌我双方之间对阵的对应关系，变相对之短为相对之长，变总体劣势为局部优势，然后以局部优势的相对多数而造就事实上的全局性优势。二是夺敌之长而使之短，即抑制敌人发挥其优势。三是诡诈以误敌。根据敌方将帅的具体情况，运用虚虚实实、真假互用等诡诈之术而达到扬长避短的目的。③

落实在中国武术中，扬长避短的思想要求人们要对己方在身体素质、技术动作、战术方法方面的不足加以巧妙的掩饰，而对其长处加以淋漓尽致的发挥。

7. 军有所不击

古代兵家强调，所有的行动必须从全局出发，认为应该"涂有所不由，军有所不击，城有所不攻，地有所不争，君命有所不受"④。在他们看来，料敌制胜，要戒于小利，然后才有可能获得更大的利益。明代黄之瑞著《草庐经略·远略篇》，认为"天下良将少而愚将多，故多狃

---

① （唐）李筌：《神机制敌太白阴经·数有探心篇》。
② （唐）李筌：《神机制敌太白阴经·作战篇》。
③ 史美珩：《古典兵略》，辽宁教育出版社，1997，第 238~239 页。
④ 《孙子兵法·九变》。

近利而遗远略也。务远略者，虽无一时可喜之功，而有制胜万全之道。不以小胜而喜，不以小败而忧，不以小利而趋，不以小害而避。洞达利害，兼览始终。"

应该说，这种原则性的思想意识，多数已经被那些聪明的武术家们落实到具体的技战术运用之中。他们非常清楚，全力以赴地躲避一个没有太大杀伤力的拳脚攻击而从主动转入被动的拳手必然是十分愚蠢的，同时，视而不见地大胆承受住对方不足以对我构成伤害的拳脚攻击而借机以重拳重脚摧毁对手的拳手也必然是非常精明的。①

三　因敌而制胜

1. 因敌而作战

孙子说："水因地而制流，兵因敌而制胜。"② "因敌"，即从敌情出发，抛弃主观武断；"因敌而制胜"，则可表现为众多的具体形式："因敌之谋而谋之，因敌之乱而取之，因敌之危而乘之，因敌之骄而卑之，因敌之意而顺之，因敌之刚而激之，因敌之怯而恐之，因敌之疑而疑之，因敌之懈而击之，因敌之大而走之，因敌之小而围之，因敌之强而避之，因敌之远而持之，因敌之急而缓之，因敌不和而离之，因敌之间而间之，因敌之锐而挫之，因敌之信而欺之，因敌之逸而劳之，因敌之智而先之，因敌之恃而夺之，等等。"③

因敌，即以敌人为依据；因敌而制胜，即以敌人为依据而制定战胜对手的战略战术。应该说，武术对"因敌"的重视丝毫不弱于古代兵家。虽然他们的专业语言多少有些简朴，甚至常常直接照搬兵家的说法，但他们在实际的训练操作与技击实战中，对"因敌"的思想原则

---

① 乔凤杰：《致人而不致于人——"武术与兵家"研究之三》，《广州体育学院学报》2006 年第 5 期。

② 《孙子兵法·虚实》。

③ 史美珩：《古典兵略》，辽宁教育出版社，1997，第 274 页。

的贯彻执行，则往往是领先于理论的。

2. 避实而击虚

"夫兵形象水，水之形，避高而趋下；兵之形，避实而击虚。"①
"夫用兵，识虚实之势，则无不胜焉。"② 大致说来，古代兵家把"弱、
怯、乱、哗、饥、劳、分、寡、不足、不虞、无备、御等等"划归虚的
范畴，而把与此相对的"强、勇、治、静、饱、逸、合、众、有余、
虞、有备、不御等等"划归实的范畴。③ 这样，所谓的避实击虚，就是
在敌人属于实的因素出现时要尽可能避开，而在敌人属于虚的因素出现
时要不失时机而迅速攻击。

"敌实我避之，敌虚我击之"，这一并不复杂的思想方法，以及古
代兵家对实战对抗中虚与实的范畴的划分，几乎全部被武术家们移植
了过来。"如人来击我，其势甚猛，我则不与之硬顶，将肱与身与步
一顺身卸下，步手落彼之旁面，让过彼之风头。彼之锐气直往前冲不
顾左右，且彼向前之气力，陡然转之左右甚不容易，我则以旁击之，
以我之顺力击彼之横而无力，易乎不易？吾故曰：克刚易，克
柔难。"④

3. 示形而误敌

"故能而示之不能，用而示之不用，近而示之远，远而示之近。"⑤
示形的目的是"动敌"，示形的方法则是多种多样的。"故善动敌者，
形之，敌必从之；予之，敌必取之。以利动之，以卒待之。"⑥ "能使敌
人自至者，利之也；能使敌人不得至者，害之也。故敌佚能劳之，饱能

---

① 《孙子兵法·虚实》。
② 《唐太宗李卫公问对·卷中》。
③ 李西川：《中国古代兵法散论》，岳麓书社，2002，第66页。
④ 陈鑫：《陈氏太极拳图说》，上海书店出版社，1995，第145页。
⑤ 《孙子兵法·始计》。
⑥ 《孙子兵法·兵势》。

饥之，安能动之。"① 示形的最高境界是"无形"，"故形兵之极，至于无形；无形则深间不能窥，智者不能谋。因形而措胜于众，众不能知；人皆知我所以胜之形，而莫知吾所以制胜之形。故其战胜不复，而应形于无穷。"②

实事求是地讲，除了一些非常具体的操作形式上的差异之外，在作战思路与战术方法上，武术家们始终与古代兵家保持着高度的一致。"指上打下，声东击西，近而示之远，能而示之不能，欲左先右，拳骗而腿击，假摔而真打"等口传俗语等，均是兵家示形而误敌思想在中国武术中的具体落实。

4. 正合而奇胜

"三军之众，可使必受敌而无败者，奇正是也……凡战者，以正合，以奇胜。"③ 奇与正，是对作战对手的心理感受的形容性描述。奇，就是我方的某种行为方式如攻击动作或防守技术使对手产生的出乎意料的感觉；而正，就是我方的某种行为方式如攻击动作或防守技术使对手产生的意料之中的感觉。这样，"以正合"就是以合乎常规的作战方式，即在敌人意料之中与其硬拼硬打。"以奇胜"，就是以反常规的作战方式击敌于不意之中。

正如虚与实一样，实战对抗中的奇与正，也是一对相对存在的概念，因为奇与正的界定，是以对方能否意料为标准的。对此人来说是正的东西，对他人来说未必是正；当一种奇的技术被对方适应以后，也就变成了正的技术；同样，一种已被对手确认为正的攻击，有时却能够达到意想不到的奇的效果。例如，大成拳中所讲的以实打实，其实就是一种技击实战中的以正为奇的逆向思维。④

---

① 《孙子兵法·虚实》。
② 《孙子兵法·虚实》。
③ 《孙子兵法·兵势》。
④ 乔凤杰：《因敌而制胜——"武术与兵家"研究之四》，《广州体育学院学报》2006年第6期。

第二节

道家思想

道家①的"无为、无待"等观念，是一种出世性质的做人智慧，被武术人吸纳为武术道德中的重要观念。道家的"示弱"等观念，被武术人吸纳为其重要的对抗策略与为人技巧。道家之"复归于无极"的基本思路，被作为武术之超级心理训练的根本原则，为武术的内练提供了独到的思路；道家的养生技术与养生理念，已分别被某些拳种吸收改造成了内功功法与内练理论，为武术的内练提供了具体的手段与依据。②

一　无为

无为，是一种明智而宽厚地对待他人他物之做事方式的良好心态。无为的实质，就是不对他人他物做事的方式进行任何的干涉，一切都任他人他物之自然。

无为，源于《老子》一书。对无为最简捷的解释，就是所谓的"辅万物之自然而不敢为"。辅万物之自然，就是顺应万物之本性，就是顺应天意、顺应民心、顺应命运、顺应社会、顺应时局、顺应时势；不敢为，就是不敢乱为，不敢强为；辅万物之自然而不敢为，就是一切

---

① 需要说明的是，这里所谓的道家，是对先秦老庄道家、两汉黄老道家、创建于东汉末年的神仙道教等的统称。以道家统称这一学派系统，并没有学术鉴定的意思，而只是为了行文的方便。

② 乔凤杰：《复归于无极——志同道合的武术与道家》，《山东体育学院学报》2006年第4期。

都顺应万物（包括人自己在内）的本性，不矫揉造作，不乱为，不强为。用现代的话说，无为，就是尊重与信任万物，顺应万物的本性，遵循万物自身的发展规律，抛却一切矫揉造作、自我傲慢、主观臆断、自作聪明、横加干涉等心态与行为。无为的核心，乃是对于万物之本性的尊重与信任；无为的结果，乃是顺应万物之自然。无为而顺应万物之自然，要求我们必须尊重事物的本性，顺应事物之自然，不矫揉造作，不自作聪明，不强为，一切都按照事物发展的客观规律办事。在现实生活中，与无为相对立的，乃是那些不顺应万物之自然的矫揉造作与武断妄为。

世间万物，都有其各不相同的本性；世间万物的发展，也自有其不尽相同的客观规律；世间任何人，都有适应环境、适应生活的能力，也自有其处理好自己事情的能力。不难理解，理解与信任他人，尊重万物之本性，遵循万物之客观规律去做事，必然是最为理想的方式。以无为的态度对待他人及万物，尊重与信任他人，是对自己心中存在或可能出现的那些不顺应万物本性去做事的思想意识的彻底废除，是对他人潜能最大程度的发挥，也是对万物价值最大程度的利用。无为，信任他人，顺万物之自然，将使他人获得最佳的做事效果，使自己获得最为充分的精神自由。

人类在与自然界的磨合相处当中，自己对待自然界的思想意识经历了一个从茫然到敬畏、从敬畏到融合、从融合到自以为是的不断变化的过程。在这个不断变化的过程当中，人类的自我意识越来越重，直至发展到不少人身上已经出现了非常严重的自我中心主义倾向。自我中心主义意识的不断加重，使得不少人不但不会把外界事物放在眼里，而且也不会把自己之外的他人放在眼里。在这些人的心目中，人定胜天，我的能力高于一切人，他人做事的方式应该听从我的安排。自我中心主义的极度泛滥，个人私欲的极度膨胀，使得"武断妄为、盲目干涉"等行为意识成为一个不可轻视的社会现象。自我中心主义思想的泛滥，使得不少武术人之间相互轻视与相互贬低，使得不少武术人之间失去了相互尊重与相互理解，自然也使得不少武术人失去了心灵的宁静与安逸。正是这种状况的存在，来自传统道家的无为思想成为武术道德的必然性就显得非常易于理解；也正是这种状况的存在，作为武术道德的无为思想对武术人的价值意义也就显得非常重大。无为，本就是对自己身上存在的自我中心主义意识与权力意识的彻底废除，本就是对个人私欲的彻底废除。当然，无为更是对他人他物之本性与能力的尊重与信任。

无为，不是消极，而是尊重；不是什么都不可以做，更不是对他人他物的完全冷漠，而只是提醒人们对他人他物不可以强为、妄为，更不可以对他人他物的行为横加干涉，而要顺其自然。在我们积极工作的时候，我们应该切记无为的告诫，在顺应自然的前提下，你可以竭尽全力，奋力拼搏。当你面对重大困难的问题时，你需要做的，应该是顺其自然与竭尽全力，而不应该是自以为是或消极放弃。作为一名武术教练，在训练与教育自己的弟子时，你可以关心他与爱护他，但却决不可以自以为是地强制他，即使你强制他的目的完全是为了他自己的良性发展。

在《老子》中，无为，是为了"无不治"，是为了"无不为"，因此从某种意义讲，《老子》讲无为，更大程度上是把其作为了一种极具管理意义的聪智的方法论。我们在这里谈无为，固然也有方法论的性质，但是我们更为侧重的是其本身所固有的超脱意识。在我们看来，作为一个武术人，无论是对自己的弟子还是对那些素不相识的人，无论是对人还是对物，无为，其对于他人他物之自然的顺应，都将使你获得精神上的充分自由。

二　无待

无待，是一种明智而宽厚地对待他人他物未来待己方式的良好心态。无待的实质，是不期待，是不对他人他物未来待己方式产生任何的期待，具体地讲，就是不依赖他人他物对我有任何帮助，不苛求他人他物对我有任何理解，不介意他人他物对我进行任何无礼行为与伤害事故，心态平静地面对他人他物的一切处事方式。

人的生存发展，除了自己的努力之外，常常需要借助诸多外在的条件，如各种客观的生存环境、他人他物的支持与帮助等。现实中，人们常常要主动地尽可能多地寻求外在条件的帮助，以提高自己做事的效率，然而同时，人们对外在条件的期待与依赖越强，人们失望与烦恼的概率也就越高。既要提高做事效率，又要摆脱失望烦恼，乃是所有人都必须面对的一个重要问题。怎么解决这一重大问题？中国古人告诉我们，要无待。

无待一词，源于《庄子》。在《庄子》中，待，为依赖之意；无待，意为不依赖任何外物的帮助。在庄子看来，几千里大之鲲鹏，虽可以"抟扶摇直上者九万里"，但"欲逍遥而行，必以凭借海水奔腾，挟起数万里云气，御之"，算不上是真正的自由；列子御风而行，潇洒超然，但一旦风行而止，则不得不停下他逍遥的脚步，也算不上是真正的自由。在庄子看来，只有无待，只有不依赖任何外物的行为，才能算得上是真正的自由，才是真正的洒脱。

《庄子》之后，无待的含义有所变化，从"不依赖"渐渐扩展为"不期待"。依赖，本身就是一种期待，是一种很深层次的期待，但却不能包括所有层次的期待。无待的含义从"不依赖"扩展为"不期待"，即从很深层次的不期待扩展为所有层次的不期待，表明了后来中国古人对于精神超脱的更为向往。古代先贤告诉我们，无待，即无所期待，不依赖他人他物的任何支持，不强求他人他物的任何帮助，不苛求他人的任何回报，不介意他人的任何非议与攻击，不期待他人的任何恩赐，靠自己的能力去做自己可以做到的事情，将会使自己永远保持轻松愉快的精神自由。

作为一种武术道德，无待要求所有的武术人做任何事情，都不要对他人他物心存依赖，都不要期待他人他物能够给予自己多少帮助，哪怕是我已经对这些他人他物付出了很多心血与努力。依靠外力，依靠他人他物的帮助，人固然可以做很多事情，但是人一旦对他人他物形成依赖，人也就会被这些外在的人或物所束缚、所控制；对他人他物心存希望，固然会为自己的生活增添不少的动力，但同时也大大增加了因失望而痛苦的可能性。他人他物的支持与帮助，可以让你在做成一些事情的情况下获得短暂的快乐，但是你切不可以从此而对外来的支持与帮助产生依赖，甚至不可以对其心存任何程度的期待，因为就在你对其心存期待特别是心存依赖的同时，你已经被其牢牢地控制住了。

无待，将使你的生存发展不会受制于任何他人他物，将使你对他人他物的任何方式在任何时候都不会失望，将使你永远平静与幸福地接受人们对你的奉献以及任何方式的回报，将使你进入一个永远平静与幸福的精神境界。作为一种武术道德，作为一种人生智慧，无待号召人们做任何事情都要完全依靠自己，不要对任何他人他物抱有任何的幻想，不要对任何他人他物心存丝毫的期待。我们必须明白，外在的他人他物永远是没有错的，错的只是你自己不能控制自己。你的生存发展不依赖任何外物，你对他人的奉献或付出不期望有任何回报甚至不期望有任何理解，你就彻底轻松了，也就彻底自由了。当你有所期待的时候，就必然会有让你失望的可能性；当你无所期待的时候，你就不会再有任何失望，也就不会再有任何心理上的不平衡。

作为一种聪慧的心态调控方法，无待的结果，乃是接受他人他物的一切做法与一切状态，接受他人他物可能做出的一切事情，一切都依靠自己。无待，并不是对所有外来帮助的无情拒绝，而只是不在心里存有任何期待，不对其产生任何的依赖心理；无待也不是对所有正常回报心灰意冷，而只是不让自己存在施恩求报的渴求心理。无待应该是这样的一种心态：在任何时候，任何情况下，做任何事情时，没有外援、没有支持、没有依赖、没有凭借、没有回报，都属于正常现象；在任何时候，任何情况下，做任何事情时，得到任何的外援、得到任何的支持、得到任何的依赖、得到任何的凭借、得到任何的回报，都属于意外的收获；不可以期待任何外来帮助，但也不拒绝任何外来帮助，对所有外来帮助，我们都应该心存感激。

三　示弱

老子告诉我们，"反者道之动，弱者道之用"①。示弱，是道在具体事物中的落实，是道在现实生活中的具体表现，即在行为表现上保持柔弱姿态。道之示弱，是由本而显现的末，是由道而发出的道家方法论，是道家思想在方法论层面提供的可供武术参考与借鉴的主要内容。武术的发展史实表明，示弱作为老子道家的方法论或原则性方法，对武术实战战术与为人策略均产生了深远的影响。②

与道相比，示弱的方法论，已经走向了现实；然而，无论如何，作为一种方法论，毕竟还不能等同于具体的方法。老子针对不同领域、不同事物的论述，其主张的具体方法并不是完全相同的。自然，把老子的各种具体方法划归为一种，是不符合老子原意的；但是，透过这些方法，我们却不难发现老子所主张的这些方法的基本思路，即老子的方法论。在老子的思想体系中，示弱的方法论，乃是道在现实中的具体表现；然而，在经验的范围内，我们同样可以做出这样的推测，所谓的示弱完全可能是从万事万物的存在方式如"大智若愚""不争"等当中总结出来的。当然，无论如何，示弱必然都是老子提供给人们在处理具体事物时的操作方法的指导原则。

示弱，必然要对人的欲望有一定程度的限制。因此，有人认为老子的示弱与佛教的禁欲性质相同，只是程度不同而已。其实，两者是有质

①　《道德经》，第四十章。
②　乔凤杰：《反动与弱用——武术与道家的方法论会通》，《山东体育学院学报》2006 年第 3 期。

的区别的。佛教是在信仰的号召下，以摆脱欲望的束缚为自由，以实现自己对心灵的自我控制为幸福，其最终目标是要彰显超验心。佛教对欲望的摆脱，实质上已发生了人生目的的转变。① 而老子的示弱，虽然也有对欲望的限制，但却是一种为保护自己而对人的生命规律的遵循，其最终目标仍是要保护自我。老子的示弱，并没对入世的人生目的进行改变，而只是一种以弱制强、以柔克刚的策略。在理解老子思想时，必须对这一点加以注意。

示弱，乃是通过个人对自己行动方式的适当限制，对自己身心实施了有效的保护，从而使人永远处于幸福状态。可以认为，示弱乃是在珍爱人生命的基础上，立足于个人的幸福，通过对个人生活方式的自我控制，使自己在生活中永葆心灵的宁静与心理的满足。当人的欲望受到压抑而无法解除时，老子的这种心灵自控术，即使是最自私的人也是愿意接受的，因为对它的检验，不是靠信仰而是靠效果。②

示弱的现实表现，一是低调，不张扬；二是谦虚，不争强；三是以德报怨。低调，不张扬，才不会招来大家的羡慕嫉妒恨；谦虚，不争强，才不会为自己树敌积怨；以德报怨，看似愚笨吃亏，实则是大智若愚，在为自己化解矛盾的同时，消除了自己的仇恨意识，从而使自己的生活中少了佛教所说的一毒——"嗔"。

老子的示弱，讲的是为人处世时的基本表现与现实心态。它既是个人修养的一种自我要求，更是为斗争中的出其不意做准备。因"国之利器不可以示人"，为了隐藏自己的实力，所以必须示弱。从这个意义上讲，它也是一种斗争的谋略，是一种可使自己立于不败之地的自保策略。示弱只是一种表象，是外柔内刚、阴阳平衡中对弱的一极的表现。因此，它其实也是一种非常阴险的武术对抗谋略。

---

① 乔凤杰：《反动与弱用——武术与道家的方法论会通》，《山东体育学院学报》2006 年第 3 期。
② 乔凤杰：《论老子思想的方法论性质》，《中州学刊》2003 年第 3 期。

许多武术学者认为，老子的示弱策略，强调的是后发制人。笔者认为，这是对老子的误解。后发制人固然是一种示弱形式，但是示弱绝不仅仅指后发制人。老子的示弱，只是隐藏自己的实力。即使是"欲夺固予、欲进固退"，也只是为了保持自己的相对弱态。至于具体的斗争方式，老子只是提醒，要"图难于易，为大于细"，注意抓住时机，制敌于真正的弱小之时。老子强调的是示弱的基本状态及"为大于细"的不失时机。因此，单就争斗的具体方法而言，老子并没有反对主动进攻。

"两军相遇勇者胜"本是指作战时对作战者之胆略与气势的一种激励，然而在老子那个时代乃至现代的许多人，却把此作为作战者狂妄自大、盛气凌人的根本依据。实际上，示弱与勇猛是不矛盾的。示弱，乃是一种引进落空，既是对自己实力的掩藏，更是对对方劲道的掌握。它并不是一种胆怯，而是一种训练有素的自信与镇定。我方的示弱只是为了掩藏自己、掌握对手，而与我方的勇猛作战没有丝毫矛盾。当然，就其本质而言，示弱既是一种掩藏与掌握，也是一种和善与谦让。在示弱中，我可与友善交，也可与敌对抗；我可防守反击，更可突然猛攻。示弱的策略是辩证的、全面的，因而也是非常高明的。应该说，崇尚道家示弱策略的武术，其思想是比较深刻的。其"大智若愚"的做人原则与"以柔克刚"的技击原理，绝不能说与道家示弱思想没有任何关系。①

四 复归于无极

1. 理路

"知其雄，守其雌，为天下溪；为天下溪，常德不离，复归于婴儿。

---

① 乔凤杰：《反动与弱用——武术与道家的方法论会通》，《山东体育学院学报》2006 年第 3 期。

知其白，守其黑，为天下式；为天下式，常德不忒，复归于无极。知其荣，守其辱，为天下谷；为天下谷，常德乃足，复归于朴。"① 在老子看来，道是一种超验的潜在智慧，而人生最明智之举，是复归于道，也就是复归于所谓的婴儿②、无极、朴。我们这里选用其最容易理解的"复归于无极"。无极，即无化到极点的状态。③

无，即没有任何的造作私为与偏执成见。它既可以表示去除造作私为与偏执成见的过程，也可以表示去除造作私为与偏执成见之后的主体境界。道，乃是去除一切造作私为与偏执成见以后，在没有任何造作私为与偏执成见的境界中显现出来的超验心。既然"天下万物生于有，有生于无"④，"无化"之后显现出来的道乃是天地万物得以正常生长、发育、衰落、死亡的根据，那么这种"无化"之后显现出来的道，自然就是最完美的有。从这个角度讲，道既是无也是有，乃是无与有的统一体。说道是有，强调道是最完美的有，只是为了表明道对于人类的现实意义。

以道为终极目标，倡导"复归于无极"，强调在具体的生活实践中超越方法的局限而体悟道的存在，乃是一种内向性的思想逻辑。这种独特的"术以道为目标"而不是"术以知识理论为依据"的思想逻辑，体现了中国古人对技术训练与实践技巧的艺术追求。"术以道为目标"，是一个内向的、体悟的、经验的、超越的过程；而"术以知识理论为依

---

① 《道德经》，第二十八章。

② 对老子所说的"复归于婴儿"，不少人提出质疑。在他们看来，婴儿是一种没有开化的粗糙的生命状态；老子提出"复归于婴儿"，必然是向人类愚昧状态的回归。笔者认为这是对老子的极大误解。老子所说的婴儿，乃是特指人在没有进入经验思维之前已经存在超验心的状态。因为，任何成人都是经验思维的人，而没有经验思维的婴儿，才是超验心的人。此婴儿与成人的划分，不是以年龄为依据的，而是以是否存在经验为界线的。自然，老子所说的婴儿，是我们这些普通的经验思维人所不能见到的。婴儿是一种本来的、最高级的生命状态。

③ 乔凤杰：《反动与弱用——武术与道家的方法论会通》，《山东体育学院学报》2006 年第 3 期。

④ 《道德经》，第四十章。

据"，则是一个外向的、分析的、理性的、逻辑的过程。因此，中国古人在处理各种具体事物的过程中，虽也不乏对方法手段的关注，却很少会对这些具体方法进行静态的、逻辑的、对象化的研究，因为在中国古人的心目中，最合理的方法手段绝不是抽象与分析的结果，而只有"复归于无极"，复归于道，才进入了方法手段的最高境界。老子道家对道孜孜不倦的追求，是为了获得圆满生活的智慧，是为了圆满地处理好生活实践中的各种问题；同时老子道家对道的彰显，又坚持要在具体的践中得以完成。道是最圆满的术，道又是在对术的修炼中得以彰显的。无论是专门的"致虚极，守静笃"的"为道"修炼，还是日常的生活实践中以"道进乎技"为指导的"为术"，从形式上看，其实都是"为术"，却又都以"为道"为终极目标。①

　　老子思想对道的高度重视以及对道显现之状态"无"的反复强调，是可以推广到任何领域与任何事物中的。自然，老子对道的高度重视，特别是对道显现之状态"无"的反复强调，对于武术来说，意义是十分重大的。从武术的角度看，道即是人的潜在本能，即是武术运动的最高境界；无则是对人潜在本能显现之状态的描述。对道的崇尚，即是对无的向往；而对无的向往，其实就是对习武者实践心态的一种至关重要的要求。

　　老子的这一聪明睿智，对于武术运动来说，具有非常清晰的指导意义。靠人为造作的定用之招法，是不能适应瞬间万变的搏击实战的。武术搏击的过程，是一个顺势而为、因敌而制胜的过程，绝不是单靠个人的设想与造作所能应付得了的。保证武术搏击的胜利，掌握搏击实战的主动权，自然需要能够随机应变的无限妙用之智慧，而不是有限的僵化的招法手段。因此，以无的心态对敌，更确切地说，具备临敌而无的心

---

　　① 乔凤杰：《复归于无极——志同道合的武术与道家》，《山东体育学院学报》2006年第4期。

理素质，对于武术搏击来说，是至关重要的。李小龙所讲的"以无法为有法，以无限为有限"①，本就是这种无的思想的现代表述。对李小龙来说，真正的有法，乃是无之法；真正的有限，乃是无之限。

作为一个概念，老子道家的无，是非常简单而不难理解的，然而作为一种思想，其价值却是无法估量的。这种思想，其实也是武术在养生、武德等方面的基本心态。老子道家的无为智慧在武德修养方面的具体表现，以宇宙的必然为人类的自然，以人类的自然为个人的应然，将习武者带入一个可以获得无限心灵自由的精神境界中，自然而然，无待而逍遥。老子道家之无的思想在武德方面的积极意义是不可小视的。

"复归于无极"，这一源自道家的思想观念，是武术家们坚信不疑的理想归属。因此，虽然武术家们在具体实践中对各种技战术与武德规范等的学习与研究投入了大量的精力，但是武术家们却从不敢忘记"为术以悟道为最终目的"，力争在"为术"中达到无的境界而体悟道的智慧。②

"复归于无极"，凸显了道家思想的超越追求。在武术中，"复归于无极"的目标设置，不但使武术出现了独特的"为道"功法，而且更重要的是，它使所有的"为术"都演变成了"为道"的外在形式。"复归于无极"的训练思路，使武术的习练者在运动实践中更为重视本能开发与内在超越，注意排除人为设计与造作，自然也就轻视了运动技术的知识化与逻辑化。因此，武术的习练者多表现出了含蓄、谦虚、圆活而鄙视体系思维的技术特征。

2. 实践

在后期道教以长生术为主轴的炼养系统中，道士们用自己的生命实

---

① 魏峰：《截拳道》，北京体育学院出版社，1992，第 2 页。
② 乔凤杰：《形上的引导——老子道家的道与传统武术的超越追求》，《山东体育学院学报》2006 年第 2 期。

践，为后人留下了许多宝贵的资料。① 道教的炼养系统，以老子道家的思想理论为依据，全心致力于对人的生命的维持与养护，是一个庞杂的炼养技术体系。道教炼养的主要方式乃是修炼者对身心的自我调控、养护与开发。这也是一种与生活方式有着严格区别的技术性实践，它"能够让个体通过他们自己的手段在自己的身体上、灵魂上、思想上和行为上施加一定数量操作的技术，而这样做是为了改变自己、形塑自己，以获得某种完美的状态、幸福、净化以及超自然的力量"②。作为一种技术性实践，道教炼养自然有其成熟的技术体系。正是这些成熟的炼养技术与炼养理念的植入，影响了包括武术的训练方法、技术特色、价值理性等在内的多个层面。

道教对生命的研究，已不仅仅是玄妙的思辨，而是建立在非常系统而又颇具特色的对生理、心理的认识基础之上的。成熟的道教炼养家在思考生命时不但提出了精、气、神的范畴，而且提出了元神与识神的范畴。"夫神者，有元神焉，有欲神焉。元神者，乃先天以来一点灵光也；欲神者，气禀之性也。元神乃先天之性也，形而后有气质之性，善反之，则天地之性存焉；自为气质之性所蔽之后，如云掩月。"③ 在道教炼养家看来，识神，又被称为欲神、后天之神等，乃是气禀之性，也即牟宗三先生所讲的"材质之性"；而元神，又被称为阳神、真性、先天之神等，其实就是所谓的道，乃是先天以来的一点灵光，是人的内在潜质，是一念未生时未被各种纷繁意识与情绪活动所扰乱的寂定心体。自然，"为道"就是养元神，即是对这一寂定心体的养护。"忘情去欲则心虚，心虚则气住，气住则神清，神清则德合道生矣……修行之人，澄

---

① 本来，道教炼养追求的是长生不死，这很难令常人信服。然而，道教对长生不死技术的不断摸索与实践，倒是为人们留下诸多有益养生健身的思想理论与方法技术。这正是能够得到社会认可的重要前提，更是其能够融入武术的重要前提。

② 〔法〕米歇尔·福柯（Michel Foucault）：《性与隐修》，载杨立华：《匿名的拼接》，北京大学出版社，2002，第13~14页。

③ 陆国强等：《道藏》（第4册），文物出版社，1988，第364页。

其心而神自清……洗心对越，乃万物之根蒂。经云：心生则性灭，心灭则性现也，心灭者是宝。经云：诸贤先求明心，心本是道，道即是心，心外无道，道外无心也。"[1] 在道教，道即是心中的性，性即是心中的元神。道教的"为道"，即是修心、养性、养元神等。世俗之心的灭除乃是作为本心、本性这一元神显现的前提与基础。

道教坚信，通过一定的方式进行修炼，去除各种世俗的欲望，"损之又损，以至于无为"，使潜藏于自身的道即元神得以显现，使这种生命的原始动力正常发挥作用，即人可以长生不死。当然，除虔诚的道教徒外，很少有人相信人会长生不死；但是，毋庸置疑的是中国古人又实实在在地从道教这些企盼长生不死的"为道"修炼中，感受到了其中所寓含的炼养价值。因此，才使那些包括武术在内的注重功利的世俗领域吸纳道教的炼养技术成为一件真正有意义的事情。

虽然道教炼养有先命后性与先性后命的争论，然而几乎所有的道教门派都主张性命双修。在道教的炼养中，修性是以彰显元神、恢复生命的原始动力为目标的，然而道教的炼养并不仅仅关注修性。在道教看来，生命既已形成，对元神的彰显固然重要，可对形体的养护也是不可轻视的。在道教的炼养体系中，形的地位自然不能与神相比，但却也是道教炼养所关注的重要内容。修性，彰显人的潜能，恢复生命的原始动力，固然是本质意义上的修炼；然而，我们又必须承认，对道的彰显，又绝不是一件十分简单的事情；如果在道得以彰显之前就已使我们的形体得以损坏，那么再高明的修道技术都将无济于事。这样，修命，从道之子着手，以合理的修炼技术养护形体，并在这种对形体的养护中体悟道的存在，虽非顿法，但也不失为一种现实而明智的选择。无论是从母的层面着手修炼，还是从子的层面着手修炼，以道为终极目标，都可以使"复归于无极"这一颇具中国古代特色的修炼原则得到贯彻。

---

① 陆国强等：《道藏》（第 25 册），文物出版社，1988，第 808 页。

守一法，存思术，内视术，胎息术，内丹术，导引术，等等，乃是道教开发人超验潜能与养护人形体生命的重要技术。这些被道教作为长生修炼手段的炼养技术，以及其所内含的炼养理念，都对武术产生了或大或小的影响。这些炼养技术对武术的影响，主要表现在两个方面：一方面很多炼养技术被直接引入武术功法体系中成为其重要的功法内容；另一方面这些炼养技术所内含的思想意识，被某些拳家们改造为武术训练的指导理论。①

第三节
佛家思想

佛教与做人有关的思想观念，如无执、无痕、不动心等，被武术人吸收变成武术人的道德观念；佛教禅修的基本思想自然而然地成为武术内练的终极指导理论，同时佛教禅定的众多方法也被武术吸纳改造成为其重要的内功功法。

一　无执

无执，是一种明智而超脱地对待自己所做事情的心态。无执，是典型的佛家概念，是典型的佛家观念，其本意是说，在做事时不能有任何执著。无，即没有，即废除；执，即执著，是一种以自我为中心在做事中执意要如此怎么样的固执心态。在现实中，执著，常常表现为一种非要做什么事情、非要以某种方式做事情或非要达到做事目的的心态；无

---

① 乔凤杰：《复归于无极——志同道合的武术与道家》，《山东体育学院学报》2006 年第 4 期。

执就是要废除掉人们心中存在的非要做某件事情、非要以某种方式来做事情或非要做成某件事情的执著意识，即废除掉那种非要做什么事情、非要以某种方式做事情或非要达到什么做事目的的固执心态。

所有的执著，都是一种沉重的思想包袱，都会给自己带来意想不到的烦恼，而摆脱烦恼的最佳方式，就是无执。武术的技击特性，使得武术人的执著相对其他人群或许会更多。这就使得无执这一来自传统佛家的武术道德对于武术人的作用与意义更为重要。当你无执时，你将可以接受自己功夫进展的任何状态，你将可以接受技击竞技中的所有胜败得失，你将可以接受套路演练中的任何回应，你将可以接受事情发展的所有方式与状态，自然你也将获得充分的精神自由。

佛家已经告诉我们，无执的结果，乃是随缘，而要做到随缘，首先必须承认万物之间缘分的存在，尊重万物之间的缘分。武者要想成为一名举世瞩目的武术家，就要认真学习，刻苦练功，个人的努力完全可以由自己把握，但是能不能成为举世瞩目的武术家，则不是完全由自己决定了的；很想结识那些德高望重、功夫深厚的武术家们，想不想交，去不去努力，固然在我，但是能不能交往，能不能交往下去，能交往到什么程度，能够以什么样的方式交往，则不是完全能由自己决定了的；做任何事情，做与不做，固然在我，但是这件事情能够以什么样的方式来做，能不能做成，能做到什么程度，也不是完全能由自己决定了的。因此，废除一切执著，一切随缘，保持乐观的态度，追求自己想追求而又能够追求的目标，交自己想交而又能交的朋友，做自己想做而又能做的事情，既能接受已经出现的现实，又能不去计较将要出现的现实，必然是一种非常明智的做法。

无执而随缘，是佛家告诉我们的大智慧，是聪明而幸运的武术人从佛家移植过来的武术道德。无执并不会影响做事的进度，更不会影响做事的效果，但却可以让人保持愉悦的心情，何乐而不为呢？更何况，一般情况下，无执的心态还会提高做事的效率。无执，并不是要让人无所事事，只是告诉人们做事不应该只考虑个人的自由意志。无执，是要废除掉人们心中的自我中心意识与盲目自大意识，是要废除掉人在情感上对于做事内容、做事方式与做事结果的一切执著，让人们抛去一切思想包袱，轻装上阵，只管去做自己愿意做也可以做的事情，只管朝着自己的目标去努力。无执，实质就是"废心劳形"，并不是不让你有任何的目标与理想，更不是不让你做任何事情，而是不让你有执著之心，不让你在心理情感上有任何的包袱。这是因为，做事的进度与结果只与你的"劳形"即你的努力工作有关系，而与你在心理情感上是否执著于它没有丝毫关系。毫无疑问，这是一种非常明智的做事心态。"不废除执著之心"的"劳形"，特别是"只有执著之心而不劳形"，只会给你带来很多痛苦，而对做事本身没有任何益处；而"废除执著之心"的"劳形"，则会使你在做任何事情、以任何方式做事情、做事情取得任何结果之时都保持心态平静。

二 无痕

无痕，是一种明智而洒脱地对待自己所做过的事情的心态，是对"雁过无痕"一词的简称。雁过，即大雁飞过；无痕，即没有痕迹；雁过无痕，是说大雁飞过以后不会留下任何痕迹。雁过无痕，本是对一种自然现象的客观描述，在这里，已经被转换成一种指导人们洒脱地对待过去事物的思想观念。作为一种思想观念，雁过无痕，是在告诉人们，当你做完一件事情的时候，就不要再去考虑你在这件事情中的得失、胜败、荣辱等，更不要因已发生过的事情的得失、成败、荣辱等而欢喜烦恼，而应该像大雁在天空飞过不留任何痕迹一样在自己心中不存留任何东西。对做过的事情进行一些简要甚至深入的总结，常常是很有意义的，但是对于这件事情中的得失、成败、荣辱是没有必要在情感上再去在意的，因为事情已经过去，过去的事情中的得失、成败、荣辱已经不可改变，而且过去事情中的这些所谓的得失、成败、荣辱也是瞬间即逝的，沉湎于事情中的得失荣辱之中，甚至是斤斤计较，只会影响自己的情绪，影响到自己的身心健康，影响到以后做事的效果与效率，而对事情本身没有任何积极的意义。

无痕，是一种源自于佛家的思想观念。佛家告诉我们，世间万物皆是因缘和合的产物，缘聚则有，缘散则无。既然世间万物均是因缘和合的产物，那么这些因缘和合的世间万物，也就必然处在永恒的变化当中而没有永恒不变的本质。既然世间万物包括我们自己都不具备永恒不变的本质，那么我们也就没有必要去在意那些已经发生过的事情，更没有必要去在意自己在那些已经发生过的事情中的得失、成败、荣辱。这可能就是雁过无痕这种思想观念的逻辑推理过程。

人生在世，总要不断地做一些事情，自然难免在这些事情当中出现所谓的得失、成败、荣辱。在现实当中，多数人处理这些所谓的得失、成败、荣辱的方式，常是情感化与情绪化的，常会因这些所谓的得失、成败、荣辱而出现频繁的喜、怒、哀、乐甚至是自己无法承受的大喜大悲。对于感性的人来说，面对得失、成败、荣辱而出现频繁的喜、怒、哀、乐甚至是无法承受的大喜大悲，是再正常不过的，然而我们又无法否认，这些频繁的喜、怒、哀、乐甚至是无法承受的大喜大悲，毕竟又是一种十分沉重的精神负担。人很难被困难的事情所击倒，却很容易被自己的情绪所击倒；人最可怕的对手不是任何其他人或其他事物而正是他自己。真正聪明的人，就应该能够做到心中无痕地对待过去发生过的一切事情，从而处理与控制好自己的情绪，也就是消解掉自己的不良情绪。

作为一名武术人，其练习武术的目的，无非是想通过对武术技能的掌握来增强自己的实力，从而达到让自己快乐的目的。也就是说，练习武术的目的，应该是为自己服务，应该是让自己快乐。但是，现实当中，不少武术人对于竞技胜败过分关注、对于套路演练成效及观众评价过分关注、对于自己功夫长进程度过分关注、对于自己在武术界的声誉与地位过分关注等，却常常让这些武术人无法快乐起来，甚至成为这些武术人的一个十分沉重的包袱。雁过无痕，这一来自于佛家的武术道德，对于根治武术人心中的不良观念，调控武术人的心理状态，显然是十分有用的。心中无痕地对待过去发生过的一切事情，对于武术人的健康发展来说是十分重要的。因此，我们才更加意识到无痕这一佛家智慧对于武术人的重要意义。

事情已经发生，事情已经过去，就不要再去想它，就不要再让它来干扰你平静的生活。大雁经常会从天空飞过，但是无论天空曾经飞过多少大雁，都不会在天空中留下任何痕迹；包括武术人在内，所有的人都要经常做事情，所有的人一生都要做很多很多的事情，最明智最洒脱的办法，就是让这些被做过的事情像天空飞过的大雁一样，不要在做事人心中留下任何痕迹。作为一种武术道德，作为一种传统文化，对古代中国人影响至深的无痕，处处闪烁着智慧的光芒。

无痕，作为一个概念，或许并不会被多数的古代中国人特别是武术人所了解，然而作为一种思想观念，其对于包括武术人在内的古代中国人的影响则是显而易见的。直到现在，中国武术人对于失败与挫折的承受能力一直是非常强的。毫无疑问，这与无痕这一思想观念的深远影响是有着十分密切的关系的。"事情过去了就不要再想它了""胜败乃兵家常事""人死不能复生""卸掉包袱轻装上阵""脑袋掉了碗大的疤""十八年后又是一条好汉"等，这些挂在老百姓口头上的习惯用语，本身就是无痕这一思想观念在现实生活中的具体表现。

三　不动心

不动心，是佛教的一个重要观念，其基本含义就是在遭遇任何性质、任何形式的外在刺激时，都能够不为所动，保持平静的心态。

对于不动心，更形象的说法就是所谓的"八风吹不动"。"八风"，即"利、衰、苦、乐、称、讥、毁、誉"。"利"即顺利成功，"衰"即坎坷失败，"苦"即人生痛苦，"乐"即人生快乐，"称"即当面赞美，"讥"即当面讥笑，"毁"即背后诽谤，"誉"即背后赞美。"八风吹不动"就是在遭遇"利、衰、苦、乐、称、讥、毁、誉"这八种不同性质的外在刺激时，遭遇生活中出现的顺利成功、坎坷失败、人生痛苦、人生快乐等和他人的当面赞美、当面讥笑、背后诽谤、背后赞美等外在刺激时，不以物喜，不以己悲，能够保持心态的宁静。

　　人们常常会抱怨生活中的各种不公平，人们也常常会抱怨他人对自己各种形式的攻击，人们更常常得意于自己的种种成就与功名利禄。人们常常会说，是生活中的某些事情，是生活中的某些境遇，是生活中的某些人物，使自己烦恼不断。但事实上，在这个世界上没有什么东西是值得人们抱怨的，更没有什么东西是可以造成自己烦恼的。人们常常抱怨的东西，并不一定会对人们造成影响；人们所有的烦恼都来自于自身，都来源于自己的心态。"利、衰、苦、乐、称、讥、毁、誉"是永远都不会消失的，但是它们对于人的心理影响，却并不是必然的。我们要明白，处在"利、衰、苦、乐、称、讥、毁、誉"等各种各样的外在刺激中，是人的生活常态，我们是没有能力完全把其完全消除掉，或者选择性地消除掉的，但是人却有能力消除掉这些外在刺激对我们内心造成的不良影响。烦恼，是因为心动；不动心，则八风吹不动，任何刺激都不会在你心中起作用，自然也就永远都不会产生烦恼。

　　不动心、"八风吹不动"不仅是武术人的一种道德观念，更是武术人在技击实战与套路表演时的一种理想化的心理自控手段。不动心，心态平静，不但让自己没有烦恼，还会使自己的能力发挥到极致，自然也会使自己的各种武术活动取得最理想的效果。

　　一个真正的武术人，是不会计较自己的生活境遇的，也是不会计较自己的胜负、名利、得失的。然而，在现实中很多武术人，却似乎比较其他人更加看重这些。在生活中，我们经常听到的各种悲伤、各种绝望、各种嫉妒、各种抱怨、各种愤怒、各种狂傲、各种得意等，其实都是"动心"的结果。

不动心，最直接的效果就是可以让自己在遭遇任何外在刺激时，都能够保持心态的宁静。这种在任何外在刺激面前都能够保持的心态宁静，不仅有利于自己的身心健康，而且有利于高效地完成自己的工作任务。对于武术人来说，不动心首先是在养生，其次是练好与用好武术技能的重要前提。

四　转识成智

1. 禅修

在佛教看来，世间万法，唯心所现。染污法与清净法，现象与本质，并不是两种不同的东西，而只是一体的两面。它们是相对于人的识与智的不同呈现。染污法与清净法的区别并非是客观的；认识主体以智观照还是以识执著，乃是决定客体以现象的染污法呈现还是以本质的清净法呈现的重要前提。破除执著，转识成智，一切法皆为清净法；相反，以识执著，一切法皆为染污法。也就是说，我的世界是不真实的，首先是因为我是不真实的；而还原真实的我的世界，则必须首先彰显真实的我[①]。当必须通过客体来证明的自我转化为自明的本我的时候，世间染污诸法的清净本质也就自然得到了还原。佛教的修行，即是对心的训练，是对心的属性的转变过程。

对心的属性的转变，是一个辩证否定的过程，是一个断除无明、彰显本有佛性的过程。佛教修行，乃是无修之修，乃是"无化"。"于无所住而生其心"可以被称为佛教修行的总体思路。人本来即佛，人本来神通广大，却被无始以来的无明妄念所束缚；人所生活的意义世界，乃

---

① 〔不丹〕宗萨钦哲仁波切：《佛教的见地与修道》，杨忆祖、马君美、陈冠中译，2001，第32～33页。

是无明之识的变现，乃是由于人们对不相应行法的执著而产生；无所住，即是对不相应行法的执著的化除，即是对无明之识变现价值的彻底放弃，自然也是对无明之识的积极消除。在此"无所住"的无化过程中，生死问题、得失问题、荣辱问题、利害问题等，人的一切妄念执著，尽将灰飞烟灭。在佛教看来，"无"的过程，即是"有"的过程；放弃多少现实的利欲，也就彰显了多少潜在的本能。

既然佛教修行的根本在于转变心的属性，在于"无化"，那么，如果能够在武术运动中去除执著而转识成智，对我们来说，这一似乎与佛道相距甚远的武术运动，自然也就变成了佛教修行的一个法门。按照这一见地，似乎与佛教修行没有任何联系的武术运动，完全可以被作为成就佛果的修行之道。

在佛教，染污即清静，烦恼即解脱，生死即涅槃。佛道以彰显自身潜在的佛性即超验心为终极目标，其对世间法的处理方式，乃是去病不去法，还污染为清净。在佛教看来，一切法都可以成为佛教修行者转识成智的修行媒介，武术自然也不例外。以武术的具体方法作为修行媒介，颇似于道家所讲的"道进乎技"；在佛理指导下进行武术训练，本身即是佛教修行；以武术为佛道的武术训练与佛教传统的修行方法是没有任何矛盾的。如此，武术即是佛道，武术训练即是佛教修行。从佛教修行的大背景来思考，此时的武术训练，自然也就成为佛教修行的一个新的法门。

武术与佛教发生关系，佛教对武术产生的最根本影响是佛教教义对武术训练的指导。佛理对武术的指导乃是以大乘佛教的基本精神，把武术训练作为了一种佛教修行的方式。而它与佛教的基本理论是没有任何矛盾的。

作为佛教修行的武术训练，乃是以佛教修行理论对武术训练各种方法的内部改造。因此，作为佛教修行方式的武术训练，在包容了原本武术所具有的一切价值的同时，也将获得以禅定为内功所能达到的一切效果。我们已经知道，这种训练形式，是可以找到佛教理论上的依据的。佛教与武术在如此高的层次上发生关系，对于武术的发展，影响是至为深远的。

我们理解武术家们的这种努力，自然也坚信发生这种关系的积极意义。因为，即使我们不相信作为宗教的佛教所宣扬的般若智慧的真实存在，即使我们不认为可以达到作为宗教的佛教所宣扬的修行境界，即使我们只能从武术的角度把这一开发般若智慧的过程看成是一个去除一切杂心妄念的心理训练过程，这一以武术训练为佛法修行的思想原则，也是有着革命性的意义的。也就是说，以武术为佛道的修行过程，最起码也是一种佛教形式的超级心理训练，而这种佛教形式的超级心理训练，对于武术来说乃是有着极为重大的现实意义的。这种武术心理训练形式的出现，其实已经意味着一种新的训练风格的形成，标志着一种新的武术流派的产生。

把武术作为佛道，以武术训练为佛教修行，从佛教的角度看乃是意味着一种武术形式的佛教修行法门的出现，而从武术的角度看则是意味着一种佛教特色的以超级心理训练为形式、以本能开发为宗旨的武术训练方式的形成。正是佛教修行的思想原则运用到武术训练中所产生的显著效果，正是这种佛教特色的武术训练方式的良好影响，使诸多原本轻视佛教的武术学者，也不得不发自内心地赞叹佛陀这位"超级心理学家"的聪慧与伟大。①

2. 禅定

佛教修行，虽法门众多，但究其性质，却难离对心的调控，而佛教用以调制自心、净化自心、识知自心的方法中，最重要的便是禅定。佛教禅定，其实即是一种专门锻炼自主其心之能力的技术。禅定调心的基本方式是锻炼收放自心，一般从摄制散乱心、令持续专注一境一事入

---

① 乔凤杰：《佛教禅修与武术训练》，《西安体育学院学报》2006 年第 3 期。

手。在佛教看来，专注一处的定心有着不可思议的神奇价值，是成就世间、出世间之一切事业之本。而这种以调心为锻炼内容的方式，正是暗合武术内功的基本原理的。佛教对于武术容易看出来的影响就是佛教禅定变成了武术的内功功法，为武术的内练提供了可参考运用的成熟手段。

禅定[①]，也称止观、定慧、瑜伽、禅那等，本是印度各家瑜伽通用的术语，后被佛教沿用。佛教禅定，是佛教修行的主要方法，是在佛教思想指导下而进行的"思维修"，是一种佛教观念的"静虑"。"静虑"，即寂静与审虑，在寂静中审虑，由审虑而归于寂静。

佛教各宗各派的禅定方法至少几百种。对此，中国佛教曾作过多种不同方式的分类。就佛教发展的整个历程而言，禅定可分为小乘禅、大乘禅、密乘禅三大类。无论是小乘禅、大乘禅还是密乘禅，都强调止观或曰定慧双修。在佛教诸宗看来，修止得定，乃世间共外道法；只有用佛教独有的出世间法修观得慧，与真如相应，见证本来真性，才足以超出世间，而获得真正的解脱。佛教诸宗禅法的宗旨，皆是为了证得与真实相应的般若智慧，从而断烦恼而入涅槃。止观双修，才能达到定慧平等的定境。

作为一种为探索生命奥秘而进行的自我身心锻炼，佛教禅定的实践并不必然地导出唯求出世的价值取向。作为一种方法，单就佛教禅定自身而言，既可为出世解脱服务，也可顾及入世的目的。禅定的实践发生出世与入世的作用，并不在于禅定本身，而在于禅定修习者自身的价值取向，以及其对各种禅定方法的取舍。自然，当我们把某些禅定方法作为武术内功时，并非是从禅定修行之终极意义上来考虑，而多是因为其本身所具有的经验价值。

---

① 陈兵先生在其《佛教禅学与东方文明》中对佛教禅定的梳理与论述，为笔者提供了诸多现成的背景资料与写作线索，从而使笔者节省了不少的时间与精力。本部分有关佛教禅定内容的写作，沿用了陈兵先生的基本思路，并大量参阅了陈兵先生的论述。

在佛教看来，有选择的把一些禅定方法作为武术内功的训练方法，似有歪曲佛理之嫌；而实际上，此对佛教并无伤害，而只会更有利于人们对佛教的了解，更有利于佛教的宣传与发展。能够把佛教禅定中的一些方法运用于武术训练中，使那些道德高尚的拳手更好地造福于社会，本身就是佛教的一大功德。

作为一种宗教，佛教的禅定修习有着极强的宗教意味。佛教的禅定修习，必先具备一定条件即所谓的"资粮"。佛教禅定修习的基本条件，即一般修学佛道的共同科目，如三皈依、发心、持戒、供养、读诵、忏悔、布施等。另外，修习佛教禅定，还必须弃除"贪欲、瞋恚、睡眠、悼悔、疑"五盖，调节"饮食、睡眠、身、息、心"五事，保持良好的生理与心理状态。佛教禅定修习的基本条件，未必都是武术训练一定要遵循的。这就使有着相同形式与内容的武术内功与佛教禅定产生了区别。然而，某些武术家们按照武术的标准功利性地选择一些佛教禅定方法作为武术内功而抛弃一些纯宗教性的内容，并不意味着武术内功与佛教禅定在本质上有什么不同。事实上，当我们按照佛教的方式，备足佛教禅定所要求的"资粮"，而进行那些作为武术内功的禅定修习时，这些禅定修习所获得的效果，在捍卫其宗教价值的同时，并不会丝毫减损这些功法的武术训练效果。武术可以改造性地选择一些佛教禅定方法作为武术其训练方法，而宗教意义上的佛教禅定，则在保存其宗教价值的同时，也可以全部包容了作为武术内功的训练价值。虽然，当纯粹的习武者进行内功训练时，可以有目的地选择一些佛教禅定方法而摒弃其纯粹宗教的内容，但是当佛教徒习武时，武僧们所进行的佛教禅定修习，却未必一定要适应武术这种改造性做法而有损其宗教信仰与修行效果。这可能也是佛教禅定之所以能够被武术家们改造吸收，而虔诚的佛教徒则在不影响其宗教信仰的前提下更容易练好武术的一个重要原因。

我们说武术把佛教禅定作为一种内功功法，绝不仅仅是一种有关可能性的理论推测。现存的"一指禅""金刚禅""空劲气功""峨眉十二桩""马家气功""六字功"等，以及少林武术等拳种流派中移植于或者脱胎于佛教禅定的站桩、静坐等内功练法，至今仍有很大的影响，甚至仍是重要的训练方式。武术内功训练所要求的"以一念摄万念，由意守逐渐过渡到消除意守，有意无意是真意"，与佛教禅定所说的"从正念正知至舍弃一切念与知"，其思想路线基本是一致的。否定武术内功与佛教禅定之间深刻的、实质性的关系，是不符合武术发展历史事实的。

把禅定作为武术内功来进行辅助训练，与变武术训练为佛教修行，是两种不同性质的事情。以武术为佛法，是对武术训练性质与宗旨的根本改变；把禅定作为内功，武术训练的性质与宗旨是没有变化的，只是在训练体系中多了一些来自于佛教的方法手段。

佛教的诸多禅定方法都具有提高武术运动能力或者提高习武者身心素质的功效；佛教徒对禅定的修习已经为武术训练打下了良好的基础；因此，当修习禅定的佛教徒练习武术时，多具有超越常人的身心素质。武术家们之所以能够有选择地把某些佛教禅定方法改造为武术内功而使其成为武术训练体系的一个重要组成部分，就在于这些佛教禅定方法所具有的身心修养与开发人体潜能的功效。

且不说佛教修行的终极目标所追求的全知全能的般若智慧，即使是禅定修习中常常出现的在佛教徒看来根本不需在意的世俗效果，对武术训练来说，已经是可望而不可即。虽然，作为佛教修行，信徒们不会过分执著于禅定修习中自然出现的身心愉悦、健体治病、神通显现等次要现象，但是作为武术训练，我们却不得不对其加以关注，因为这些佛教修习现象的出现，已对武术实践产生了极大的影响。应该说，武术家们不会因为出现禅定修习现象所具有的重大武术训练价值而否定其对宗教目标的终极追求，但是主要致力于世俗事务的武术家们，也绝不会像佛教徒那样对这些功效不屑一顾。

第四节

儒家思想

儒家关于做人的智慧，如"自强不息、厚德载物"等观念，被武术人吸收变成武术人的道德观念；儒家的"无极而太极"，为习武者提供了一种在有形的武术运动实践中开发自身潜能的内练思路。

一 自强不息

《易经》云："天行健，君子以自强不息。""天行健"，是说宇宙是处于永远的运行之中，一分一秒也不停止；"君子以自强不息"是说我们应该效法宇宙的运行方式而把握自己的生命，不断前进，不断更新。这种从文字上被追溯至《易经》的进取意识，促使形成了武术颇具特色的自强不息的道德观念。

自强不息中的"自强"，乃"自我强大"之意，虽已包含与他人相比较的共时态的相对强大之意，但其更为强调的则是与自己过去相比较的历时态的自我强大。虽然，通过与他人的竞争，对于自己的强大是有积极意义的，但是自己的强大毕竟还是自己的事情。强大是自己训练出来的，而不是和别人争出来的，更不是靠别人赠送的。我努力、我拼搏，甚至是与他人竞争，都是为了自己更强大，而不是为了压制别人。自己强大了，自然会赢得好人的尊重，坏人也自然就不敢欺负，而根本没有必要通过压制别人来证明自己的强大。虽然武术也讲求与人比试，但是，武术的习练者与他人竞技比武，并不是为了争强夺胜，而只是要以武会友，以对手为参照来检查自己与提高自己。

要做到"自我强大"，必须努力进取；而要做到努力进取，则必须具备顽强的意志品质。历时态的自我强大，虽然是以他人为参照而不是以对手为敌人，但仍然需要具备吃苦耐劳，勇敢坚定，机智敏捷、刻苦顽强、坚忍不拔等基本素质。这是一种几乎所有运动项目甚至所有事业所共同要求的道德品质。长期以来，以搏击对抗为本质特征的武术，是一种对体能、技巧与毅力要求很高的运动形式，自然其对于拳手的顽强意志也是十分重视的。在平日的训练中，我们可以宽容那些进步很慢的拳手，但却非常反感那些遇到困难与受到挫折就想退缩的拳手；我们可以原谅那些在对抗比赛中失败的拳手，但却非常反感那些遇到强手或受到打击就失去自信的拳手。武术训练所推崇的是那种在任何情况下都勇敢顽强、屡败屡战的拳手。胆怯、虚荣、不肯吃苦、没有毅力、缺乏韧性，永远与真正的中华武术习练者无关。

要做到"自我强大"，还必须处理好自我强大与对抗比试的关系。我们必须清楚，任何形式的对抗比试，都只能是为实现自我强大而采用的手段，而历时态的纵向的自我强大才是我们的目的。[①] 目的与手段是不可以颠倒的。武术并不排斥对抗比试，甚至把对抗比试作为主要的训练手段，然而在武术中，对抗比试只能是服务于自我强大这一根本目的的必要手段，而绝不可以把在技能比试中的争强夺胜作为目的。自身的强大是不需要通过压制对手来证明的。当然，为维护自我与民族的尊严而进行的惩恶扬善，乃是一种义不容辞的道德行为，并不能被列在对抗比试的范围。我们把对抗比试界定为强大自我的手段，并不意味我们对自尊的弱化；如果有人胆敢伤害我们的自尊，我们一定会奋战到底。

客观地讲，没有哪一个个人、哪一个民族不希望自己不停地进步、不断地强大，只是其对进步与强大方式的理解有所不同。在那种崇尚竞争的文化中，个人实力的提高，是通过战胜对手来实现与表现的；在这

---

① 乔凤杰：《论作为武术精神的自强不息》，《中州学刊》2007 年第 1 期。

种文化所造就的心理结构中，永远需要一个假想敌存在。站在人的生存与发展的角度强调纵向进取的自强意识，总是把自己作为自己的对手而力求不断地战胜自己，虽然它也经常会把竞技对抗作为方法手段之一。依笔者所见，始终站在人类生存与发展的高度来把握自身的纵向进取，更有利于人们保持对各种异化现象产生的高度警觉。

自强不息中的"不息"乃是"永不停息"之意，强调的是对自强之追求的永不停息。它要求，中华民族，中华民族的每一个子民，都要永不停息地追求自我强大。诸葛亮"鞠躬尽瘁，死而后已"，就是这种对不息地追求自强的最好注脚。

对自强追求的永不停息，要求人们不怕困难，不怕挫折。要做到对自强追求的永不停息，除了需要人们具备一种坚定不移的信念之外，更重要的，还需要人们具有坚韧不拔、不折不挠的毅力与耐力。

"自"与"强"，共同构成了颇具特色的"自强"意识。自强，不是对别人的依附，也不是与他人的争强夺胜，而是自己主宰自己的命运，并以自己为对手来不断地增强自己的实力。毋庸置疑，自强的意识是非常重要也非常可贵的，然而当我们倡导中国传统文化中的自强不息时，仅仅强调"自"与"强"，或仅仅强调由"自"与"强"组成的"自强"是不够的。心血来潮的豪言壮语，强刺激下的发奋图强，特殊情况下的顽强拼搏，也许并不难以做到；难能可贵的是对自强追求的永不停息。自我的成长，民族的强盛，不会是一朝一夕的事情；坚强性格的塑造，不是一拼而就的；个人尊严与民族尊严的维护，也不是一劳永逸的事情。无论是个人还是民族，也无论是哪一类的个人与民族，成绩永远属于过去，对自强的追求，是永远不可停息的。

在当今社会，提倡武术习练者的自主意识，强调中华武术的自强追求，重提中华民族的自强不息，仍是具有积极的时代意义的。"自"，是内心深处的人格自主；"强"，是逆境中的奋发图强，更是任意处境下历时态的纵向进取；"不息"意味着自强追求的永不停息。"百尺竿头，更进一步"，永远是中华武术的道德内容，也永远是中华民族的精神支柱。

二 厚德载物

《易经》云："地势坤，君子以厚德载物"。"地势坤"，是说大地的气势厚实和顺；君子以厚德载物，是说我们应该胸怀博大，以宽厚的德行包容天下万物，承担起历史赋予我们的宏伟任务。①

厚德载物，是以载物为外在表现，强调的是一种包容意识，但是这种载物的包容意识，却是需要以宽厚的道德②为内在支撑的。就厚德与载物而言，厚德是内在支撑，载物是外在表现。厚德与载物，是一体的两面。当人具备宽厚的道德的时候，他也必然能够包容他人与他物；当人能够包容他人与他物的时候，他也必然已经具备了宽厚的道德。因此，就其作为一种武术道德而言，厚德载物的厚德与载物，其实又是密不可分的。

作为一种武术道德，厚德载物所涉及的是儒家的所有道德观念。这里主要谈一下仁、义、礼、智、信（五常）与中庸。

仁，是孔子儒学的理论核心。仁者爱人，它要求人们在人际交往中要重视人的价值，懂得关爱别人，关心他人疾苦，尊重他人意愿，时时处处为他人着想，与人为善，助人为乐，等等。仁是一种发自内心的、有差等的爱，对于调节人与人之间的关系，维护等级分明的社会秩序，具有无法估量的作用。

仁对武术的深刻影响，不仅确立了习武者在日常非武术生活中的做人意识，而且为处理武术专业中各种复杂关系提供了方法论的指导。

义者，事之宜也，天理之所宜也，心之制事之宜也。简单地说，所

---

① 乔凤杰：《论作为武术精神的自强不息》，《中州学刊》2007 年第 1 期。
② 需要说明的是，这里的道德，是指狭义的伦理道德，准确地说，是指狭义的儒家伦理道德，而不是我们所说的武术道德中的那个广义的道德。

谓的义，就是人的价值判断标准。什么事情可以做，什么事情不能做，应该根据义来决定。

以义为价值理性所衍生的舍生取义的思想意识，对中国人的影响是深入人心的。舍生取义的思想意识，为武术习练者指示了一条可以沿此而奋斗终生的光明大道。义，自然而然地成为武术人认定自己行为价值的最高理性。合于义，则死也必战；不合于义，即使有全胜的把握，也是绝不可以出手的。武术的技击实战只能是对义的维护而不能丝毫有损于义，更不能以义为借口而谋取私利。

五常之礼的道德内核，就是"别"与"让"。"别"的意识，是在确立"人以群分"的基础上强调着不同人群之间爱的方式的应然区别。"让"的意识，历来被作为中华民族的传统美德而历代传颂着。

在武术界，师徒如父子、从师不从父，是一个无须论证的真理；师兄弟之间的深厚感情，绝不是今天同学之谊可以比拟的。同时，在武术界，谦让不仅是正常的人际交往中的一个基本常识，而且也成为拳友之间进行技术交流与友好比试的专业道德。

智，可以理解为智慧。它要求人们在实践中要有是非判断能力，并根据是非判断来行为处事。

武德之智，不仅表现出了其对武术技术之属性的道德警惕，同时，也提醒着那些技艺高强的武术家们要谨慎择徒。武术界不但有"未曾学艺先识礼，未曾习武先明德"和"武以观德"等说法，还对择徒授艺提出了特殊的要求。武德之智，贯穿了习武者道德认识与道德实践的整个过程。①

信，作为一个道德概念，其核心内涵是真实无妄，是对原则、信念、话语等发自内心的忠诚。信作为对人的本性和存在之真实性的价值肯定，要求人们忠实于自己的本性和存在之真实性，使自己的言行与自

---

① 江百龙等：《武术理论基础》，人民体育出版社，1997，第182~185页。

己所处的社会地位、所承担的社会职责和道德义务相符合，因而被儒家提升为立人立国之本。

武术对信的重视，几乎涉及了除对敌作战之外的任何领域（甚至有时也涉及对敌作战）。生活琐事，要讲诚信；同门相处，要讲诚信；门派之间的交往，要讲诚信；朋友之间切磋技艺，要遵循规矩，严守信誉；等等。"言必信，行必果"，是武术人乐意接受的职业形象。言而无信的小人，即使武功高强，也是为武术人所不齿的。

作为一种德，中庸是对礼之实施的方法性把握，是一种处理各种关系最为重要的方法论。

和而不同，是中庸思想的重要观点之一。在儒家看来，人类社会秩序需要和谐的人际关系，而人际关系的建立应该是人与人之间的和合而不是同一。应该说，正是中庸这一方法论中"和而不同"思想观念所表现出来的对所有事物的巨大宽容，避免了对任何观念的信仰式偏执与对任何相反论调的绝对排斥，加强了各种关系之间的团结与交融。

作为武术人集体无意识的这一"和而不同"的思想观念，对于武术各门派之间的团结与交流是至关重要的。在武术中能够自成一个流派，自然坚信自己对武术真理的绝对把握，然而，却几乎没有人进行或者说没有人敢去进行"真理只有一个，我掌握了真理，故其他门派所言皆假"的逻辑推理。按逻辑，坚信自己对唯一真理的掌握，与相信别人对真理的掌握是矛盾的，然而，中庸"和而不同"的思想，却可以忽视一切前提与逻辑。我们经常可以看到武术的各个门派对自己拳种的创始人及其理论的高度宣扬甚至夸张，然而非常奇怪的是，对自己的宣扬与夸张，却多不排斥他人的伟大与他拳的优势。在武术家们看来，贬低他人与他拳，是一种不能被容忍的品质问题。

"时中而守中"，是中庸思想的另一个重要观点。"时中"，就是要因人因地因时而制定标准，不能固守永久不变的准则。"守中"，即严守适中，防止"过与不及"，保持清醒理性的头脑，避免盲目的信仰与偏执。

儒家强调的"和"并不是没有原则的调和，而是在礼的制约下的和合。"和"是有差别的统一。只有在"时中而守中"的前提下，"和而不同"才能真正地得以落实。不同武术流派之间的调和，敌我对抗所追求的目标之"和"，并不是无原则的，是根据具体情况以对原则的遵循为前提的。

武术人的中庸思想，强调人际关系的和谐价值，自然也会影响到其对敌我关系的处理方式。应该说，武术人对于作战是非常慎重的。虽然武术技击是以残酷搏斗为内容，但是作为武术运动的主体却并不好战。古人讲"止戈为武"，即在宣扬习武的目的是阻止对抗而不是对抗本身。我们常言，武术的目的是"防身自卫"，自然突出的也是"防"与"卫"，而绝不是"攻"与"击"。武术的这种"和谐目的论"① 与渗透到武术人骨子里的中庸观念有着极大的关系。

这里，需要强调的是，儒家告诉武术人的这些道德观念，并不是用来教训人的，而是用来让自己享受的。厚德载物，只有在这些道德观念真正落实到每一个武术人身上时才能算是真正实现，而这些道德观念的真正落实，有一个基本的原则，那就是我们常说的反求诸己，也就是事事只从自己身上找原因。

三 无极而太极

儒家历代圣贤，非常认真地思索着人的道德理性，极具耐心地建构着人的各种行为规范。然而，这并不意味着儒家圣贤只注意到了这些具体的价值观念与规范形式。实际上，从孔子开始，儒家就已经开始关注

---

① 应该清楚，"和谐目的论"与"和谐手段论"是完全不同的。对和谐目的的强调，绝不等于对残酷手段的否定。

可以作为道德理想之终极依据、能够导致人们最理想道德行为的超验心。超验心，是规范形式的制作依据，是道德行为的直接发出者。天地万物之良好秩序，人的行为之最佳方式，都是其超验心的自然表现。孔子的仁，孟子的性，《中庸》的诚，《易传》的乾元，以及后世宋明儒家的太极、理、本心、良知，以及一直备受崇敬的天等，落实到人身上，其实皆是不同时期、不同系统对超验心的不同称谓。

不可否认，即使在儒家系统内，其对终极价值之根据的认识也是不尽相同的。但是，这并不影响我们对其终极价值之根据做出超验心的认定。正如赖永海先生所言，儒家所谈之伦理、所谈之心性，其源头一直在天。① 天是儒家道德规范之依据，是天地万物之所以能够呈现良好秩序的动力因。《中庸》"天命之谓性"② 其实已经告诉我们，天命与人性，只是同一东西在天与人中的不同称谓而已。天、天命、道心、天地之心、上帝、性、人性、理、天理、太极、良知等，在某些语境下，似乎可以是人格神、终极法则、理想方法、客观规律、绝对命令、原始动力等，但究其根本，仍然是人之所以为人、宇宙之所以为宇宙的根据，是无法被普通人们所经验的超验心。

当然，我们并非有意混淆这些概念本身的差别，而只是强调其最终指向的同一性。儒家先贤之所以对人之超验心有种种不同的称谓，是因为他们所思考的角度不同：当他们寻找万物本质规律时，他们发现了超验心的表现形式；当他们寻找作为宇宙运行内在动力的太极时，他们发现了超验心的强大力量；当他们寻找作为万事万物价值依据的理时，他们发现了超验心的自由意志；当他们寻找处理事物的理想方式时，他们发现了超验心的智慧特色；等等。虽然只是"我"之本来面目，但是观念与概念的结合、实然与应然的贯通，已使超验心

---

① 赖永海：《佛学与儒学》，浙江人民出版社，1992，第 19～22 页。
② 《礼记·中庸》。

的概念完全蕴含了人格神、终极法则、理想方法、客观规律、绝对命令、原始动力等含义，从而使理与良知、太极与人性等被完美地统一起来。

在儒家的思想系统中，人所遵循的伦理规范乃是源自于超验心，而且这一可以呈现最完美伦理规范的超验心本就是我的真实面目。这样，对超验心的彰显，必然也就成为个人修养的终极目标。

"自诚明，谓之性；自明诚，谓之教；诚则明矣，明则诚矣。"①《中庸》的这一至理名言，非常清晰地表明了儒家思想的基本思路。在儒家看来，由超验心彰显而成就道德理性与规范意识，与由对道德理性和规范意识的教化培育而彰显超验心，都是可以的。"自诚明"，是在告诉人们，诚是宇宙秩序和圣人境界之所以完美无缺的根本原因。也就是说，真正的明，必然是诚的自然表现。"自明诚"，是在告诉人们，虽然诚是真正的明的根源，但是对诚的彰显，则是可以在对明的教化与实践中完成的。"自诚明"是以人的本性为出发点，就本体谈表现；"自明诚"则是以人的实践经验为出发点，就功夫谈本体。

在儒家看来，天地万物的秩序化运动，圣人崇高的思想境界，皆是其超验心的自然表现。"自明诚"，即在接受儒家思想的教化中获得有关道德理性与规范意识的知识，并在对这些道德理性与规范意识的自觉实践中通过"存天理、灭人欲"的"无化"而日渐达到"从心所欲而不逾矩"的境界，从而彰显人潜在的超验心。这是一条"无化"经验心彰显超验心的实践道路，是儒家道德修养的基本路线。儒家历代圣贤，在不厌其烦地进行各种道德理性与行为规范教化的同时，从来没有忘记彰显人所潜在的超验心这一终极追求。

在历代儒家的思想体系中，对超验心的称谓并不一致。然而，或许

---

① 《礼记·中庸》。

与其在武术界的巨大影响颇有关①，在武术的思想体系中，作为超验心的一个称谓，"太极"一词似乎具有更为重要的地位。

"无极而太极。太极动而生阳，动极而静；静而生阴，静极复动。一动一静，互为其根；分阴分阳，两仪立焉。""唯人也，得其秀而最灵。形既生矣，神发知矣。五性感动而善恶分，万事出矣。圣人定之以中正仁义而主静，立人极焉。故圣人与天地合其德，日月合其明，四时合其序，鬼神合其吉凶。君子修之吉，小人悖之凶。故曰：'立天之道曰阴与阳；立地之道曰柔与刚；立人之道曰仁与义。'又曰：'原始反终，故知死生之说。'"②

太极与无极，并非两物。无极，是对太极之状态的描述，或者说是对太极这一超验心出现时人的境界状态的描述。太极，也即所谓的诚、乾元、良知、道心、本心等，乃是宇宙万物阴阳变化的根本动力。③ 圣人与天地合德，自然，圣人的一举一动，皆是这一太极智慧的无穷妙用。人得其秀而最灵，人人潜在一太极，故人的身心修养的终极目的，也就是对这一太极智慧的彰显。当人潜在的太极智慧得以彰显时，人也就成了圣贤，也就会以无善无恶的至善方式来行为处事。圣人定之以中正仁义，主静立人极，既为人们的日常行为制定了基本的道德理性与行为规范，也为人们确立了人生修养的基本路线与终极目标。"原始反终，故知生死之说"，即充分表明了儒家先贤对人之理想境界的崇尚与向往。

"周子之《太极图说》，虽就其主旨言，是在'明天理之本源，究天地之始终'，但落点却回到人、人性、人伦道德之常规。他'推明天地万物之源'的目的，是为了说明道之大源出于天，而他把天道伦理化

---

① 就当今而言，太极拳的影响似乎已经超越了武术界，甚至某些外国人对太极文化的了解，是始于武术太极拳的。

② （宋）周敦颐：《太极图说》。

③ 此与《易传·系辞上》所云"一阴一阳之谓道"是一致的。道，即太极，是对宇宙万物之阴阳变化的根本动力，是宇宙万物的超验心。

的目的，却是为了把伦理天道化。这与隋唐佛性论把佛性人性化，从而使人性佛性化所走的是同一条路。"① 无论是天道伦理化，还是伦理天道化，总的来说，在周敦颐那里，天地之良好运转，万物之正常发展，人类之最佳生活状态，皆有赖于太极这一潜在超验心的显现。

"太极者，无极而生；动静之机，阴阳之母也。动之则分，静之则合。无过不及，随曲就伸。人刚我柔谓之走，我顺人背谓之粘。动急则急应，动缓则缓随。虽变化万端，而理为一贯。由招熟而渐悟懂劲，由懂劲而阶及神明。然非用力之久，不能豁然贯通焉。虚灵顶劲，气沉丹田。不偏不倚，忽隐忽现。左重则左虚，右重则右杳。仰之则弥高，俯之则弥深。进之则愈长，退之则愈促。一羽不能加，蝇虫不能落，人不知我，我独知人。英雄所向无敌，盖皆由此而及也。……察四两拨千斤之句，显非力胜；观耄耋能御众之形，快何能为？立如平准，活似车轮。偏沉则随，双重则滞。每见数年纯功，不能运化者，率皆自为人制，双重之病未悟耳。"②

无极，乃是太极得以彰显的境界状态，而太极则是动静之机，阴阳之母。在王宗岳看来，武术技击"虽变化万端，而理为一贯"。太极智慧的神机妙用，乃是动之则分，静之则合；无过不及，随曲就伸；人刚我柔，我顺人背；动急则急应，动缓则缓随；立如平准，活似车轮；等等。

从宇宙变化的角度来阐释武术运动，并非太极拳的独家观点。事实上，在武术中，多数拳种对超验心的理解都是从宇宙自然变化的角度着眼的。在诸多传统的武术家们看来，宇宙变化之原动力与武术运动之超验心，在本质上是一样的。这是一种被称之为"天人合一"的世界观。陈鑫对太极拳之论述，不仅寓含着对太极这一超验心的崇尚，更为详细

---

① 赖永海：《中国佛性论》，中国青年出版社，1999，第346页。
② 王宗岳：《太极拳论》，载于《太极拳全书》，人民体育出版社，1992，第716页。

地描述了太极这一超验心的具体表现。在陈鑫看来，太极这一超验心的经验表现，是武术运动最理想的技术形式与实践方式。

既然太极这一超验心是太极拳之完美运动的根本动力，自然太极拳的终极训练目标也就是对太极这一超验心的彰显。正是因此，太极拳训练在重视内功修炼的同时，把有形的技战术训练与无形的彰显超验心之训练有机地融合在一起，并忠告所有的太极拳习练者要明白太极拳训练的根本原理。王宗岳说："粘即是走，走即是粘；阴不离阳，阳不离阴；阴阳相济，方为懂劲。懂劲后愈练愈精，默识揣摩，渐至从心所欲。"①自然，这也是一个"自明诚"的"无化"过程。

儒家对太极这一超验心的关注，虽也涉及宇宙自然问题，但多是以宇宙自然来论证其道德本体的真实存在，并不十分关心宇宙自然的变化规律。儒家讲天道即人道，是把天道人文化，而不是把人道自然化。因此，不难看出，太极拳之太极概念所关注的内容，并非仅限于儒家思想范畴。应该说，太极拳之太极，在其把太极这一超验心作为终极目标而强调彰显太极智慧之重要性这一点上，是与太极图说（即儒家学说）完全一致的，然而，就其把太极作为对拳术方法的构建依据而言，其对宇宙变化中太极智慧之表现的描述，却远远超越了道德的范畴。

彰显太极智慧，尽心尽性，自明诚，致良知，回归无极，存天理、灭人欲等，其实都是一回事，乃是在对人之私欲的逐渐去除中完成的，此与道家"复归于无极"、佛家"转识成智"的思路是基本一致的。武术的终极训练或者曰"超级心理训练"自然也同是此方式。确信超验心的存在与意义，把超验心作为人们在现实世界之经验理性的终极依据和身心修养之无限追求的终极目标，乃是儒、道、佛等主流文化传统的一致思路，乃是共法；而在不同领域、从不同角度对超验心之表现内容的关注与描述，才真正构成了这些文化流派的区别。从理论上讲，无论

---

① 王宗岳：《太极拳论》，载于《太极拳全书》，人民体育出版社，1992，第716页。

是哪一家，无论是太极、道还是般若，超验心是着无所不知、无所不能；然而，在描述超验心之表现时，儒、道、佛却各有侧重。

众所周知，在传统文化发展史上，太极之概念，绝非仅限于儒家，但是我们又不得不承认，太极之所以能够成为传统文化的核心概念并获得如此高的文化地位，却主要是儒家的功劳。或许，太极拳以太极为拳名，在表明太极拳之创始人对超验心之崇尚的同时，已寓含了其对儒家思想正统地位的认可和对地位正统之儒家思想的尊重，然而，我们必须清楚，虽然太极拳以太极为拳名，但是太极拳所关注的，却并非仅限于道德领域。太极拳之太极，其实已蕴含了所有超验心所涉及的内容。也就是说，太极拳虽以太极为拳名，但其技战术特色与道德规范，却是受到了儒、道、佛、兵等众多文化传统的影响。在太极拳的太极中，已经蕴含了各家所崇尚的超验心的神妙表现。从这个角度看，太极拳之太极的文化内涵，似乎比宋明新儒学更有综合性。①

---

① 乔凤杰：《无极而太极——论武术与儒家在超验心层面的思想会通》，《广州体育学院学报》2006 年第 2 期。

第 五 章
特 色 思 维

....

　　透过具体的武术现象，可以发现传统中国人有别于现代人的特色思维方式。透过武术技艺的多样性与非标准性，可以发现传统中国人完整感悟的认知方式；透过武术的很多拳种特别是象形拳，可以发现传统中国人象形取义的认知方式；透过武术的气、阴阳、五行等理论，可以发现传统中国人定律类推的认知方式；透过武术的形象性的动作名称与流行谚语，可以发现传统中国人比喻表达的表达方式。

....

文　化　符　号　：　武　术

第一节

完整感悟

传统中国人在思维方式上明显区别于传统西方人和现代中国人，并且较好地保存在中国武术中的特色内容之一，就是完整感悟这种认知方式。那么，什么是完整感悟的认知方式呢？完整感悟是一种有别于现代主流认知方式、与现代主流认知方式相对应、相区别的认知方式。为了能让读者较好地理解，我们在这里对于完整感悟的认知方式的阐释，对照着现代的主流认知方式来进行。

粗略地讲，人对事物的直接认知方式，大致可以分为两种类型。

第一种，人在对事物进行认知之前，已在思想深处设定了很多条条框框；人对事物的认知过程，其实就是按照自己设定的条条框框去寻找答案、收集信息的过程；人所获得的知识，其实就是按照自己设定的条条框框收集到的各种信息的组合或者整合。比如，我们在认知事物时，首先是在收集它的大小、颜色、轻重、长短、明暗、快慢、高低、胖瘦、好坏等主体需要的各种信息，然后再对其进行组合或者整合。这里的条条框框，实际上就是我们常说的概念，而按照条条框框收集信息，就是针对概念来收集信息。此时我们对事物的认知，并不是没有任何思想准备的认知，而是根据我们预先设定好的概念进行的信息调查。对于

205

这样的一种认知方式，我们权且称其为概念调查。

第二种，人在认知事物之前不作任何的设定；人对事物的认知，完全是一种无目的、无指导、无限制、无预设的感悟，以力求获取对事物的完整了解。人通过这种认知方式所获得的知识，乃是一种带有强烈的主体意味的完整信息。比如，人们在不带任何意图的情况下去看、听、嗅、尝、触摸某一个事物，人们在实践中对于实践技巧的体悟，人们对生活经验的完整的笼统的总结，等等。在这种认知过程中，主体不作任何事先的设定，是对事物的主体性的完整了解。对于这样的认知方式，我们权且称其为完整感悟。

概念调查，是以人自身设定好的概念，也就是一些固有的条条框框，去事物当中寻找答案，收集相关的信息，以整合成为我们常说的所谓的知识。概念调查所获得的知识，常常是清晰的、块状的、可准确描述的。与概念调查不同，当我们对事物进行完整感悟时，不会在主体内心设定任何的条条框框，自然也就不会对事物进行切块式的信息收集，而始终是对事物完整状态的综合感悟。完整感悟所获得的知识，常常是动态的、完整的、只可意会而不可言传的东西。

概念调查，是针对主体设定的概念对事物进行相应的调查，是对事物的结构、属性、价值、关系等信息的一部分一部分地逐渐收集与多次整合。概念调查所获得的知识，不是事物的完整信息，而只是事物的信息碎片组合。概念调查所获得的知识，虽常常比较清晰，且具备极强的规范性与可复制性，但却失去事物信息的完整性。而完整感悟则正好相反，是在不进行任何主体设定的情况下对事物的整体进行的认知，是对事物的全面的、完整的感受与体悟。完整感悟所获得的知识，是事物的完整意象，虽保留了事物信息的完整性，但却常常比较模糊。另外，由于主体感悟状态的不确定性，也必然使整体感悟获得的知识具备极强的个体性与不可复制性。

概念调查这种认知方式的实质，是人为万物立法，而不是让事物在人的思维中自然呈现。例如，我们常常说，我们发现了事物的这样那样的规律，但实际上，我们之所以认为我们从事物中发现了这样那样的规律，乃是因为我们在事物中发现了符合我们内心固有的因果律的各种概念性的东西。也就是说，与其说是我们通过概念调查从事物中发现了规律，不如说是用我们内心固有的规律在事物中找到了对应的东西，是我们为事物赋予了规律。概念调查的结果，应该是清晰的事物信息碎片整合，而概念调查的过程，则要求尽可能避免受到个人情绪与情感的影响。

完整感悟这种认知方式的实质，是人对事物的一种无目的、无意向、无形式的模糊感悟。必须承认，无论什么样的认知方式，人在对事物进行认知前，都是有隐形知识结构的；但是，与概念调查相比，完整感悟的认知过程，几乎可以被认为是事物在白纸上呈现的过程。例如，中国传统的很多技艺技巧，多是完整感悟的结果。我们常常把其当成是中国古代的科学发现，但事实上，这些非常值得我们自豪的东西，恰恰不是科学发现的结果。因为，现代意义上的科学发现，都是以概念调查的方式来进行认知的。完整感悟所获得的知识，永远是事物模糊的完整信息，而且这种完整信息的获得与个人的素养、经历、情感都难免脱离关系。

概念调查与完整感悟的区别，有点类似于现代社会学中常用的正式调查与预调查之间的区别。在现代社会学的研究范式中，正式调查是用自己设计好的几类问题进行有目的的调查，调查的结果，实际上就是从调查对象中得到你想知道的相关信息。而预调查，则是不带任何条条框框的，是通过亲密接触来深入地感受事物本身，其所获得的结果，自然就是那些最真实的感受了。与正式调查一样，概念调查的结果，是不会超出自己的设计框架的；同样，与预调查一样，完整感悟的结果，必然是不会局限于任何的条条框框的，是一种整体的动态的感受。

概念调查与完整感悟，是人类认知世界的两种方式，但是，这并不意味着，人类对于外在事物的认知，就一定是彼此分明、分类固定的。其实，概念调查与完整感悟，普遍存在于所有的人群当中。只是，就不同的人群而言，特别是在某一个时期，总是有一种认知方式占据了主导地位。粗略地讲，在传统西方人中长期占据主导地位的认知方式，是概念调查，而在传统中国人中长期占据主导地位的，则是完整感悟。最起码，传统中国人比传统西方人更擅长于整体感悟这种认知方式。

在对事物现象的实体真相的认知中，概念调查所获得的知识，常常是支离而清晰的，而完整感悟所获得的知识，则是完整而模糊的；在对做事做人的技艺方法的认知中，概念调查所获得的知识，常常客观而就方法论方法，而完整感悟所获得的知识，则永远是按照自己的主体感受直指最终结果的。

严格说来，传统中国人的完整感悟，其实要分为对外在事物的完整感悟和对物自体的完整感悟两种不同的类型。对外在现象的完整感悟，是依据视、听、嗅、尝、触等感觉和反复实践来把握与揣测事物；对物自体的完整感悟，是通过闭关玄览、忘我无我来了解世界的本相与彰显人的本性。这两种完整感悟的结果，差别是很大的，但是这两种完整感悟的方式，却只是方法程度的差别。对外在现象的完整感悟，是"我"的感悟，而对物自体的完整感悟，是"无我"的感悟。也正是这两种完整感悟方式的并存，才构成了中国传统武术的知识内容与修炼思想的两个层面。

就个人而言，概念调查与完整感悟的意义区别还不是十分明显，充其量不过是其所获得的知识更清晰还是更完整一些而已。但是，当概念调查与完整感悟这两种认知方式分属于两个群体时，其所导致的结果差异就非常显著了。

传统西方人习惯性的概念调查认知方式，处处强化着对于规律性、普遍性也即标准性的追求，而传统中国人习惯性的完整感悟方式，则处处强化着对于完整性、特殊性也即个体性的追求。所以，我们看到的西方人的知识，特别是西方人的实用技术，常常具有非常明显的标准性与可复制性，而传统中国人的知识，特别是传统中国人的实用技术，常常具有非常明显的个体性与不可复制性。

正因为如此，西方的很多技术方法可以大规模地复制与推广，而中国传统的那些百年老字号却永远不能大面积推广。美国的麦当劳、肯德基、德克士，可以遍布世界各地，而且除了出于特殊原因的故意改变之外，在世界所有地方的麦当劳、肯德基、德克士，其口味全是一样的；而与麦当劳、肯德基、德克士等正好相反，不要说在全世界，即使在一个家庭当中，不同家庭成员，做同一种简单的中餐，都不会是完全相同的味道，具体典型如北京全聚德的烤鸭，开封第一楼的包子，西安老孙家的羊肉泡馍等，几乎是不可以复制推广的东西。这里的原因很简单，因为西餐的技术是概念调查的产物，是标准化、可复制的，而中餐的技术是完整感悟的产物，是个体性、不可复制的。做西餐的依据，是标准配方，而做中餐的直接依据，就是做餐者的感觉，而没有任何固定不变的标准。这就是概念调查与完整感悟的区别所在，也分别正是它们的魅力所在。

伴随着西方文化的全球化，概念调查，已经是世界主流的认知方式，自然也是现代中国人的主流认知方式。在现代中国，完整感悟这种在传统中国人中曾经占据主流的认知方式，似乎已经成为一个遥远的过去。现代的中国人，对于自己的传统认知方式，已经非常陌生。所幸，除了我们上面提到的餐饮等之外，在当今中国发展尚好、已推广到世界很多国家和地区、已引起很多文化学者密切关注的中国武术中，还比较完好地保存着这一特色鲜明的思维方式。

只要你稍加注意，就不难发现，中国的武术，在不同层面上都表现出了多元化与个性化的特色。一是中国武术的拳种很多，风格各异；二是即使是同一个拳种，只要经过哪怕是只有一代的传承，也会有一些分支；三是即使是同一师父所教的几个徒弟，他们所练习的同一个拳种，也会呈现出众多不同的风格。这是怎么回事儿？对于拳种的多样性，我们权且可以归结于创拳环境与创拳过程的多样性这一复杂而笼统的原因。可是，同一个拳种，在经历几代甚至只是一代的传承之后，为什么就会出现分支？特别是同一师父同时教给几个徒弟同一个拳种，为什么他们又会差异很大呢？

看到中国传统武术拳种的多样性，特别是各个拳种在传承过程中出现的技艺变化的多样性，常常使我想到一个比较时尚的词语，即文化的多元化。我们常常说中国传统社会是一个专治社会，中国的文化单一而霸道，难道这不正是一个很好的反证，即中国文化多元化的最好例证吗？我知道，我不能据此而认为中国传统社会是一个在所有领域都是多元文化并存的社会，但是这样的一个事实已经不容争辩地告诉我们，至少在武术这个领域，中国的传统文化是多元并存的。

这是怎么回事儿？难道是古代中国政治开明、思想开放的结果？我不知道武术文化多元化是否就能表明中国的传统政治是开明的、传统思想是开放的，但是我非常清楚，它一定与传统中国人的知识性质和认知方式有着密切的关系。在我看来，中国武术的各个拳种，各个拳种的各种技艺，从来就没有一个严格的标准，都是一种经验性很强的知识。而之所以这些拳种及其承载的各种技艺都不规范，乃是传统中国人的认知方式所使然。传统中国人的知识，多是非标准性的经验知识，而导致产生非标准性知识的传统中国人的主流认知方式，乃是明显区别于现代人认知方式的完整感悟。简单地说，是完整感悟这种传统中国人的认知方式，导致了武术知识的经验性，以及武术拳种在其各个层面的技术风格与训练方法的个性化与多样化。

实践是思维的起点之一。① 对实践的重视，是各个民族的共同点。

---

① 吾淳：《中国思维形态》，上海人民出版社，1998。

然而，中国古人对实践的偏重，却是出乎我们现代人的意料。或许是因为古代希腊曾经有过一次较大的理性认知的觉醒，也许是因为中国古人依据实践而获得了丰硕的实践成果，中国古人特别强调知行合一，非常看重对实践经验的积累，强调从直接的实践经验中获得认知，并把这些认知直接运用到实践中去。在中国古人看来，实践的过程就是认知的过程，认知的过程也就是实践的过程。正是这种实践与认知相统一的思想观念，使中国古代的诸多文化形态，都包含有个人感受的意味，也使中国古代所有的思想家同时也一定是一个伟大的实践家。因为，在古代中国，知行不合一的思想家是不会被认可的。中国古人这种知行合一的思想观念，直接表现为对亲身实践的高度重视。这必然就使中国古人的思维方式具有了明显的经验特色。

对技术的熟练掌握，自然需要长期的实践磨炼。然而，深入传统武术，我们将会发现，在很多时候，传统武术家们是把个体的反复实践作为一种认知方法来加以强调的。"拳练千遍，其义自现"，"口说千遍，不如自练一遍"等，都在强调实践在认知武术的运动本质以及掌握合理的运动方法方面的重要性。[①] 这里所强调的在实践中的认知、"知行合一"的认知方式，也就是我们所说的完整感悟。完整感悟，是与反复的亲身实践密切联系的。这种"知行合一"的完整感悟认知方式，正是传统武术的技艺改革与理论创新的基础与前提。对此，从武禹襄创立武氏太极拳、孙禄堂将"三拳合一"创立孙氏太极拳、买壮图学拳与传拳等的过程中就可见一斑。

武禹襄，武氏太极拳创始人，曾向同乡杨露禅学陈氏老架太极拳，后亲赴河南，从温县赵堡镇陈清平学习陈氏新架太极拳月余，得其精妙，并从长兄武澄清处得王宗岳《太极拳谱》。武禹襄研究太极拳，是

---

① 乔凤杰、陈沛菊：《略论传统武术的悟道思维》，《山东体育学院学报》2004 年第 5 期。

以试验的方式进行的，每招致乡勇以自验其技，并反复笔录修订，故拳式中式势可用，无一空架。后根据自己切身感受太极拳后的体悟，先后著有《十三式行功要解》《太极拳解》《太极拳论要解》《十三式说略》《四字秘诀》《打手撒放》《身法八要》等。已故著名武术家顾留馨先生称武氏著作为"简练精要，无一浮词"。①

　　孙禄堂天资聪颖，勤奋好学，曾拜一位江湖拳师学习少林拳术，时间虽短，但因好学苦练，仍练得一身好功夫。11 岁时背井离乡，去保定一家毛笔店做学徒。13 岁时孙禄堂拜河北省名拳师李魁元为师，学习形意拳，同时文武兼学。两年后，孙的武艺出类拔萃，李魁元便把他推荐给自己的师傅郭云深继续深造。不久他便把形意拳的真功学到手。后到北京跟八卦掌名师程廷华学艺，凭借本来的深厚功底和程师傅的竭力指教，苦练年余，尽得八卦掌精髓。为使他经风雨见世面，广识神州武林各派之精华，追本求源，挣脱师法樊篱，日后自成一家，程廷华便诚恳地劝他离师门去四海访艺。1886 年春，孙禄堂只身徒步游历南北11 省，期间访少林，朝武当，上峨眉，闻有艺者必访之，逢人较技未遇对手。1888 年他返归故里，同年在家乡创办了蒲阳拳社，广收门徒。1907 年东三省总督徐世昌久闻孙禄堂武功绝伦，聘他为幕宾，同往东北，1909 年孙随徐返回北京。1912 年孙禄堂在北京遇太极名家郝为真。郝将自己所习太极拳之心得传于孙禄堂。此时孙禄堂武功卓绝，德高望重，誉满京城。1918 年孙禄堂终于将三家拳法合冶一炉，融会贯通，革故鼎新，创立了孙氏太极拳，卓然自成一家。②

　　买壮图，回族，河南省鲁山县西关人。买壮图自幼聪慧好学，但因家贫，仅念两年私塾。辍学后曾学中医，娶距鲁山县城 45 公里的三郎庙村张聚的侄女张氏为妻。婚后走亲戚，买壮图见该村许多青少年舞拳

---

① 郝少如：《武氏太极拳》，人民体育出版社，1963，第 1 页。
② 张永刚：《太极运动》，北京理工大学出版社，2008，第 19 页。

使棒，便也从张聚学武，并由此痴迷于武术。据说张聚因晚年丧子，怪罪于练拳，不愿传授拳艺给侄女婿买壮图，但又怕其纠缠，就传授了一个"鸡腿桩"和"踩鸡步"给他，并对他说，如此练习三年后再来学习。他以为侄女婿不能坚持下来，从此会断绝学拳的念头。但是，没想到买壮图学拳之志坚定，每天在家门口的枣树下站桩，一站就是几个时辰，冬天身边的积雪都被他流下的汗水溶化。他在集上做买卖，每天从集上到村里的数里路，都用"踩鸡步"往返。村人见他这般样子都笑，但他毫不介意。三年如一日的坚持，他的桩功和鸡步功都达到了令人惊异的地步。演示给张聚看时，张聚为之叹服，于是把全部绝技都传给了买壮图。买壮图一如既往地努力练习，最后功夫达到了入神的境界。在心意六合拳发展史上，买壮图是一位承前启后，继往开来的人物。他创"买式四把捶"，将原有二十八式精减，仅留四手，今广为流传。他以鸡形步与人试技，能发人丈余，随即又如影随形般疾纵而至接住对方不至丢失脸面。[①]

武术人对于武术知识的认知，是通过反复实践获得的，而他们所获得的武术知识，又常常是深奥但不可精细描述的。这就是完整感悟这种认知方式的奥妙与问题所在。作为一种认知方式，完整感悟，是对事物的价值进行动态的、整体的把握，而不是对事物的结构进行静态的、局部的剖析。尽显于中国武术人当中的这种认知方式，使得中国武术人的知识获得具有很强的经验性，也使得中国武术人的知识主要是经验知识而不是理性知识，使得中国武术人的知识主要是某些武术人的实践经验而不是武术自身的本质规律。

客观地讲，知识的个性化与非标准化，将会导致文化的多元化，但是文化的多元化，却未必都是知识的个性化与非标准化所造成的。也就

---

① 周口市政协学习和文史委员会：《周口文史资料选辑》，2007 年第 1 辑，第 188～189页。

是说，完整感悟的认知方式，容易造成文化的多元化，但文化的多元化，却未必都是完整感悟这种认知方式所造成的。既然这样，怎么才能证明武术拳种的多样化与传统中国人完整感悟这种认知方式的密切关系呢？很简单，只要你认真学习一个拳种，甚至是认真学习一个拳种套路，你就会完全理解中国武术的经验性特色以及隐含在其中的完整感悟这种认知方式了。通过练习传统武术，你将完全明白，是完整感悟这种认知方式造成了武术知识的个性化，而武术知识的个性化又导致了武术知识的非标准化，从而造成了不同拳种或者同一拳种不同流派的知识内容的多元化，也就是我们常说的武术文化的多元化。

在这里，笔者的工作，不是要证明中国武术技艺的个性化、非标准化与传统中国人完整感悟这种认知方式的必然联系，而是要对中国武术技艺个性化与非标准化的原因进行直接的解释。在我看来，正是传统中国人完整感悟这种认知方式，使得很多智慧的武术家们不拘一格，创编了很多风格各异的武术拳种，使中华武术在各个层面上的技艺更实在、更明显地呈现出了文化多元化的状态，成为中国古代文化多元化的一个典型代表。而且，我相信，凡是真正认真地练习过中国武术的人也都会理解，为什么我会把武术拳种特别是武术技艺的多元化主要归因于传统中国人这一相对特殊的认知方式。

第二节

象形取义

象，即模仿；形，即实体、样子；取，即获取；义，即含义；象形取义，即通过模仿他者的行为方式，来体会、揣摩、想象其中对我有意义的东西。这里的他者，可以是人，可以是动物，可以是自然现象，也可以是神话或者想象中的东西、场景等；这里的模仿，可以是对实物的真实模仿，也可以是虚物的想象性模仿。

象形取义，也是传统中国人的一种认知方式。象形取义，是对他者的研究性学习；而象形取义的目的，则是要服务自己的思想创新与技术革新。从表面上看，象形取义，好像只是在模仿，但实际上，在象形取义中，模仿只是基础形式、只是人们体会、揣摩、想象他者之内在含义的媒介而已。一般的模仿，所关注的只是其外形，而象形取义所关注的，恰恰不是外形而是其内在的含义，特别是对自己直接有用的实践知识。

传统中国人的象形取义，与现在我们讲的仿生，也有其相通之处，但又不是一回事儿。仿生是模仿生物系统的价值和结构，来建造技术系统的一种科学方法；[①] 象形取义，是根据事物的形态来思考与想象其内在含义，获取对自己有用的方法、信息与灵感，以指导自己的相关行为。象形取义与仿生的区别，主要表现在以下几个方面：第一，仿生是有范围的，主要对象是生物，只是打破了生物和机器的界限，将各种不同的系统沟通起来；[②] 象形取义是没有范围限制的，其象形取义的对象，可以是任何范围内的任何事物。第二，仿生是科学计算的结果，其思维是受限制的；而象形取义，则是无限想象的结果，其思维不受任何限制。第三，正是由于仿生的严谨性与象形取义的开放性，所以仿生的成果往往是十分精细的，而象形取义的成果则往往是充满艺术情调的。具体地讲，仿生所获得的常常是清晰的方法、技术与价值；象形取义所获得的则有可能是整体而模糊的方法、技术，也有可能只是一种灵感或者启迪。

象形取义，是在模仿他者行为方式的基础上，通过对事物内在含义

---

① 杜家纬：《生命科学与仿生学》，《生命科学》2004 年第 5 期。
② 杜家纬：《生命科学与仿生学》，《生命科学》2004 年第 5 期。

的体会、揣摩与想象来获得相关的技巧性知识或者积极的灵感。象形取义所获得的可能是一些虽然有些模糊但却比较完整而且活灵活现的技巧性知识，也可能是一些具有象征意义或者启发价值的灵感。象形取义的象形对象，是他者的行为方式，而象形取义的取义方式，则是体会、揣摩与想象。象形取义，是传统中国人的一种典型的联想性认知方式，在中国文化的很多领域，对于它们的技术革新与文化创造，均产生了很大的影响。

观察，是所有人认识世界的逻辑起点，而定性的识别性观察，则是古代中国人的一种独特习惯。定性的识别性观察习惯，使古代中国人特别关注各种具体的现象，善于从整体、变化的角度把握各种现象的具体特征，而不像古代希腊人那样因资源的匮乏而集中注意力对事物细节的观察。这种以把握特征为主要目的定性的识别性观察习惯，还使得中国古人非常善于通过模仿来体会、揣摩与想象外界现象所内含的各种神韵。也许是受"万物一体"观念的影响，即使是对非生命的事物，中国古人也常常进行模仿，并能以对人的心态，拟人化地描绘出自己对这种模仿对象的精神状态的独特感受。或许，这正是传统中国人象形取义的源头与魅力所在。

象形取义这种认知方式对武术的文化影响，是非常巨大的。在我看来，象形取义，早已是中国武术拳种创新与技巧创新的重要渠道之一。武术中不断出现的新拳种与新技法，武术中很多技艺方法与训练方法的不断革新，本身就是象形取义的结果。

在民间武术界，一直流传着这样一个传说：很久以前，有一个在夜间赶路的人，不慎掉进一个深洞之中，四壁陡峭千尺，他无法出来，只好坐以待救。因呼救无人应，几天以后，也就慢慢陷入了深深的绝望之中。正在他坐以待毙之际，突然发现坑里还有一个伙伴。一只乌龟，正伸着脖子，对着天空的明月采气。他情不自禁，模仿着乌龟的动作，学着采气，竟不感到饥饿了。于是他不分昼夜，以龟为师。不知过了多

216

久，他进入了恍惚状态。醒来时，发现自己已经身在坑外。①

这个故事，我从小就听说过，但从来没有思考与怀疑过。虽然今天的我已不会相信它的全部真实性，但是，我却更加崇敬古代那些伟大的武术家们所拥有的细致入微的观察能力与充满想象的生活体验了。类似这样的传说，在传统武术中，是非常之多的。虽然我们并不能辨别这些传说的历史真实性，但最起码，我们还是可以从中领悟到传统武术创造的一些思路的。

大量的广为流传的传统武术拳种创造史告诉我们，诸多颇有名气传统拳种的创立，都是与传统武林人之象形取义的认知方式有着很大关系的。在现有的传说中，许多创立了著名的武术流派的武术家们，是在对外界事物如自然界与人类社会中的各种现象进行细致的观察、模仿、体验以后，甚至是对神话传说中的一些人物进行想象性的模仿、体验以后，悟出了武术运动的至深道理，而创立了这些直到今天还影响颇大的武术流派。②

特别值得一提的是，在中国武术中，有一大类很有特色、很有影响的拳种，也就是我们常说的象形拳，其与象形取义这种生动的开放性的认知方式有着非常密切的关系。象形拳是在模仿各种外界现象，体会、想象其内在含义，总结其特长的基础上，根据武术运动的具体特点而创造出的一类特殊的拳种。象形拳的模仿对象，多是真实的动物，但也包括一些神话或者想象中的动物，以及自然现象、社会现象、神话传说和文艺作品中的动物、人物和故事等。这类拳种，单是从拳种名称本身，就可以看出其是象形取义基础上的创造物。

在对真实动物进行象形取义基础上创造的象形拳，有蛇拳、虎拳、豹拳、鹤拳、狮拳、象拳、马拳、猴拳、彪拳、狗拳、鸡拳、鸭拳、毒

---

① 刘峻骧：《东方人体文化》，上海文艺出版社，1996，第118页。
② 乔凤杰、陈沛菊：《略论传统武术的悟道思维》，《山东体育学院学报》2004年第5期。

蛇吐信拳、虎形拳、黑虎拳、青虎拳、白虎拳、饿虎拳、猛虎拳、飞虎拳、伏虎拳、五虎拳、八虎拳、虎啸拳、回头虎拳、侧面虎拳、车马虎拳、隐山虎拳、五虎群羊拳、工字伏虎拳、虎豹拳、虎鹤双形拳、白鹤拳、宗鹤拳、鸣鹤拳、飞鹤拳、食鹤拳、饱鹤拳、饿鹤拳、五祖鹤阳拳、咏春白鹤拳、老鼠拳、独脚飞鹤拳、狮形拳、金狮拳、狮虎拳、二狮抱球拳、猿功拳、猿形拳、猿糅伏地拳、白猿短臂拳、白猿偷桃拳、鸡形拳、鸭形拳、鹰爪拳、老鹰拳、岩鹰拳、雕拳、鹞子拳、鹞子长拳、燕形拳、大雁掌、蝴蝶掌、龟牛拳、王八拳、大龟拳、龟鳖拳、甲鱼拳、螃蟹拳、灰狼拳、黄莺架子、鸳鸯拳、螳螂拳、硬螳螂拳、秘门螳螂拳、八步螳螂拳、梅花螳螂拳、七星螳螂拳、摔手螳螂拳、六合螳螂拳、少林螳螂拳、太极螳螂拳、光板蝗螂拳、玉环螳螂拳、天蚕功等。

在对自然现象、社会现象、神话传说和文艺作品中的动物、人物和场景等进行象形取义基础上所创造的象形拳，有龙拳、龙形拳（金龙拳）、龙桩拳、龙化拳、行龙拳、飞龙拳、火龙拳、青龙拳、飞龙长拳、青龙出海拳、双龙戏珠拳、麒麟拳、罗汉十八手、降龙十八掌、飞龙地躺拳、九龙十八滚、一神拳、猛鹤拳、二郎拳、韦驮拳、大圣拳、八仙拳、天罗拳、地煞拳、天罡手、地煞手、六煞拳、七煞拳、六星拳、七星拳、哪吒拳、金刚拳、观音拳、佛汉拳、佛教拳、罗汉拳、大罗汉拳、金刚拳、金刚手、二十八宿拳、四仙对打拳、七星访友拳、罗汉螳螂拳、夜叉巡海拳、金刚三昧掌、夜叉铁砂掌、醉拳、八仙醉酒、鲁智深醉跌、武松脱铐拳、大圣拳、八仙醉、水游醉、醉溜挡、醉八仙拳、醉罗汉拳、文八仙拳、武八仙拳、大八仙拳、混八仙拳、清八仙拳、少林醉拳、形式八仙拳、罗汉醉酒拳、太白醉酒拳、武松醉跌拳、燕青醉跌拳、石秀醉酒拳、鲁智深醉打山门拳、石头拳、水浒门拳、燕青拳、太祖拳、孙膑拳、宋江拳、孔朗拜灯拳、刘唐下书拳、莲花拳、螺旋拳、朝阳拳等。

蟒螂拳，是著名的象形拳种之一。关于蟒螂拳的创造人与创拳细节，民间的各种传说差别较大，但是，关于蟒螂拳的创拳方式，民间的各种传说则是大体相同的。

有一种说法，王朗访友比武失败，心情不好时，偶然看到了蟒螂捕蝉的那种灵巧而又激烈的情形，颇受启发，于是捕捉了许多蟒螂，经常地戏斗，观察研究蟒螂的每一个细小的神态与动作。在精神方面，他注意到了蟒螂意念高度集中、刚毅机智的气势；在手法方面，他注意到了蟒螂巧妙运用两个前臂而进行的勾、搂、卦、劈等动作；在身法方面，他注意到了蟒螂运用灵活多变的腰身而完成的仰、俯、拧、旋等动作；在步法方面，他注意到了蟒螂踏实、稳固地向前后左右各方向进行的闪、展、腾、挪等动作。他在创造性地吸取蟒螂搏斗优点的基础上，编制了一些巧妙的拳术攻防动作进行苦练，后再度访友比武连连获胜。王朗在访友习武过程中又不断地总结经验，虚心学习，取长补短，丰富和改进已取得的成果，从而创立了初期的蟒螂拳。

还有一种说法，明末清初时，山东有王郎者（有称王朗者）到少林寺学艺，艺成后与韩通斗，斗败及于树下休息，苦思破敌之法。王朗见一蟒螂缘树而下，乃以划草戏之，蟒螂则以一刀勾一刀打，转变有度，闪转灵活。王朗携蟒螂回寺，终日试之，而研究出勾、搂、刁、采等蟒螂手法。一日在树下练习时，有一猿猴取其衣，王朗追猿猴但不得近其身。追逐很久，猿猴才弃其衣而去。王郎思之良久，模仿猿猴之足迹，变换之角度，而研究出猴之步法。至此王郎之蟒螂拳也就初步形成了。[1]

可以肯定的是，蟒螂拳的创拳过程，是建立在象形取义的基础上的。应该说，正是通过象形取义，王朗感悟到了蟒螂所具有的特殊技艺，感受到了蟒螂的行为方式中所包含的对于武术的特殊意义。

---

[1]　北京武术院：《燕都当代武林录》，台海出版社，1998，第 274 页。

早在西汉时，中国就有了猴舞和猴拳。西汉长信少府檀长清曾在一个盛大宴会上表演猕猴舞。长沙马王堆 3 号汉墓出土的西汉帛画《导引图》上有"沐猴灌"的名目和图像，描绘的正是猴子的动作。明代戚继光著的《纪效新书·拳经捷要》中已有猴拳的记载。金铁庵在《醉八仙谱》中指出："拳法之盛行南方者，以七红、八黑、大小天罡、猴拳最为普遍。"峨眉山风景奇秀，其中峨眉灵猴更是拳家的仿生对象，以至于峨眉猴拳遍及全川，拳路较多。

关于猴拳，民间还流传着这样一个有趣的故事。清朝末年，北方有个拳手脾气暴躁，因杀死一个恶毒的村民而被抓。拳手被关押的监狱位于小镇郊外的一个森林，他的窗户刚好正对着许多大树，那上面经常有猴子蹦来跳去嬉戏玩耍。他对于猴子稀奇滑稽的动作感到很惊奇，于是每天专注地观察这些动物。他仔细地研究了猴子在各种情况下的动作，数年后，他已经能够很快地区别各个猴子的不同特征。对猴子的打斗技巧、灵活度、脚上动作等进行分类研究后，他发现这些动作与他从小练习的武术拳法有相通之处。于是他决定把猴子的动作与他所练习的拳术结合起来，从而大大发展了中国的猴拳。①

猴拳的最早创立，我们已无从考究。但是，可以肯定的是，猴拳的创立以及后来的发展，是与象形取义的认知方式有着密切的关系的。最起码，清代那个拳手对于猴拳的发展，就是在对真实存在的猴子进行象形取义的基础上完成的。

武松脱铐拳，相传为明清时的武术家依据小说《水浒传》中"武松大闹飞云浦"的故事情节，模拟与想象武松在"披枷戴铐"情况下的打斗技术与实战场景而编创的拳术套路。这个套路里共有十六种手法、六种腿法，以及各种肩、肘、胯等技击方法。整个套路分为带铐、搏斗、磕铐、脱铐、取胜等七个层次，结构清晰，技法独特，突出肘

---

① 《武术猴拳》，中华武术网，2010 年 7 月 19 日；http：//cnw5. cn/show. asp？id＝418。

法。这是一种很别致的拳路。在这个拳路里，既有攻防技击的动作，又有人物事迹的描绘。武松脱铐拳，除单人练习的拳路外，还有三人对练的拳路和五人对练的拳路。三人对练的"武松脱铐"，一人徒手，右手攥拳，左手握住右拳腕部，作两手被铐状；另外两人，一人持齐眉杆棒，一人持双手朴刀，作押解的样子。三人对练的"武松脱铐"，徒手的那个人，攻防闪躲，跌扑滚翻，动作灵敏迅速，而持刀、棒的两人，扑打劈搠，动作凶狠，气氛极为紧张。五人对练的"武松脱铐"，是一人手上套着一副带有长链的木铐，其他四人各持一根长棍。演练时，除了一人敌四人的各种攻防动作之外，间隙中还安插了长链和长棍的各种舞花动作。五人对练的"武松脱铐"，虽然没有跌扑滚翻等动作，却也是扣人心弦的。①

非常明显，武松脱铐拳的创作素材，是《水浒传》中的"武松大闹飞云浦"这一故事情节；而创作武松脱铐拳的技艺与艺术等知识，则是对这一故事情节进行象形取义的结果。武松脱铐拳的出现，不但证明了象形取义这一认知方式在传统中国的巨大影响，而且极大地表明了传统中国人超常的想象能力与艺术再现能力。

鹰爪拳，又有鹰爪翻子拳、鹰爪行拳、鹰爪连拳之称，是模拟老鹰捕猎动物之势，象形取义而创造出来的一种象形拳术。关于鹰爪拳的起源，有多种说法。第一种说法是根据戚继光《纪效新书·拳经捷要》中所载的"鹰爪王之拿"这句话，推测应该为明朝鹰爪王所传之拳。第二种说法是清朝中期河北雄县人刘仕俊所创。第三种说法是鹰爪拳源于宋代丽泉僧，丽泉僧传于岳飞。第四种说法是鹰爪拳由岳飞所创，后经数代传至清代刘仕俊；等等。现代流行最广的说法，就是清代刘仕俊创拳说。

鹰爪拳以模仿鹰爪抓扣和鹰翼翻旋的动作为主，其爪法丰富多彩，

① 蔡龙云：《武松脱铐拳》，中国展望出版社，1984，前言。

精致灵巧。它要求出手崩打，回手抓拿，分筋错骨，点穴闭气，翻转灵活，神形似鹰。鹰爪拳的套路，抓扣掐拿，上下翻转，连环快速。鹰爪拳要求动则刚暴凶狠、快速密集，静则机智稳健、似鹰待兔。鹰爪拳的很多动作如雄鹰展翅、雄鹰捕食等，栩栩如生，给人以机智、果断、勇猛、优雅之感。①

关于鹰爪拳的起源，我们现在还无法弄清，但是，鹰爪拳与象形取义这一思维方式的关系，却是完全可以确定的。

鸡拳，也称鸡法，据传发源于福建永泰县埔岭村，俗称"埔岭鸡法"，为埔岭人谢友生在观察斗鸡的基础上创编而成。后逐步传入福州、建瓯、建阳等地，约有 200 年的历史。鸡拳的创编者，模仿鸡搏斗及生活中的各种表现，如鸡啄虫、食米、蹬腿、抖翎、伸腰、独立、上架、长鸣等动作，象形取义，创作了包括金鸡啄米、金鸡洗脸、金鸡踏斗、小鸡探宝、雄鸡出巢、母鸡护仔等在内的很多颇有特色的武术技法。鸡拳的动作快速多变，灵活敏捷。鸡拳多用指、爪、顶、掌、拳等手法，注重臂与掌的运用，并常用震翼、板翼、别翼、展翼、弹翼、拌翼等方法，演练时而还因势发出鸡的啼叫声。鸡拳的步法巧妙多变，善用三角马、独立步和跳步。鸡拳重视手、眼、身、步的配合，有"瞪眼即举手，摇身脚紧随"和"眼为帅、项为旗、脚手为兵"的说法；讲究柔巧制胜，有"鸡法劲柔化为本"和"鸡使巧法柔克刚"等说法。鸡拳的传统练功方法独具一格，有独立功、一枝香功、鸡爪功、排掌功、跳门槛功等。②

龟牛拳，据传为湖南姚世月所创。据传说，清朝初年，在湖南平江县东乡土垅界有一永福寺，寺内习武僧人姚世月，每天打坐参禅之余，经常到寺内青垅井边，观看井中龟的活动，并经常到寺外观看牧童放牛

---

① 凌长鸣：《鹰爪拳》，海燕出版社，2008，第 33 页。
② 《中国武术拳械录》编纂组：《中国武术拳械录》，人民体育出版社，1993，第 407~408 页。

与农民耕田。通过三四年对龟和牛的观察，心有所悟，仿龟牛之形象，以牛的斗架、行步、吃草、犁田、滚泥、弹蹄和龟的游水、进洞、戏头、扑食、钻泥等生活习性为基础，根据太极图阴阳八卦原理，创造出龟盘图及"天、田、井、巾、公"等武术套路，发明了别具风格的龟牛拳。龟牛拳借鉴牛之动与龟之静，演练时含胸顶角，埋头缩颈，怒目圆睁，并要求力达四肢，脚趾抓地，稳扎下盘，出手有力，进退闪躲灵活自如。多短拳，擅标手，发暗劲，时有发声，以气催力。有走圆场、踩角等形式。牛拳需踩五个桩，并按"天、田、井、巾、公"布阵法练习；龟拳则按"十二龟极图"进行练习。其气势勇猛，一气呵成。[①]

鸭形拳，是中国民间少有人知道的象形拳种。鸭形拳的流传已有数百年历史。据说，明朝时峨眉山有位陆雅（绿鸭）道人，仔细察看山里鸭池中鸭群的种种形态动作，再与拳术的基本功法相结合而创编出了鸭形拳。此拳的举手投足皆模仿鸭子的形态，走路时上身下体左右摆动，头颈后伸缩。鸭形拳的特色是两臂自然甩动、双腿交替、脚蹬撩踢、身体前后左右摆晃。手法以掌为主，有勾、搂、托、插、穿、摆、掖、掷等，前撩后拨，左右伸按，柔中含刚。步法有弓步、虚步、行步、拖步、击步、盖步、挤步、跳步、辗转步等，多处于半蹲状态。头颈前探后拉，身体左右扭动。[②]

鱼门拳，湖北地方拳种之一，属南拳类。相传明末清初年间，有戈定、韩通、董奎、赵玄、薛礼、钟师6位武林义士，隐于咸宁泉山金凤峡，因观看鱼在水中穿逐转跃之妙、渔人撒网用力之巧而受到启悟，共创此拳，故又名"鱼门六家艺"。其流行的主要套路有六和图、八阵图、燕青图、六角长拳等。它要求松腰坐胯，气沉丹田，急缓和谐，刚

---

① 《中国武术拳械录》编纂组：《中国武术拳械录》，人民体育出版社，1993，第404页。
② 《中国武术拳械录》编纂组：《中国武术拳械录》，人民体育出版社，1993，第404页。

柔相济，轻沉自然，连绵不断，并注意做到脚踩八卦，手扣七星，上下分三关，三尖一条线。发劲时讲求松、合、冲；其最有名的"五峰碰力法"，要求头、肩、肘、臀、膝紧密配合，做到形似游鱼疾穿，一碰即转。实战讲求墩、克、扒、拿四字。总体特点是：拳势柔和平稳，无甚起伏；转折灵巧，柔中寓刚；活如车轮，轻如猫行；龙身虎步，鸡眼猴形；腿法少，穿缠手法多。①

鸡拳、龟牛拳、鸭形拳、鱼门拳等诸如此类的象形拳，多是在象形取义基础上的创造或革新。在此类拳种中，可以普遍而轻松地感受到象形取义的内在奥妙与巨大魅力。应该说，象形取义，是象形拳的认知基础，是象形拳的创作源泉。如欲深入地理解传统中国人的这一特殊的认知方式，完全可以通过对于象形拳的练习性研究与研究性练习来实现。

许多传统武术的技击之术与健身方法的产生，在西方人甚至是现代中国人看来，似乎是不可思议的。然而，这却可能是历史发展的事实。退一步讲，这至少反映了中国古人对待武术之术的一种根本性的态度。

象形取义，注重的是对事物的内在意蕴的体悟，而不是对事物的外在形象的照搬。从一个看似风马牛不相及的事物中感悟出人们在其他事物中所需要的规律、观念、方法等，是象形取义的微妙所在与魅力所在。正是因此，形与神，就建立了一个真实的联系方式。而这，恰恰促成了传统武术演练艺术的独特个性。懂得了这一点，我们就基本上可以理解传统武术强调形神兼备的主要原因，也就大致可以明白中国古人为什么可以从动物的行为、非生物的状态甚至是神话的想象中感悟出武道的原因了。这样，电影《英雄》中的主人公透过文字感悟武道与天下

---

① 张俊敏：《南拳——刚健朴实的南方短打》，北京体育大学出版社，2001，第26~27页。

大道的玄奥之举，也就没有什么不可想象了。从现代的角度看，这可能是一种非逻辑的艺术直觉。[①]

第三节

定律类推

推理，是认知的方式之一，而类推，又是推理的方式之一。应该说，如果仅仅是谈类推，其实并没有什么值得我们过多讨论的。然而，我们这里所说的类推并不是我们现在常说的逻辑推理中的类推。现在常说的类推，在归类时是有限度的，而传统中国人的类推，在归类时是没有任何限制的；现在常说的类推，其推理的依据常常是某一类大家都知道的道理，以已知类推未知；而传统中国人的类推，其推理的依据是经验升华而成的定律，以定律推未知。因为其推理的依据是人们已经总结出来的定律，所以笔者就权且把其命名为定律类推。

定律类推，是在无限归类的基础上，以定律性的世界观为原则与依据，来对已被归类的具体事物进行推理认知。定律类推的要点，一是无限归类，二是定律性的世界观。在现代中国，这些类推方式似乎在日渐远离百姓大众。所幸，在流传至今的中国武术中，还可以清晰地看到这些传统中国的定理类推方式。在传统中国，影响较大而且对武术影响最为明显的定律，是以气一元论为基础、阴阳学说与五行学说合一的阴阳五行学说。所以，这里我们着重论述的是阴阳五行学说及其在武术中的类推运用。

---

① 乔凤杰、陈沛菊：《略论传统武术的悟道思维》，《山东体育学院学报》2004 年第 5 期。

一 定律内容

气一元论、阴阳学说、五行学说等，都是一种认知模型，在各自体系内都是自洽的。它们本就是独立的，可以并行不悖，但也可以交叉组合成为更复杂的立体认识模型。

（一）气一元论

气，人们认知世界的基础概念，属于认识论范畴的概念。在传统中国人的心目中，世界万物，无论是物质的还是精神的，都应该有一个统一的本原。这个统一的本原，就是气。反过来说，气是世界万物的本原，世界万物，无论是物质的还是精神的，并没有实质性的区别，都只是气的不同变化形态而已。

气一元论中的气，与现在所讲的气体之气不是一回事儿，也与现实当中任何具体的东西都不是一回事儿。那么，气是什么？笔者认为，气的概念，实际上是在认识论范畴内逻辑推论出来的一个概念。宇宙万物，是复杂多样的现象组成的。当我们对这些复杂多样的现象按照逻辑进行无限的归类总结的时候，你最终会归类为一种东西，即我们称之为宇宙万物本原的东西。这一到最后被逻辑归类出来的东西，就是我们这里所说的气。实际上，气的概念，是建立在宇宙万物一元论基础上的；也就是说，是因为我们坚信宇宙万物一定有一个统一的本原，所以才有了气的概念。其实，对宇宙万物的一元论而言，气只是个名称而已，只是代表宇宙万物之统一本原的一个概念而已。

气是构成宇宙的唯一本原，而运动变化则是气的根本属性。气聚则成形，散而为气。所谓的不同事物，其实都只是气的不同存在形式而已，而形和气之间、不同形之间的相互转化其实也只是气的运动变化而已。气生形，形归气，气聚则形生，气散则形亡。从气的角度讲，宇宙万物是无所谓生灭而只有变化的，因为所有事物的生灭其实都是气的变化即气化的结果。形之存亡由乎气之聚散，形气之间的相互转化就是气化作用的具体表现。气充塞于太虚之中，一切有形之物的生成和变化乃至消亡，无不由于气化作用。气化运动至大无外、至细无内。大者，气化运作于有形之物与太虚之气之间；小者，每一有形之物内部都存在形化为气和气化为形的气化运动。

气是万物的本原，也是万物之间的中介。气贯通于天地万物之中，具有可入性、渗透性和感应性。未聚之气稀微而无形体，可以和一切有形无形之气相互作用和相互转化，能够衍生和接纳所有有形之物，成为天地万物之间的中介，把天地万物联系成为一个有机整体。[①]

（二）阴阳学说

阴阳，是建立在气一元论基础上的属于认识论范畴的一对状态性概念。运动变化，是气的根本特性，而所谓阴阳，其实也就是气在其运动变化过程中呈现出来的两种性质，或者说是气的两种运动变化方式。用古人的话讲，气一物两体，分为阴阳，而阴阳相反、阴阳互根、阴阳消长和阴阳转化，乃是阴阳学说的基本内容。

按照气一元论，宇宙万物，都是气的不同变化呈现出来的现象而已。正是因此，传统中国人在观察现象时，并不太关注现象本身，而是特别重视形成这种临时性现象的气的变化方式。当我们对气的所有变化方式按照两分法进行观察时，我们自然会在不同的层面上，把所有的事物变化过程，均分为两种性质。这种从不同层面的所有事物变化过程中总结、分类出来的两种性质，就是我们所说的阴阳。

1. 阴阳相反

"阴阳者，一分为二也。"在人们对阴阳进行界定时，就已经决定了阴阳双方的相反性质，如天与地、上与下、内与外、动与静、升与

---

① 李德新：《中医理论基础》，中国中医药出版社，2000，第21、23页。

降、出与入、昼与夜、明与暗、寒与热、虚与实、散与聚等。之所以以
相反来界定阴阳，是要用阴阳说明事物或现象中性质相反的两个方面之
间的相互制约关系。

2. 阴阳互根

阴阳互根，是说性质相反的事物或者方面之间，是相互依存、相互
依赖的。阴阳双方均以对方的存在为自身存在的前提和条件，任何一方
都不能脱离另一方而单独存在。阳根于阴，阴根于阳，无阳则阴无以
生，无阴则阳无以化。阳蕴含于阴之中，阴蕴含于阳之中。

阴阳互根是阴阳相互转化的内在根据。因为阴阳代表着相互关联的
事物的双方或一个事物内部对立的两个方面，因而阴和阳在一定条件
下，可以各向自己相反的方面转化。阴阳在一定条件下的相互转化，也
是以它们的相互依存、相互为根的关系为基础的。如果阴阳对立的双方
没有相互联结、相互依存的关系，也就不可能各自向着与自己相反的方
向转化。

3. 阴阳消长

阴阳消长，即阴阳对立双方的增与减、盛与衰、进与退的运动变
化。作为认识论范畴的基本观念，阴阳消长的意思是说，阴阳双方不是
处于静止不变的状态，而是始终处于此盛彼衰、此增彼减、此进彼退的
运动变化之中。其消长规律为阳消阴长，阴消阳长。一般说来，阴阳消
长，有常有变，正常的阴阳消长是言其常，异常的阴阳消长是言其变。
在传统中国人的观念世界中，自然界和人体的所有复杂的发展变化，都
包含着阴阳消长的过程，是阴阳双方对立斗争、依存互根的必然结果。

4. 阴阳转化

阴阳转化，是指阴阳双方，在一定条件下可以相互转化，阴可以转
化为阳，阳可以转化为阴。阴阳转化是事物运动变化的基本规律，也是
我们在认识事物时的一个观念预设。在阴阳消长过程中，事物由"化"
至"极"，即发展到一定程度，超越了阴阳正常消长的阈值，事物必然

向着相反的方面转化。但是，必须指出的是，阴阳的相互转化是有条件的，不具备一定的条件，二者就不能各自向相反的方向转化。

事物的发展变化，表现为由量变到质变，又由质变到量变的互变过程。如果说"阴阳消长"是一个量变过程，那么"阴阳转化"便是一个质变过程。阴阳的消长（量变）和转化（质变）是事物发展变化过程中密不可分的两个阶段，阴阳消长是阴阳转化的前提，而阴阳转化则是阴阳消长的必然结果。[①]

（三）五行学说

五行，也是建立在气一元论基础上，属于认识论范畴的、五个关系密切的状态性概念。五行的"行"，是运行变化的意思。五行，不是指五种特殊的物质，也不是指五种物质形态，而是指气的运动变化的五种性质，或者说是在气的运动变化过程中呈现出来的性质不同的五种方式。

正像我们前面所说的，按照气一元论，宇宙万物都是气的不同变化呈现出来的现象而已。对于气的不同变化所呈现出来的各种现象，可以进行不同方式的分类。当我们对所有现象按照两分法进行观察时，我们抽象出了阴阳的概念。可是，当我们对所有现象按照五分法进行观察时，我们自然会把所有的现象，在不同的层面上，均分为五种性质。这种被广泛运用于所有现象的不同层面的五种性质，就是我们所说的五行。

五行学说是用事物属性的五行归类及生克乘侮规律，以说明事物的属性和事物之间的相互关系；五行学说告诉人们，世界上的万事万物，都可以被划归为木、火、土、金、水五类，而且这五类事物之间具有明确而固定的生、克、乘、侮关系。

---

① 辽宁中医学院：《中医基础理论》，辽学科学技术出版社，1986，第13～14页。

五行，即木、火、土、金、水，指的是事物运动变化的五种方式。古代中国，思想家们用五行理论来说明世界万物的形成及其相互关系，医家们用五行理论来解释生理、病理上的种种现象，术士们用五行相生相克来推算人的命运，等等。

五行学说以五行的特性对事物进行归类，将自然界的各种事物和现象的性质及作用与五行的特性相类比后，将其分别归属于五行之中。在此基础上，五行学说认为，五行之间存在生、克、乘、侮的关系。五行的相生、相克关系可以解释事物之间的相互联系，而五行的相乘、相侮则可以用来表示事物之间平衡被打破后的相互影响。

五行学说不仅将事物归属于五行，而且进一步以五行之间的生、克、乘、侮关系来解释事物之间相互协调平衡的整体性、统一性和事物正常发展运动变化的规律，用相乘、相侮来解释事物间平衡失调的机制。

五行相生，是指五行之间的促进、助长和滋生的关系；五行相生的次序是：木生火，火生土，土生金，金生水，水生木，依次滋生，循环无端。五行相克，是指五行之间的抑制、制约、克服的关系；五行相克的顺序是木克土，土克水，水克火，火克金，金克木。五行相乘，指的是五行之间过度克制的关系；相乘的次序与相克同，即木乘土，土乘水，水乘火，火乘金，金乘木。五行相侮，指的是五行之间的克制次序遭到破坏后出现的逆向克制的异常相克现象，又称"反克"；因此，相侮的次序与相克的次序正好相反，即木侮金，金侮火，火侮水，水侮土，土侮木。相乘、相侮是五行关系中正常的生克制化失调所出现的异常相克情况。实际上相乘、相侮可同时发生，即某一行力量过强时就会乘其所胜，侮其所不胜；某一行力量虚弱时会导致其所不胜的相乘和其所胜的反侮。[1]

---

[1] 韩贵清：《中医学》，人民军医出版社，1999，第 20~21 页。

（四）阴阳五行学说

阴阳五行学说，是在气一元论的基础上把阴阳学说和五行学说合二为一的一种学说。

阴阳与五行，是对气的不同变化方式所呈现出来的各种性质进行不同方式的分类。但是，需要说明的是，对于气的变化方式的这两种分类，并不是随意的行为，而是经验长期积累的结果。就人类对于气化现象的认识而言，并不是所有的分类都是适宜甚至是有意义的。

阴阳五行学说的形成，是一个漫长的过程；而最终形成的阴阳五行学说，则是中国古人对人类已经获得知识进行高度概括与分析的结果，是中国古人对于已知世界进行的一个高层次的归纳总结，是中国古人发现的一个规律。我想，最起码，在当时的历史背景下，应该是比较精细、比较合理的。

应该承认，在很长的一段时间内，中国古人曾经把阴阳五行当成组成世界的基本元素进行过本体论意义上的思考。在当时中国古人的心目中，世界是在阴阳二气作用的推动下滋生、发展和变化，并认为木、火、土、金、水五种最基本的物质是构成世界不可缺少的元素。这五种物质相互滋生、相互制约，处于不断的运动变化之中。但是后来，经过漫长的发展，阴阳五行学说，渐渐地成为认识论而非本体论意义上的一套理论体系，成为中国古人通过演绎来认知世界的一种方式。

按照常规，在阴阳五行学说形成之后，人们对于阴阳五行学说的运用，应该分成逻辑上的两个阶段：试运用阶段与无限运用阶段。从后来阴阳五行学说在中国古代的无限运用来推测，在其试运用阶段，应该是没有太大问题的，否则，这一学说可能早就消亡，或者是只在极小的范围内运用，甚或是只在极小范围内的个别愚昧之人身上还存在。应该说，正是在经历了不知多长时间的试运用之后，人们开始确信这一定律的正确性，慢慢地，人们开始对这一定律不再有任何丝毫的怀疑。此

231

后，阴阳五行学说，也就成为中国古人的一个不需要思考、不需要解释、更不需要论证的认知万事万物的固定方式。

二 定律类推

顾颉刚说，"五行，是中国人的思想律"①。其实，这句话也可用于阴阳五行学说。在我看来，成熟的阴阳五行学说，也是中国人的思想定律，是中国人对万事万物进行类推的依据性定律。如果说，阴阳五行学说的形成，是对无数中国古人的经验进行归纳的结果的话，那么，对于阴阳五行学说的运用，则是作为思想定律在万事万物中进行的演绎。阴阳五行学说具有唯一性、思维经济性等特点。作为一种固定模式的认知类推方式，阴阳五行学说的历史意义不在于其对阴阳两种事物与木火土金水五种物质属性的认识是否正确，而在于其总结出的阴阳相反相成、五行生克制化等逻辑关系所具有的思想价值。②

阴阳五行学说，以固定的思想定律，在对事物性质进行五行归类与阴阳归类的基础上，对事物的内在规律进行类推认知。作为一种认知方式，阴阳五行学说告诉我们：在观察与研究万事万物时，要注意并归纳出该事物的"木、火、土、金、水"这五类属性及其阴阳属性；要根据五行之"相生""相克""相乘""相侮"关系和阴阳之"相反""互根""消长""转化"关系的定律，来对我们所观察与研究的事物的内在规律进行类推认知。

认识论意义上的阴阳五行学说，是一种以定律类推万物的认知方式。作为一种成熟的思想定律，作为一种固定模式的类推方式，阴阳五行学说，对于传统中国的影响是巨大而深远的。自然，对于中国文化符号之一的中国武术来说，以阴阳五行学说来进行的认知与解说，可谓是

---

① 顾颉刚：《古史辨》（《民国丛书》第四编第68册），上海朴社，1935，第641页。
② 胡化凯：《金木水火土——中国五行学说》，海天出版社，2012，第62页。

随处可见。

中国传统武术中的著名拳种形意拳，就是以五行拳为母拳，而五行拳之五行，就是阴阳五行中的五行。自然，五行拳甚至是整个形意拳，就都受到了阴阳五行学说的巨大影响。换句话说，形意拳特别是其母拳五行拳的创立，本身就是以阴阳五行学说为基础的。形意拳之五行拳法以劈、崩、钻、炮、横五种拳法对应金、木、水、火、土，动作简单、规矩严谨、左右式反复。其他各式拳法多由此演变而成。武术家认为，对此拳的理解与练习，应遵循阴阳五行学说，而且，练此五式将会分别有利于肺、肝、肾、心、脾五藏。

王宗岳所著的《太极拳论》，是这样解说太极拳理的。①

> 太极②者，无极而生，动静之机，阴阳之母也。动之则分，静之则合。无过不及，随曲就伸。人刚我柔谓之"走"，我顺人背谓之"粘"。动急则急应，动缓则缓随。虽变化万端，而理为一贯。由着熟而渐悟懂劲，由懂劲而阶及神明。然非功力之久，不与豁然贯通焉！虚领顶劲，气沉丹田，不偏不倚，忽隐忽现。左重则左虚，右重则右杳。仰之则弥高，俯之则愈深。进之则愈长，退之则愈促。一羽不能加，蝇虫不能落。人不知我，我独知人。英雄所向无敌，盖皆由此而及也！斯技旁门甚多，虽势有区别，概不外壮欺弱、慢让快耳！有力打无力，手慢让手快，是皆先天自然之能，非

---

① 王宗岳：《太极拳论》，载于杨澄甫：《太极拳体用全书》，人民体育出版社，1957，第44~45页。

② 气与太极的关系，在哲学史是有争议的。笔者认为，气与太极不是一回事儿。气是现象世界的统一本原，是人们认识世界的产物，而太极则是气的物自身，是宇宙万物的本来面目。本章所谈的认知方式，乃是人们对于现象的认知方式。一切现象都是可以认知的，自然作为现象的气也是可以认知的。但是，物自身是不可以认知的，自然作为物自身的太极也不可通过一般的认知方式来认知。在这里，虽然有时也会提到"太极"这一概念，但还没有论及认知问题。严格地讲，作为物自身，太极只可以通过"无化"的方式来彰显，却不可以通过任何方式来认知。因为，无论什么样的认知方式，都不能摆脱人类认知能力的限制。

关学力而有为也！察"四两拨千斤"之句，显非力胜；观耄耋能御众之形，快何能为？立如平准，活似车轮。偏沉则随，双重则滞。每见数年纯功，不能运化者，率皆自为人制，双重之病未悟耳！欲避此病，须知阴阳；粘即是走，走即是粘；阴不离阳，阳不离阴；阴阳相济，方为懂劲。懂劲后愈练愈精，默识揣摩，渐至从心所欲。本是"舍己从人"，多误"舍近求远"。所谓"差之毫厘，谬之千里"，学者不可不详辨焉！是为论。

苌乃周所写的《中气论》《阴阳转结论》《三尖为气之纲领论》《聚精会神气力渊源论》，分别进行了如下的表述。[①]

《中气论》

中气者，即仙经所谓元阳，医者所谓元气，以其居人身之正中，故武备名曰中气。此气即先天真乙之气，文炼之则为内丹，武炼之则为外丹。然，内丹未有不借外丹而成者也。盖动静互根，温养合法，自有结胎还元之妙。俗学不谙中气根源，惟务手舞足蹈，欲入元窍，必不能也。人自有生以来，禀先天之神以化气，积气以化精。当父母媾精，初凝于虚危穴内，虚危穴前对脐，后对肾，非上非下，非左非右，不前不后，不偏不倚，正居人一身之当中，称天根，号命门，即《易》所谓太极是也。真阴真阳，俱藏此中，神实赖之。此气之灵明，发为五脏之神：心之神、肝之魂、脾之意、肺之魄、肾之精与志。赖此主持，呼吸依之，吸采天地之气，呼出五脏之气。呼自命门而肾而肝而脾而心而肺，吸自肺而心而脾而肝而肾而命门，十二经十五络之流通系焉。经络者，气血之道路也。人一呼气血流三寸。呼吸定息，共行六寸。人一日一夜凡一万三千五百息，昼夜行八百一十丈，阳行二十五度，阴亦行二十

---

① （清）苌乃周：《苌氏武技书》。

五度，共计昼夜凡五十度，遍周于身。自脏腑而出于经络，自经络而入于脏腑，从此而生两仪。乃生肾而骨（肾有左阴右阳），肾属水脏，水能生木。肝属木脏，而生筋；筋附于骨，乃生肝而长筋，木能生火。心属火脏，而主血脉，火能生土。脾属土脏，而生肌肉，土能生金。肺属金脏，而主皮毛，乃生肺而长皮毛。五脏以次而长，六腑以次而生，是形之成也。因真乙之气，妙合而成，气之聚也，由百骸毕具而寓。一而二，二而一，原不可须臾离也。武备如此，练形以合外，炼气以实内，坚硬如铁，自成金丹不坏之体，则超凡入圣，上乘可登。若云敌人不惧，尤其小焉者也。

《阴阳转结论》

天地之道，不外阴阳，阴阳转结，出自天然。故静极而动，阳继乎阴也。动极而静，阴承乎阳也。推而至于四时，秋冬之后，续以春夏，收藏极而发生随之。春夏之后，接以秋冬，发生极而收藏随之。阴必转阳，阳必转阴，乃造化之生成，故能生生不穷，无有止息。人禀天地之气以生，乃一小天地。其势一阴一阳，转结承接，顾可不论哉？故高者为阳，低者为阴；仰者为阳，俯者为阴；伸者为阳，屈者为阴；动者为阳，静者为阴；正者为阳，侧者为阴。势高者必落之低，阳转乎阴也。若高而更高，无可高也，势必不连，气必不续。势低者，必起之以高，阴转乎阳也。若低而更低，无可低也，势必不连，气必不续。俯仰屈伸，动静侧正，无不皆然。间有阴复转阴，阳复转阳者，此一气不尽，复催一气以足之也。非阴尽转乎阴，阳尽转乎阳也。明乎此。转关有一定之势，接落有一定之气。无悖谬，无牵扯矣。盖势之滑快，气之流利，中无间断也。一有间断，则必另起炉灶，是求快而反迟，求利而反钝也。

《三尖为气之纲领论》

凡事专一则治，以其有主宰，有统帅。虽有千头万绪之多，而约之总归一辙也。如行军有主帅之运筹，治家有家长之规矩，方同心协力，于事有济。练形炼气，动关性命，其气之统领，气之归着，可不究哉？头为诸体之会，领一身之气，头不合，则一身之气不入矣。如俯势而头仰，则阳气不入矣。仰势而头俯，则阴气不入矣。左侧俯势而头反右歪，则右半之阴阳不入。右侧俯势而头反左歪，则左半之阴阳不入。侧仰势亦然。直起势头反缩，则下气不得上升。直落势头反顶，则上气不得下降。旋转而右，头反左顾，则气不得右入。旋转而左，头反右顾，则气不得左入。三阴止于手之内，三阳起于手之背，为臂臑血气之道路。指法之屈伸聚散，手腕之俯仰伸翘，一有不合，则膊气不入矣。如平阳手直出者，而反掌勾手，气亦不入。平阴手直出者，而反掌勾手，气亦不入。阴手下栽者，掌翘，则阳气不入。阳手上冲者，掌翘，则阴气亦不入。平阴手前荡者，腕勾，则阴气不入。平阳手栽打者，腕勾，则阴气亦不入。侧手直打者，跌手，则气不入。侧手沉入者，翘手，则气亦不入。余可类推。三阳止于足之背，三阴起于足之下，为腿胯往来血气之道路。一足之尖根楞掌，脚脖之伸翘内外，一有不合，则身气不入矣。如仰势踢脚，若尖伸，则阳气不入。俯势栽脚，若尖翘，则阴气不入。起势直撺，若尖伸，则气不得上升。落势下坠，若尖翘，则气不得下降。

《聚精会神气力渊源论》

神者，气之灵明也，是神化于气，气无精不化，是气又化于精矣。盖人之生也，禀先天之神以化气，积气以化精，以成此形体。既生以后，赖后天水谷之津液以化精，积气以化神，结于丹鼎，会于黄庭，灵明不测，刚勇莫敌，为内丹之至宝，气力之根本也、故气无形，属阳，而化于神。血有质，属阴，而化于精。神虚，故灵明不测，变化无穷。精实，故充塞凝聚，坚硬莫敌。神必借精，精必附神，精神合一，气力乃成。夫乃知气力者，即精神能胜物之谓也。无精神，则无气力矣。武备知此，唯务聚精会神，以壮气力，但不知精何以聚，神何以会，是殚毕生之心力，而漫无适从也，岂知神以气会，精以神聚。欲求精聚神会，非聚气不能也。聚之之法，唯将谷道一撮，玉茎一收，使在下之气，尽提于上，而不下走；采天地之气，尽力一吸，使在上之气，尽归于下，而不上散，下上凝合，团聚中宫，则气聚而精凝，精凝而神会，自然由内达外，无处不坚硬矣，即南林处女所谓内实精神之说也，但须练之于平日，早成根蒂，方能用之当前，无不坚实。不然，如炮中无硝磺，弩弓无弦箭，满腔空洞，无物可发，欲求勇猛疾快，如海倾山倒，势不可遏，必不能也。此练形炼气之最紧者，谨之秘之，切勿妄泄，以遭天谴。

有人认为，以阴阳五行学说来解读武术，乃是一种愚昧甚至是欺骗。但是，实际上，这至少不是一种客观的态度。因为，正像我们前面已经说过的，经历长期的发展之后，阴阳五行学说早已不是一种世界观，而是一种认知方式。作为一种认知方式，阴阳五行学说自有其不足或者局限之处，但绝对不是完全的愚昧与欺骗。传统中国人数千年的认知经验，不可能一无是处。

应该说，无论是对武术实践经验的升华，还是从其他学术理论中借鉴所得，《形意拳拳经》《太极拳论》《中气论》《阴阳转结论》《三尖为气之纲领论》《聚精会神气力渊源论》等，这些武术理论，都是以阴阳五行学说对拳法的根源特别是拳法之间的生克乘侮关系的认识与解读，都可谓是思想深刻，目光独到。笔者相信，好好练习武术，读透

《形意拳拳经》《太极拳论》《中气论》《阴阳转结论》《三尖为气之纲领论》《聚精会神气力渊源论》等武术经典论述，自然也就明白了阴阳五行学说这种认知方式的精髓所在。

第四节

比喻表达

所有的知识，都不是真理，也不是规律，而是人们认知的结果。即使是对于相同的事物，只要其认知方式不同，其知识形态也就可能不同。传统中国人的认知方式，要么是面对事物直接进行的完整感悟，要么是顾左右而悟他的象形取义，要么是借用前人经验结晶而进行的定律类推。无论是哪一种认知方式，其进行认知所获得的知识，都将是动态的、形象的、鲜活的信息，而要对这类信息进行清晰的表达，常规的描述性语言显然是难以做到的。也许是智慧，也许是无奈，对于这类信息，传统中国人常常运用现实中、传说中、想像中的相近景象来进行比喻性的表达。

比喻，也就是我们平常所说的打比方，是用具体的、浅显的、熟知的一个事物或情境来说明另一个抽象的、深奥的、生疏的事物或情境的一种修辞手法。比喻表达，即通过明喻、暗喻、借喻等各种比喻方式，用某种更完整、更容易理解的具体景象来说明那些抽象的观念、原则或方法。比喻表达，把抽象的东西形象化，把陌生的东西熟悉化，把刻板的东西生动化，把事物的特点突出地表现出来，容易使人理解，容易使人接受，容易给人留下深刻的印象。

比喻表达，是要用具体景象来比喻性地表达事物的真实含意与内在精神；比喻表达之具体景象，既包括人物动作之景象，也包括动物动作之景象，还包括自然现象之景象；而这些具体景象，既可以是世间真实的景象，也可以是传说神话中的景象，还可以是艺术创作出来的景象。

虽然，比喻表达并不是中国人的专利，但是，应该看到的是，它至少还应该算是中国人的一种传统的偏好，甚至是一种日用而不知的习惯。例如，我们乘飞机、坐火车，当听到"北京站就要到了""上海站已经到了"等报站语言时，我们常常会觉得很严谨，但实际上，这种报站语言，并不是严谨的逻辑语言，而是一种用艺术景象来进行的比喻性表达。我们之所以会把这些艺术性场景语言当成严谨的逻辑语言，是因为我们早已习惯了这种比喻性的表达方式。

在武术中，比喻表达已经被发挥得淋漓尽致。传统武术的动作名称与流行谚语，有很多都是比喻性的景象描述，如"饿虎扑食""燕子抄水""小鬼推磨""二郎担山""珍珠倒卷帘""引线抽丝""白鹤亮翅"等动作名称和"拳似流星眼似电，身似蛇形步赛粘""出手如闪电，回手似火烧""静如处子，动如脱兔""遇敌如同火烧身"等流行谚语。初看起来，这些动作名称与流行谚语似乎与武术本身并没有什么直接的联系，然而，正是这些看似与武术本身没有什么直接联系的动作名称与流行谚语，却为人们学习与理解武术提供了更为生动、更为完整的信息。

中国武术的动作名称与流行谚语，常常是现实生活中的人、动物所做的各种动作或某种状态，或者是某些自然的景象。这些动作名称与流行谚语所指向的事物，往往生动活泼，让人一目了然。我们必须承认，无论是动作名称，还是流行谚语，虽然这种比喻表达方式，都并不能完全尽其意，甚至常常不能像逻辑语言给人提供一个清晰的动作路线，但很值得我们自豪的是，相比较而言，这种比喻表达方式，却在保持动作与要求的完整信息方面，还是有着独到之处的。这是中国武术的表达优势，也是整个中国传统文化的语言特色。

（一） 比喻表达性质的武术动作名称

比喻表达性质的武术动作名称，大致可以分为三类，一是以人物动作来比喻性地表达动作含义的动作名称，二是以动物动作来比喻性地表达动作含义的动作名称，三是以自然景象来比喻性地表达动作含义的动作名称。

1. 以人物动作来比喻性地表达动作含义的武术动作名称[①]

手挥琵琶，左右打虎，推窗望月，玉女穿梭，海底捞月，独立跨虎，童子抱球，打虎式，跨虎登山，冲天炮，金刚倒锥，后打老龙，揽扎衣（懒扎衣），琵琶式（势），束手解带，霸王敬酒，抱头推山，回头看画，搬弓射虎，仙人指路，推山伏虎，怀中抱月，拨草寻蛇，绣女穿针，门前扫雪，童子拜佛，刀劈华山，拨云摘星，拨云见月，樵夫担柴，弯弓射虎，伏虎，抹眉肱，回头井栏直入，夺耳红，悬崖勒马，腰横玉带，左右摇旗，苏秦背铜，张飞骗马，二郎担山，英雄座山，行步撩衣，打虎登山，代马勒缰，霸王捆膀，脑后摘盔，哪吒探海，坐马观花，霸王扬旗，立马扬鞭，天女散花，行步过门，回头望月，抱扇过门，追风赶月，推山入海，劈山探宝，金童托印，叶底采莲，右撞金钟，沛公斩蛇，勒马观潮，艄公摇橹，金镖出袖，横扫千军，披身伏虎，朝天謦香，倒骑龙，举鼎推山，夜叉扫地，浪子踢球，双手摘桃，骑马问路，风筝游天，童子牧羊，双手推窗，梨花舞袖，下海捉鳖，果老砍瓜，罗汉扫尘，旱地钻井，棒打仙桃，旱地栽花，小鬼推磨，渔公倒划船，侠客劈砖，老道斩蛇，织女耍剪，顺水推舟，追蛇入洞，顺手牵羊，童子送书，逆风撒网，回头望月，引线抽丝，骑马开弓，撒衣衫，等等。

---

① 彭卫国：《中华武术谚语》，北京，电子工业出版社，1988。

2. 以动物动作来比喻性地表达动作含义的武术动作名称[1]

白虎洗脸，猛虎转身，老虎靠山，老虎弹爪，大虎抱头，老虎摆尾，猛虎扑食，猛虎下山，黑虎破胆，猛虎跳涧，猛虎穿林，猛虎观鹿，老虎张口，老虎坐桩，饿虎登山，黑虎望山，黑虎钻木，黑虎抓心，黑虎拦路；豹子出洞，豹子扣爪，豹子缩身，豹子擒羊，金豹翻身，金豹回头；小猴抢瓜，猴子寻穴，猴子搔脚，猴子偷桃；白猿攀枝，老猿坐洞，白猿出洞，白猿闪身，白猿献果；白鹤踏雪，白鹤亮翅，鹤立鸡群；金鸡盘腿，金鸡独立，金鸡展翅，金鸡弹爪，金鸡落步，金鸡抖翎；老鹰捕鸡，鹰掐嗉，鹞子钻天，鹞子翻身，金雕展翅，大鹏落山，大鹏甩膀，大鹏抖翅；燕扑蝴蝶，燕子别翅，燕子钻天，紫燕展翅，燕子飘云，燕子穿云，燕子啄食；鸿雁展翅，雁落河滩，紫雁三抄水；野马上槽，野马奔川，野马弹蹄，野马分鬃；天鹅下蛋，画眉上架，喜鹊攀枝，鸳鸯脚，蝴蝶双飞，蜻捕蝴蝶，蝎子翘尾，金蝉脱壳，螳螂大刀，花猫戏鼠，野兔穿林，白蛇吐信，蛤蟆投井，狮子张口，恶狼回头，梅鹿探情，白鹤亮翅，倒撵猴，狸猫上树，青龙出水，大鹏展翅，青龙探海，黄龙转身，等等。

3. 以自然景象来比喻性地表达动作含义的武术动作名称[2]

海底针，双峰贯耳，古树盘根，如封似闭，顺风卷，定海神针，风卷荷叶，秋风扫叶，三环护月，旋风扫尘，泰山压顶，风扫残云，海底翻花，叶底藏花，风扫梅花，风摆荷叶，平分秋色，风扫残云，翻雷滚天，采风复雨，风卷霹雳，风卷莲花，黑风卷海，风扫梅花，拨云迎日，水打车轮转，众星捧月，等等。

---

① 彭卫国：《中华武术谚语》，电子工业出版社，1988。
② 彭卫国：《中华武术谚语》，电子工业出版社，1988。

在今天看来，传统武术的动作名称，似乎是非常奇怪的。因为，当我们听到传统武术某个动作名称的时候，在我们脑海中出现的，首先不是这个动作的具体做法，而是一个生动形象的画面，而这个出现在我们脑海中的生动形象的画面，似乎与其所代表的武术动作并没有实质性的关系。例如，当我们听到武术动作中的"推窗望月"这个名称时，可能会出现这样美好的场景——"幽静的夜晚，一个朦胧的身影推开窗户抬头观望远方天空的月亮"，而"这个朦胧身影推开窗户抬头望月"的场景，似乎真的与武术扯上了某种关系。真的是这样吗？其实，这是一个极大的误解。因为，传统武术的很多动作名称，并不是一种逻辑表述，而是一种比喻表达，而这种比喻表达，其实常常与武术动作的关系更为亲密。

传统武术的动作名称，是传统中国人比喻表达的典范之一。在这里，动作名称的作用，不是逻辑性地表达动作的具体方法，而是为人们理解动作与完成动作提供一个可想象与可参考的景象。笔者认为，传统武术的动作名称，在表达武术动作的完整信息方面，确实有着远胜于现代逻辑语言的优越之处。虽然，当我们听到某个武术动作名称的时候，在我们脑海中出现的场景，既不是原来的语言表述者所看到的那个真实场景，也不是原来的动作名称命名者心目中的那个意象性场景，而只是现在我们心中想象出来的场景，但很有意义的是，这个在我们心中被想象出来的场景，却可以成为我们演练这个动作更有价值的技法指导，可以更容易、更高效地激发我们潜在的文化创造力。

与日常生活中我们常常听到的表达动作方法的动作名称不同，武术的动作名称，并不是对动作本身的描述，而是在描述与此动作本身没有关系的另外场景。动作名称所描述的与此动作本身没有关系的另外场景，就是人们对此动作本身的内在思想的比喻表达。也就是说，武术的动作名称，不是对动作本身的直接描述，而是对动作方法的比喻性表达。例如，在武术中，作为动作名称"袖里藏针"的词义，与其所代表的动作本身，似乎并没有什么直接的关系。然而，当我们从比喻表达的角度来理解这个动作名称的时候，我们就会发现，虽然这个动作名称并不是这个动作本身的逻辑性描述，但它却为这个动作本身提供了一个可以意会与模仿的场景。"袖里藏针"这样的动作名称，不是告诉你这个动作的方法程序，而是告诉你，这个动作应该像"袖子里藏根针偷袭刺击"一样不动声色、隐蔽、快速、准确地向前直刺出拳。

在一般情况下，谈到"玉女穿梭"这个词语，在不少人的心目中，难免会出现这样一种美丽的场景：幽静的山谷中，山间的小溪潺潺的从脚下流过，鸟儿在山林中争鸣，各色的野花衬托着山谷的美丽与寂静，不远处翠绿的树丛中掩映着一处农居，远远地望见一位身姿轻盈、长发飘逸、面貌姣好的女子坐在院子中的织布机前玉手轻拿梭子织布，只见梭子在织布机上飞快地来回穿梭，动作轻盈，神定气闲。然而，当这个词语被作为太极拳的一个动作名称时，也就变成了对于太极拳动作内在含义的一种比喻性表达。此名称要求人们在练习该动作时，要将太极拳的绵绵不断、节节贯穿、不滞不顿的特点表现出来。在太极拳中，此动作的运行四正四隅，旋转八面，往来不断犹如织布穿梭。"玉女"一词，是要强调动作时的身姿轻盈，而"穿梭"则是要求双手要往来不断如同织布穿梭的动作，一只手招架来击之手，另一只手击其胸部，防守与进攻同时进行。

在中国的神话传说中，龙是一种具有虾眼、鹿角、牛嘴、狗鼻、鲶须、狮鬃、蛇尾、鱼鳞、鹰爪的神异动物，九种不同的动物器官集于一身，形象独特。在中国传统文化中，青龙是四象之一，既是名字也是种族。根据五行学说，它代表东方的灵兽。青龙的方位是东、左，代表春季；白虎的方位是西、右，代表秋季；朱雀的方位是南、前，代表夏季；玄武的方位是北、后，代表冬季。在中国二十八星宿中，青龙是东方七星（角、亢、氐、房、心、尾、箕）的总称。"青龙出水"的词义，是说一条青色的龙从海中突然跃出，顿时四周风起云涌，白浪翻滚，狂风四起。① 然而，当我们用"青龙出水"来作为武术动作名称的时候，它所表达的真正含义，就是要求人们在完成该动作时，要像青龙出水那样快捷威猛。

（二）比喻表达性质的武术流行谚语

传统武术的流行谚语，多数运用的都是比喻表达。就其表达目的而言，武术的流行谚语，大致可以分为以下几种类型，一是通过比喻来解说武术的道德观念与道德规范的流行谚语，二是通过比喻来解说武术的技法特征与技法要求的流行谚语，三是通过比喻来解说武术的训练方法与训练要求的流行谚语，四是通过比喻来劝学、励志、促练的流行谚语等。

1. 通过比喻来解说道德观念与道德规范的武术流行谚语②

未曾学艺先学礼，未曾习武先习德。武德比山重，名利草芥轻。拳以德立，无德无拳。心正则拳正，心邪则拳邪。拳禅如下，力爱不二，主守从攻，戒除杀念。理字不多重，万人担不动，武夫不讲理，艺高难服众。习武者当立志，人无志事不成。手足原无异态，拳术何必分门，少林武当终归于拳，内家外家总是一家。同是江湖客，不识也相亲。行遍天下路，把式是一家。打得宽不如交得宽。小心天下去得，莽撞寸步难行。强中自有强中手，莫在人前自夸口。真人不露相，露相不真人。好汉做事做到头，好马登程跑到头。一个篱笆三个桩，一个好汉三个帮。浇花要浇根，教拳要教人。误人子弟者，必被弟子误。徒弟技艺高，莫忘师父劳。尊师要像长流水，爱徒要像鸟哺雏。恃艺逞凶，罪不容

---

① 赵艳敏：《传统武术动作名称的意象研究》，河南大学硕士学位论文，2011。
② 张大为：《武术谚语释义》，红旗出版社，1988，第93~109页。

诛。习武千条戒，最戒嫉妒心。嫖赌看似个人事，玷污武林人品低。拳硬舌头软，舌软也伤人。钱重于艺，奸商习气。尚德不尚力，重守不重攻。

2. 通过比喻来解说技法特征与技法要求的武术流行谚语①

枪扎一条线，棍打一大片。枪如游龙，棍似旋风。单刀看手，双刀看走，大刀看口。剑走青，刀走黑。手似流星眼似电，身似游龙腿似箭。行礼文静如处女，开拳一动如脱兔。闪展敏捷若雄鹰，进击迅猛像老虎。稳如泰山，静如处女。力如千斤压顶，劲似利箭穿革。运动在身，用意在心。打拳要长，发劲要短。动如涛，静如岳，起如猿，落如鹊，立如鸡，站如松，转如轮，折如弓，轻如叶，重如铁，缓如鹰，快如风。手去腿不动，打人不能胜。脚踢手不出，打人必负输。有拳无腿难取胜，有腿无拳难占先。身心一动脚手随，手脚齐到方为全。一见屁股掉，便是戳脚到。出其不意攻不备，先发制人不容还，动手犹如鹰捉兔，粘衣发劲急似弹。彼静我乱，彼乱我静。静中用乱，乱中用静。肘不离肋，手不离心，起如钢锉，落如钩竿。迈步如行犁，落脚如生根。转身回打，其机在头。打人如走路，看人如蒿草。有人似无人，无人似有人。神以知来，智以藏往。人不知我，我独知人。

拳无拳，意无意，无拳无意是真意。不招不架，只是一下。犯了招架，十下八下。你打你的，我打我的，打得赢就打，打不赢就走。上步六合手，打不赢就走。上手五花炮，打不着就跑。势断劲不断，劲断意不断。形断意连，势断气连。前俯后仰，其势不劲。聚气成力，以气催力，吐气发力。对方打来身如球，拧走转身莫停留，进如盘蛇吸食走，刚柔互济着意求。出手大多对上身，手足到

---

① 张大为：《武术谚语释义》，红旗出版社，1988，第 63 ~ 64，70 ~ 76，80 ~ 85 页。

时方为真。一势三手才称妙，手肘膝腿鬼神惊。远则手足上中下，近则肩肘背胯膝。远则拳打脚踢，近则擒拿抱就摔。先以心使身，后乃身从心。能动能静，拳道之圣。动而不静，拳道之病。打中寓跌，跌中寓打。手从腰边起，侧身步轻移，藏势微弯膝。拳打不空回，空回不为能。遇敌犹如火烧身，硬打硬进无遮拦。脚踏中门去夺位，就是神仙也难防。有力当头上，无力踩两旁。打人不露相，打人不见手。顺人之势，就人之力。彼来吾就，彼去吾随。彼斜我正，彼正我斜。以静制动，后发制人。拳怕少壮，棍怕老练。一打力，二打巧，三打分寸，四打眼滑手快。手起如箭落如风，追风赶月莫放松。一狠二毒三要命，见空就打莫留情，容情不动手，动手不留情。狠打善，快打慢，长打短，硬打软。

3. 通过比喻来解说训练方法与训练要求的武术流行谚语①

久练自化，熟能生神。操练不按体中用，修到终期艺难精。要想散手会，还得二人喂。内练一口气，外练筋骨皮。不能因辞害其意，不能因名忌其拳。架子天天盘，功夫日日增。遍访师和友，所求是真传。内练精气神，外练手眼身。内六合，外六合，内外相合益处多。练劲不练力，劲力打拙力。拳讲三术，技、医、艺术。打拳不遛腿，必是冒失鬼。练武不活腰，终究艺不高。抬腿轻，落地松，踢起腿来一阵风。练拳无桩步，房屋无立柱。练功先练桩，大顶增力量。未学功夫，先学跌打。拳打千遍，身法自现。读书要讲，种地要耪，练拳要想。打拳不练功，到老一场空。不怕千招会，就怕一招精。练拳千招，一熟为先。打拳容易走步难。步不活则拳乱，步不快则拳慢。先看一步走，后看一出手。一

---

① 张大为：《武术谚语释义》，红旗出版社，1988，第21，24～42，78～79，131～132 页。

步练错百步歪。学拳容易改拳难。行家一落眼，便知深和浅。行家一出手，便知有没有。似我者生，像我者死。法有万端，理存于一。

4. 通过比喻来劝学、励志、促练的武术流行谚语①

月棍、年刀、一辈子枪、宝剑随身藏。谙熟百家，博采众长。功夫者，工夫也。欲学惊人艺，须下苦功夫，深功出巧匠，苦练出真功。曲不离口，拳不离手。冬练三九，夏练三伏，冬天增力，夏天增气。场上一分钟，场下百日功。一日练一日功，一日不练十日松，久练为功，搁下稀松。一日不练自己知道，两日不练行家知道，三日不练利巴知道。若要功夫好，一年三百六十早。鼓越敲越响，拳越练越精。进功如同春蚕吐丝，退功如同流水即逝，学拳三年，丢拳三天。有功夫的像拨拉，脚常踢打。

舍本求末瞎胡闹，循序渐进最为高。正楷未精，休要骤学草书；拳路没熟，休想迅速神化。积土成山，积水成渊，积艺成才，苦练成功。少年习武正当时，老年习武未为迟。活到老，学到老，还有三分没学好。严师出高徒，明师出高徒。学无老少，达者为师。井淘三遍吃好水，人从三师武艺高，不经一，不长一。师父领进门，修行靠个人，教艺在师，学艺在徒。师父不过领路人，巧妙全在自用心，入门引路须口授，功夫无息法自修。教不严，拳必歪；学不专，拳必滥。河深静无声，艺高不压身。艺高人胆大，胆大艺更高。平时练，急时用；平时松，急时空。久练为熟，久熟为巧，熟能生巧，巧能生精。千拳归一路，一路通，百路通。

初学三年，天下去得；再学三年，寸步难行。绊三跤，方知天

① 张大为：《武术谚语释义》，红旗出版社，1988，第130~148页。

外有天；跌三跌，才晓人后有人。学到知羞处，方知艺不高。千学不如一看，千看不如一练。取百家之长，补自家之短。笨鸟先飞早出林，笨人勤练武艺精，勤能补拙是良训，一分辛苦一分才。若要精，听一听，站是远，望得清。要想灯不灭，需要常添油。人贵有志，学贵有恒。用火不戢将自焚，学技不晦将自杀。文人不武，武人不文，能文能武是全才，只武不文是莽汉。常常练武术，不用上药铺。刀越磨越亮，体越练越壮。打拳壮筋骨，踢腿活四肢。天天走太极，治病子防身，太极百利无一害。少时练得一身劲，老来健壮少生病。手舞足蹈，九十不老，手闲脚懒，十九入板。人老先由腿上见，步履维艰手杖添。每天百步君须记，腰腿转动寿延年。饭后百步走，活到九十九。走为百拳之长。药补不如食补，靠补不如练武。坚持练功，百病不生，中途歇功，百病丛生。拳后百步，精神爽铄。拳后满身汗，避风如避箭。

与动作名称一样，武术中经常出现的流行谚语，与现代我们常说的各种关于演练要求等语言，常常有很大的区别。与日常生活中我们常常听到的关于演练要求等专业术语不同，武术中的流行谚语，并不是对行为要求的直接描述，而是在描述与此要求本身没有直接关系的另外场景。流行谚语所描述的与此行为要求等没有直接关系的另外场景，就是人们对于武术运动及其相关行为要求本身的内在思想的比喻表达。

对待武术流行谚语最可怕之处，就是把其误认为是一种逻辑语言。比如，当我们听到"武德比山重，名利草芥轻""拳以德立，无德无拳""心正则拳正，心邪则拳邪""先以心使身，后乃身从心""能动能静，拳道之圣""动而不静，拳道之病"这样的话语时，如果我们是运用逻辑来分析这些流行谚语的话，那么，我们必然会陷入无限的苦恼中。武德怎么能与山来比重，名利又怎么能与草芥来比轻？拳怎么能立起来，拳又怎么有邪与正之分？心是如何使用身的，身又如何来服从心，圣与病又是怎么回事儿？所以，为了真正地理解传统武术人的良苦用心，我们必须了解中国古人的思维习惯特别是表达习惯，我们必须明白武术的这些流行谚语的比喻表达性质，也必须学会从比喻表达的角度来进行认识与解读武术的这些流行谚语。

当我们明白武术的流行谚语很多是运用比喻进行表达时，我们对传统武术的学习就会突然少了很多障碍。比如，如果有人现在对你讲"手似流星眼似电，身似游龙腿似箭""行礼文静如处女，开拳一动如脱兔""闪展敏捷若雄鹰，进击迅猛像老虎""稳如泰山，静如处女""遇敌犹如火烧身，硬打硬进无遮拦""正楷未精，休要骤学草书；拳路没熟，休想迅速神化""积土成山，积水成渊，积艺成才，苦练成功""要想灯不灭，需要常添油""人贵有志，学贵有恒""用火不戢将自焚，学技不晦将自杀"等，你马上就会明白它们的比喻性质。我们不能据此武断地说传统武术的流行谚语运用的都是比喻表达的方式，但是，可以肯定的是，能够让人产生无限联想的比喻表达方式，至少也是传统武术流行谚语的特色之一。

拳谚说"遇敌如同火烧身"，是什么意思呢？先不用火来烧身，用个烟头烫一下就立马知道了。假设在你不注意时，有人从背后用烟头烫你，当时你会如何反应，反应会有多快呢？可以想象，几乎是不经大脑的本能反应，你就会转身并同时出手直奔受烫的部位。这就是火烧身的感觉，你遇到敌人，就应该有这样的反应。记住这个反应，用这个感觉出拳、踢腿、攻击或反击，也就达到了"遇敌如同火烧身"的要求。

让我们试着来解读一些经常听到的武术流行谚语，看看它们是如何来进行比喻表达的。

拳谚"迈步如猫行，运动如抽丝"，是说我们在练拳时，脚的起落、进退要轻巧灵活，臂、腿用力要微微使劲，像春蚕吐丝一样细长连绵。拳谚"手是两扇门，全凭腿打人"，是说在练拳与用武时，两手应像两扇门一样，根据来招随时做格、挡、拔、封等防守动作，并用腿做踢、弹、踹等动作攻击对方。而拳谚"刀如猛虎，剑似飞凤"，则是说刀讲究威武勇猛，演练起来要如猛虎一样凶狠泼辣，而剑讲究轻灵潇洒，演练起来要像一只绚丽的飞凤一样红缨绣穗、迎风飘动。

拳谚"出其不意攻不备，先发制人不容还，动手犹如鹰捉兔，粘衣发劲急似弹"的含义是：先发制人时，就要出其不意，攻其不备，一招即中，不容还手；动手出招要快如鹰捉兔，粘衣贴身要劲力爆发。拳谚"迈步如行犁，落脚如生根"的含义是：迈步时要像行犁一样到位，落脚时要像生了根一样稳固。拳谚"出手如闪电，回手似火烧"，是在告诉人们，出手要像闪电一样快速，回手要像一不小心被火烧着一样迅速。拳谚"站如松、坐如钟、行如风、卧如弓"，则是在提醒人们，站立时要像松树一样挺拔，坐着时要像古钟一样端庄，走路时要像风一样迅速，躺倒时要像弓一样弯曲。

拳谚"枪扎一条线，棍打一大片"，强调了枪、棍技击特点的差异。枪有尖，杀伤敌人靠的是枪尖刺扎。棍无尖，杀伤敌人靠的是棍端抽打。枪扎是直线，棍打是横片，故有此谚。为发挥枪头的作用，在练习枪术时，身法富于变化，活动范围广，气势奔放，并且使腰部用力与上下肢动作协调一致，扎枪平直，力点达到枪尖，准确性要求较高，故形容为"枪扎一条线"。棍与枪不同，不靠枪头打击对方，多以抡、劈、扫、云等法为主，大多是横方向用力，动作幅度较大，一打就是一大片，故称"棍打一大片"。而拳谚"枪如游龙，棍似旋风"的含义则是：枪如游龙扎一点，棍似疯魔打一片。枪扎出去欲令对手捉摸不定，绝不能直来直去，而要枪杆抖颤，犹如一条蜿蜒前进的龙蛇，不仅有直刺的力量，而且有上下左右磕、格、崩、滑的力量，劲力便发挥得淋漓尽致，收效也便显著。棍，若要招招见功，必须要快，所谓"棍起生风"，即是只有如旋风般劈打抽拦，才有杀伤力。[①]

　　流行谚语的比喻表达，较之于逻辑性的语言表达，虽失之于精确，但却表达的更为完整、更容易让人理解。笔者相信，用心去感受一下武术的流行谚语，你自己的武术训练，你对于武术的理解方式，武术在你心目中的意义，将会发生明显的变化。

---

① 张大为：《武术谚语释义》，红旗出版社，1988，第 11 ~ 12 页。

结　语

中国的武术，是一个具有悠久历史的众多拳种的组合体。这一组合体，无论是其历史的悠久，还是其拳种的众多，均具有非常明显的中国传统文化特色。

武术的历史演进与发展结果，是由中国特殊的历史背景与文化背景造成的，是与中国文化整体发展过程相适应的。武术发展的总体趋势，是营养越来越丰富、思想越来越深刻、行为越来越文明、价值越来越多元。然而，就武术发展的时间历史而言，大致可分为四个特色阶段：武术人"轻死尚勇"阶段、习武风气"变幻起伏"阶段、武术体系"建构完善"阶段、武术事业"浴火重生"阶段。

拳种众多，是一个没有争议的说法。通过了解其中具有代表性的一些重大拳系，如少林拳系、太极拳系、形意拳系、八卦掌系等，就会大致明白中国武术拳种流派的基本情况。众多的武术拳种，非常直接地展现出了传统中国的文化多元化状态，而且，在武术的每一个拳种中，都或显或隐地蕴含着丰富的不尽相同的其他中国传统文化的内容。

中国武术是包括武术道德、武术击技、武术套路、武术练法在内的一套方法系统。武术道德，是一种融儒家、道家、佛家等道德观念于一体的做人智慧；武术击技，是一种蕴含了传统中国人的所有斗争智慧的无限制的拼杀手段；武术套路，是一种融传统中国人的养生思想、技击策略、艺术理念于一体的多向度的实用艺术；武术练法，是一种融传统儒家、道家、佛家等修养理论于一体的内外兼修的修养方法。

结　语

　　武术的成长与发展，受到了中国传统文化的深刻影响，自然在成熟的中国武术中，其最有文化特色的思想内涵就是这些对武术产生过重大影响的中国传统文化。武术中的正统思想，主要是作为中国文化主流、官方精英文化代表对中国武术影响更为深远的兵家、儒家、道家、佛家的思想。

　　透过武术，可以发现传统中国人有别于现代人的特色思维方式。武术技艺知识的多样性与非标准性，隐藏着传统中国人完整感悟的认知方式；武术的很多拳种特别是象形拳，表明了传统中国人象形取义的认知方式；武术中的气、阴阳、五行理论，展示了传统中国人定律类推的认知方式；武术中大量形象性的动作名称与流行谚语，彰显了传统中国人比喻表达的表达方式。

　　正是出于对武术之历史、拳种、内容、思想、思维的重要性的认定，本书用五章分述了武术的简要历史、重大拳系、本质内容、正统思想、特色思维。本书这五章，在力求全面简介中国武术的同时，更欲全面而深刻地表现中国武术中所内含的中国文化元素，从而间接地说明中国武术所具有的中国文化符号的价值。

　　中国武术的发展历史与拳种流派，间接地展示了中国文化的发展历史与表现形态；无疑，了解中国武术的发展历史与拳种流派，将是了解中国文化的发展历史与表现形态的一个较为直观的途径。中国武术的本质内容，都呈现出明显区别于其他民族同类项目的特性；无疑，了解中国武术的本质内容，本身就是对作为中国武术之背景文化的中国文化整体的一次非常具体的感悟。中国武术的正统思想，把中国主流文化中的核心观念直接地呈现出来；无疑，了解中国武术的正统思想，将有助于人们更为真切地了解中国的主流文化。中国武术的特色思维，不仅是传统中国人认知方式的现实体现，更是传统中国人语言表达方式的直接呈现；无疑，了解中国武术的特色思维，将使人对于中国文化的深层内容即传统中国人的认知方式与表达方式形成更深层次的了解。

现在的中国武术，已经引起了世界很多国家的关注，也已经引起了中国文化学者与文化推广部门的重视。人们已经意识到，中国武术，不但是中国文化中的一个重要种类，而且还是一种能够代表整个中国传统文化的不可替代的符号。应该说，为了说明中国武术的中国文化代表性质，为了表现中国武术的中国文化符号价值，为了让人们尽可能多地通过中国武术来了解中国文化，在章节设计上，还是动了一些脑筋的。然而，就在即将结稿的现在，笔者发现，无论如何的挖空心思，总是觉得意犹未尽，言不尽意。这也许是所有著作都无法避免的。但愿这本著作不会让人们觉得惨不忍睹。

参考文献

〔英〕A. B. 凯思:《印度和锡兰佛教哲学——从小乘佛教到大乘佛教》,宋立道、舒晓伟译,上海古籍出版社,2004。

〔美〕Benyus J. M.,*Biomimicry: Innovation Inspired by Nature*(New York: William Morrow and Company, 1998)。

〔俄〕C. 谢·弗兰克:《社会的精神基础》,王勇译,生活. 读书. 新知三联书店,2003。

〔美〕H. G. 布洛克:《现代艺术哲学》,滕守尧译,四川人民出版社,1998。

〔美〕H. T. K. 罗斯特:《黄金法则》,赵稀方译,华夏出版社,2000。

〔印〕阿罗频多:《瑜珈(伽)的基础》,梵澄译,辽宁教育出版社,1998。

〔德〕埃利希·诺伊曼:《深度心理学与新道德》,高宪田、黄水乞译,东方出版社,1998。

〔德〕艾雅·凯玛:《禅与自在解脱》,陈锦书译,台北商周出版社,2000。

〔美〕爱莲心:《向往心灵转化的庄子》,周炽成译,江苏人民出版社,2004。

北京大学国情研究所:《世界文明百科全书》,山西教育出版社,1992。

北京武术院编：《燕都当代武林录》，台海出版社，1998。

蔡龙云：《武松脱铐拳》，中国展望出版社，1984。

陈兵：《佛教禅学与东方文明》，上海人民出版社，1997。

陈多、叶长海：《中国历代剧论选注》，湖南文艺出版社，1987。

陈来：《古代宗教与伦理——儒家思想的根源》，生活·读书·新知三联书店，1996。

陈来：《宋明理学》，华东师范大学出版社，2004。

陈立清：《陈氏太极拳小架》，香港银河出版社，2001。

陈沛菊、乔凤杰：《陈氏太极拳图说译注》（卷首），北京体育大学出版社，2005。

陈奇猷：《吕氏春秋校释》，学林出版社，1984。

陈鑫：《陈氏太极拳图说》，上海书店出版社，1995。

陈义初：《河洛文化与殷商文明》，河南人民出版社，2007。

陈正跃：《鹰爪拳》，中国人民公安大学出版社，2009。

程大力：《体育文化历史论稿》，四川大学出版社，2004。

程大力：《中华武术——历史与文化》，四川大学出版社，1995。

崔大华：《儒学引论》，人民出版社，2001。

崔大华：《庄学研究》，人民出版社，1997。

崔乐泉、杨向东：《中国体育思想史·古代卷》，首都师范大学出版社，2008。

〔法〕丹纳：《艺术哲学》，傅雷译，安徽文艺出版社，1991。

邓晓芒：《中西文化视域中真善美的哲思》，黑龙江人民出版社，2004。

狄兆龙等：《秘传武当八卦掌》，人民体育出版社，1996。

《读者参考——谁夺走了我们的富裕感》，学林出版社，2005。

段启明、戴晨京、何虎生等：《中国佛寺道观》，北京燕山出版社，1997。

〔德〕恩斯特·卡西尔：《人论》，甘阳译，上海世纪出版集团译文出版社，2003。

方立天：《中国佛教哲学要义》，中国人民大学出版社，2002。

冯达甫：《老子译注》，上海古籍出版社，1996。

冯达文：《中国哲学的本源——本体论》，广东人民出版社，2001。

傅璇琮、吴绍桂：《青少年应该知道的少林武功》，泰山出版社，2012。

高蓬勃等：《未来的战争与战法》，世界图书出版公司，2009。

高翔：《少林罗汉拳绝技·拳功卷》，人民体育出版社，2005。

龚鹏程：《文化符号学导论》，北京大学出版社，2005。

龚维：《原始崇拜纲要——中华图腾文化与生殖文化》，中国民间文艺出版社，1989。

顾颉刚：《古史辩》（《民国丛书》第四编第68册），上海朴社，1935。

郭瑾刚：《戴氏心意拳》，山西科学技术出版社，2003。

郭希汾：《中国体育史》（影印本），上海文艺出版社，1993。

国家体委体育文史工作委员会、中国体育史学会：《中国古代体育史》，北京体育学院出版社，1990。

国家体委武术研究院：《中国武术史》，人民体育出版社，1997。

海默：《中国历代军事通览》，外文出版社，2010。

韩贵清：《中医学》，人民军医出版社，1999。

韩雪：《中州武术文化研究》，人民体育出版社，2006。

唐豪：《太极拳研究》，人民体育出版社，1996。

〔美〕郝大维、安乐哲：《汉哲学思维的文化探源》，施忠连译，江苏人民出版社，1999。

郝少如：《武氏太极拳》，人民体育出版社，1963。

禾三千：《决定中国强盛的命运之战》，北方文艺出版社，2006。

何光沪、许志伟：《对话二：儒释道与基督教》，社会科学文献出版社，2001。

河北省冀县地方志编纂委员会：《冀县志》，中国科学技术出版社，1993。

河北省文安县地方志编纂委员会：《文安县志》，中国社会出版社，1994。

洪浩：《竞技武术发展理论之研究》，《体育科学》2005年第8期。

洪修平：《国学举要·佛卷》，湖北教育出版社，2002。

洪修平：《中国禅学思想史纲》，南京大学出版社，1996。

胡孚琛、吕锡琛：《道学通论》，社会科学文献出版社，1999。

胡化凯：《金木水火土——中国五行学说》，海天出版社，2012。

胡小明等：《体育人类学》，高等教育出版社，2005。

华博：《中国世界武术文化》，时事出版社，2007。

黄清源：《中国传统思想——静道》，台北文而出版社，1996。

黄鑫：《八卦掌·幽身飘袭的变幻技法》，北京体育大学出版社，2000。

贾树森：《八卦掌入门》，人民体育出版社，2006。

江百龙等：《武术理论基础》，人民体育出版社，1997。

蒋宝德、李鑫生：《中国地域文化》（上册），山东美术出版社，1997。

蒋浩泉、裴锡荣：《八卦散手六十四路》，安徽教育出版社，1983。

蒋勋培、全汝忠演练、罗洪宣整理《八卦掌和八卦掌对打》，云南人民出版社，1982。

〔英〕杰弗里·托马斯：《政治哲学导论》，顾肃、刘雪梅译，中国人民大学出版社，2006。

金元丹：《比较文化与艺术哲学》，上海文艺出版社，2002。

金岳霖：《金岳霖文集》，甘肃人民出版社，1995。

唐君毅：《文化意识与道德理性》，中国社会科学出版社，2005。

唐凯麟、张怀承：《成人与成圣——儒家伦理道德精粹》，湖南大学出版社，1999。

康戈武：《中国武术实用大全》，今日中国出版社，1990。

〔美〕克利福德·格尔茨：《文化的解释》，韩莉译，译林出版社，1999。

旷文楠：《中国武术文化概论》，四川教育出版社，1990。

〔英〕莱斯利·史蒂文森：《人性七论》，袁荣生、张桑生译，商务印书馆，1994。

赖永海：《佛学与儒学》，浙江人民出版社，1992。

赖永海：《中国佛教文化论》，中国青年出版社，1999。

赖永海：《中国佛性论》，中国青年出版社，1999。

劳思光：《中国文化要义新编》，香港中文大学出版社，1998。

黎鸣：《中国人性分析报告》，中国社会出版社，2003。

李诚：《武术大全》，北京体育学院出版社，1990。

李鸿义：《武氏太极拳图解及太极论·诀》，南海出版公司，1998。

李金波等：《形意拳真传图谱》，北京体育大学出版社，2003。

李鹏程：《当代文化哲学沉思》，人民出版社，1994。

（唐）李筌著：《太白阴经全解》，张文才、王陇译注，岳麓书社，2002。

李荣玉：《走进王芗斋》，山西科学技术出版社，2011。

李洳波：《心意六合拳》，山西科学技术出版社，2003。

李申：《四书集注全译》（上册），巴蜀书社，2002。

李申：《太极图·通书全译》，巴蜀书社，1999。

李天骥等：《形意拳术》，人民体育出版社，1981。

李土生：《儒释道论养生》，宗教文化出版社，2002。

李西川：《中国古代兵法散论》，岳麓书社，2002。

李晓红：《孔子礼学思想研究》，河南大学硕士学位论文，2002。

李德新：《中医基础理论》，中国中医药出版社，2000。

李新民：《心意门秘籍》，人民体育出版社，1995。

李学勤：《毛诗正义》，北京大学出版社，1992。

李养正：《道教概说》，中华书局，1980。

李义芹等：《史式八卦掌》，东南大学出版社，2007。

李幼蒸：《理论符号学导论》，社会科学文献出版社，1999。

李泽厚：《历史本体论》，生活·读书·新知三联书店，2002。

李子鸣：《董海川八卦掌》，吉林科学技术出版社，1985。

栗胜夫：《中国武术发展战略研究》，人民体育出版社，2003。

梁启超：《中国之武士道》，刘泗译，中国档案出版社，2006。

梁以全：《嵩山少林拳法》，山东教育出版社，1982。

辽宁中医学院：《中医基础理论》，辽宁科学技术出版社，1986。

林伯源：《中国武术史》，北京体育大学出版社，1994。

林燧等：《正宗八卦掌》，福建科学技术出版社，2012。

林语堂：《中国人》，郝志东、沈益洪译，学林出版社，1994。

凌长鸣：《鹰爪拳》，海燕出版社，2008。

刘秉果：《中华武术文化》，上海古籍出版社，1997。

刘长林：《中国系统思维》，中国社会科学出版社，1990。

刘大基：《人类文化及生命形式》，中国社会科学出版社，1986。

刘敬儒：《八卦掌述真图谱》，北京体育大学出版社，2002。

刘敬儒等：《八卦掌正宗真传》，青岛出版社，2003。

刘峻骧：《东方人体文化》，上海文艺出版社，1996。

刘峻骧：《中国武术》，京华出版社，1994。

刘申宁：《中国古代兵器》，山东教育出版社，1988。

刘树军：《传统武德及其价值重建》，上海体育学院博士学位论文，2001。

刘晓纯：《从动物快感到人的美感》，山东文艺出版社，1997。

刘再复、林岗：《传统与中国人》，生活·读书·新知三联书店，1988。

陆草：《中国拳》，海燕出版社，1999。

陆草：《中国武术与武林气质》，河南人民出版社，1990。

陆国强等：《道藏》，文物出版社，1988。

吕徵：《印度佛学源流略讲》，上海人民出版社，2002。

吕徵：《中国佛学源流略讲》，中华书局，2002。

罗刚、顾铮：《视觉文化》，广西师范大学出版社，2004。

马力：《中国古典武学秘籍录》（上卷），人民体育出版社，2005。

马力：《中国古典武学秘籍录》（下卷），人民体育出版社，2006。

〔美〕迈克尔·J. 桑德尔：《自由主义与正义的局限》，万俊人等译，译林出版社，2002。

毛泽东：《体育之研究》，人民体育出版社，1979。

蒙培元：《中国哲学主体思维》，人民出版社，1997。

〔美〕明恩溥：《中国人的素质》，林欣译，京华出版社，2003。

〔法〕莫里斯·梅洛——庞蒂：《符号》，姜志辉译，商务印书馆，2003。

牟宗三：《才性与玄理》，台湾学生书局，2002。

牟宗三：《佛性与般若》，台湾学生书局，1997。

牟宗三：《人文讲习录》，台湾学生书局，1996。

牟宗三：《四因说演讲录》，上海古籍出版社，1998。

牟宗三：《现象与物自身》，台湾学生书局，1984。

牟宗三：《心体与性体》，上海古籍出版社，1999。

牟宗三：《圆善论》，台湾商务印书馆，1985。

牟宗三：《智的直觉与中国哲学》，台湾商务印书馆，2000。

牟宗三：《中国哲学十九讲》，上海古籍出版社，1998。

牟宗三：《中西哲学之会通十四讲》，上海古籍出版社，1998。

欧阳轼：《武经七书》，海南国际新闻出版中心，1995。

彭广义：《太极拳详解》，编者自刊，1933。

彭卫国：《中华武术谚语》，电子工业出版社，1988。

德虔：《少林武僧志》，北京体育学院出版社，1988。

德虔：《少林武术大全》，北京体育学院出版社，1991。

钱穆：《中国思想通俗讲话》，生活·读书·新知三联书店，2002。

乔凤杰：《保安格斗技能——81 招保安格斗法》，北京体育大学出版社，1994。

乔凤杰：《采莲手实战技击法》，北京体育学院出版社，1993。

乔凤杰：《武术哲学》，社会科学文献出版社，2007。

乔凤杰：《中华武术与传统文化》，社会科学文献出版社，2006。

乔凤杰：《中州武术》，人民体育出版社，2010。

乔凤杰等：《河南旅游武术文化》，中国旅游出版社，2008。

〔美〕让·舒尔茨：《直觉——管理和决策中的超凡智慧》，曹建新等译，江苏人民出版社，1999。

人民体育出版社：《太极拳全书》，人民体育出版社，1995。

任继愈：《天人之际》，上海文艺出版社，1998。

〔英〕塞缪尔·斯迈尔斯：《信仰的力量》，余星、李柏光、颜君烈译，北京图书馆出版社，2000。

山西省地方志编纂委员会：《山西通志·体育志》，中华书局，1995。

少林文化研究所：《少林文化研究论文集》，宗教文化出版社，2001。

〔俄〕舍尔巴茨基：《大乘佛学：佛教的涅槃概念》，立人译，中国社会科学出版社，1995。

〔俄〕舍尔巴茨基：《佛教逻辑》，宋立道、舒晓炜译，商务印书馆，1997。

〔俄〕舍尔巴茨基：《小乘佛学：佛教的中心概念与法的意义》，宋立道译，中国社会科学出版社，1994。

申国卿：《燕赵武术文化研究》，人民体育出版社，2010。

申华章：《形意拳教程》，山西科学技术出版社，2004。

〔美〕史蒂芬：《再看西方》，林泽铨、刘景联译，上海译文出版社，1998。

史美珩：《古典兵略》，辽宁教育出版社，1997。

释永信：《少林功夫文集》，少林书局，2004。

〔日〕松田隆智：《秘门螳螂拳》，周钧等译，北京体育学院出版社，1991。

〔日〕松田隆智：《中国武术史略》，吕彦、阎海译，四川科学技术出版社，1984。

宋狄雷：《形意八卦掌——健身与技击》，北京体育大学出版社，2007。

孙豹隐、李旺华：《八卦掌练与打》，三秦出版社，1991。

孙剑云：《孙氏太极拳剑》，山西科学技术出版社，1997。

孙叔容、李慎泽、孙婉容、孙宝亨：《孙禄堂武学著作大全简注》，海燕出版社，1992。

孙美堂：《文化价值论》，云南人民出版社，2005。

汤用彤：《汤用彤全集》，河北人民出版社，2000。

汪裕雄：《意象探源》，安徽教育出版社，1996。

王长青等：《少林武术精华》，人民体育出版社，2001。

王力泉、王辉璞：《吴氏简化太极拳》，辽宁人民出版社，1984。

王庆节：《解释学、海德格尔与儒道今释》，中国人民大学出版社，2004。

王西安：《陈式太极拳新架一路》，河南科学技术出版社，2007。

王芗斋：《意拳拳学》，刘涛、李全有编辑整理，北京体育大学出版社，2003。

王一川：《意义的瞬间生成》，山东文艺出版社，1988。

王毅：《戴氏心意原传器械功法》，山西科学技术出版社，2006。

王泽应：《自然与道德——道家伦理道德精粹》，湖南大学出版社，1999。

王兆春：《中国的兵器》，中国国际广播出版社，2010。

王震：《醉拳·八卦掌》，福建科学技术出版社，1986。

王中江：《道家形而上学》，上海文化出版社，2001。

王宗岳等：《太极拳谱》，沈寿点校，人民体育出版社，1995。

韦政通：《伦理思想的突破》，中国人民大学出版社，2005。

魏峰：《截拳道》，北京体育学院出版社，1992。

无谷、刘志学：《少林寺资料集》，书目文献出版社，1982。

吾淳：《中国思维形态》，上海人民出版社，1998。

吴殿科：《形意拳术大全》，山西人民出版社，2000。

武世俊：《早期形意拳的基本功法修炼》，人民体育出版社，2011。

习云太：《中国武术史》，人民体育出版社，1985。

谢松龄：《天人象：阴阳五行学说史导论》，山东文艺出版社，1997。

谢祥皓：《中国兵学》，山东人民出版社，1998。

〔日〕新渡户稻造：《武士道：影响日本最深的精神文化》，傅松洁译，企业管理出版社，2003。

徐才：《武术学概论》，人民体育出版社，1996。

徐谷鸣：《心意六合拳》，台北五洲出版有限公司，1997。

徐小跃：《禅与老庄》，浙江人民出版社，1992。

徐小跃：《罗教·佛教·禅学》，江苏人民出版社，1999。

徐震：《苌氏武技书》，山西科学技术出版社，1990。

参 考 文 献

徐征等：《全元曲》，河北教育出版社，1998。

许保林：《中国兵书通览》，解放军出版社，2002。

许抗生：《帛书老子注译及研究》，浙江人民出版社，1982。

许抗生：《僧肇评传》，南京大学出版社，1998。

〔荷〕许理和：《佛教征服中国》，李四龙、裴勇等译，江苏人民出版社，2003。

许明、花建：《文化发展论》，北京大学出版社，2005。

玄峻：《联想与印证——对中国思想的重新理解》，东方出版社，1994。

薛颠：《薛颠武学录》，山西科学技术出版社，2011。

严春友：《人：西方思想家阐释》，中国社会科学出版社，2005。

严可均：《全后汉文》（上），商务印书馆，1999。

严耀中：《中国宗教与生存哲学》，学林出版社，1997。

颜炳罡：《兵书战策》，天津古籍出版社，1999。

杨澄甫：《太极拳体用全书》，大东书局，1934。

杨澄甫：《太极拳体用全书》，人民体育出版社，1957。

杨国荣：《伦理与存在——道德哲学研究》，上海人民出版社，2002。

杨国荣：《善的历程》，上海人民出版社，2000。

杨立华：《匿名的拼接》，北京大学出版社，2002。

杨适：《中西人论的冲突——文化比较的一种新探求》，中国人民大学出版社，1998。

杨玉东：《罩怀现象与中国哲学流派》，北岳文艺出版社，2006。

姚宗勋：《意拳——中国现代实战拳术》，北京体育学院出版社，1989。

叶秀山：《思·史·诗》，人民出版社，1988。

衣俊卿：《文化哲学——理论理性与实践理性交汇处的文化批判》，

云南人民出版社，2001。

衣俊卿：《文化哲学十五讲》，北京大学出版社，2004。

逸尘：《禅定指要》，巴蜀书社，1999。

殷海光：《中国文化的展望》，上海三联书店，2002。

〔法〕尤瑟夫·库尔泰：《叙述与话语符号学》，怀宇译，天津社会科学院出版社，2001。

〔日〕莜田耕一：《中国古兵器大全》，顾时光译，香港万里机构出版有限公司，1996。

于志钧：《中国传统武术史》，中国人民大学出版社，2006。

余英时：《中国思想传统的现代诠释》，江苏人民出版社，2003。

余水清：《中国武术史概要》，湖北科学技术出版社，2006。

玉昆子：《阴阳五行里的奥秘》，华夏出版社，2012。

张大为：《武术谚语释义》，红旗出版社，1988。

张怀承：《无我与涅槃——佛家伦理道德精粹》，湖南大学出版社，1999。

张俊敏：《南拳——刚健朴实的南方短打》，北京体育大学出版社，2001。

张茂华：《八卦掌习练窍要》，人民体育出版社，2008。

张庆熊：《熊十力的新唯识论与胡塞尔的现象学》，上海人民出版社，1997。

张全亮：《八卦掌实战技法暨珍贵武林档案》，重庆出版社，2010。

张全亮：《李子鸣传梁式直趟八卦六十四散手掌》，人民体育出版社，2003。

张世英：《天人合一——中西哲学的困惑与选择》，人民出版社，1997。

张世英：《新哲学讲演录》，广西师范大学出版社，2004。

张永刚：《太极运动》，北京理工大学出版社，2008。

赵斌等：《杨氏太极拳真传》，北京体育大学出版社，2009。

赵国成、赵季曾、李国胜：《嵩山访禅记——禅宗祖庭少林寺禅武医探秘》，中华书局，2003。

赵振忠：《八卦掌快速入门不求人》，北京体育大学出版社，1997。

《中国大百科全书·体育》，中国大百科全书出版社，1982。

中国科学院自然科学史研究所：《中国古代科技成就》，中国青年出版社，1978。

中国科学院自然科学史研究所：《中国古代科技成就》（修订版），中国青年出版社，1978。

中国人民政治协商会议河北省冀县委员会文史资料研究委员会：《冀县文史》第1辑，1986。

中国体育博物馆、国家体委文史工作委员会：《中华民族传统体育志》，广西民族出版社，1990。

中国武术大辞典编辑委员会《中国武术大辞典》，人民体育出版社，1990。

《中国武术拳械录》编纂组《中国武术拳械录》，人民体育出版社，1993。

周春生：《〈吴越春秋〉辑校汇考》，上海古籍出版社，1997。

周口市政协学习和文史委员会：《周口文史资料选辑》2007年第1辑。

周明德：《鸭形拳》，吉林文史出版社，1987。

周伟良：《历史与现代交汇中的中华武术》，台北逸文武术文化有限公司，2011。

周伟良：《中国武术史》，高等教育出版社，2003。

周纬：《中国兵器史稿》，百花文艺出版社，2006。

周纬：《中国兵器史稿》，生活·读书·新知三联书店，1957。

周晓孟、沈智：《国人必知的2300个道教常识》，万卷出版公司，2010。

朱宝珍：《传统八卦掌》，人民体育出版社，2002。

〔不丹〕宗萨钦哲仁波切：《佛教的见地与修道》，杨忆祖、马君美、陈冠中译，台北众生文化出版有限公司，2001。

邹昌林：《中国礼文化》，社会科学文献出版社，2002。

后　记

《武术哲学》和《中华武术与传统文化》这两本书的出版，已经把我的姓名与武术哲学这个远不够成熟的学科紧紧地连在了一起。在学术江湖上，我的面额上已经被贴上了一个大大的标签——武术哲学学者。或许，《文化符号：武术》这本书的出版，将会把我的"法身"和武术哲学这个学科绑得更紧。

从词义上讲，武术哲学，就是对武术的哲学思考，是可以有多种范式的。但是，因为武术的成长环境与内容特征，更因为我自己的生活阅历与学科背景，使得我自己的武术哲学，不可避免地把武术与中国文化的相关内容紧密地联系在了一起。我自己的武术哲学，需要懂武术，需要懂中国文化特别是中国哲学，更需要对武术与中国文化的内在联系有着清晰的理解与深切的体验。

我的武术哲学，多是从武术与中国文化关系的角度，以概念分析的方式，对武术的文化形态和武术中的中国文化进行的深刻反思。例如，《中华武术与传统文化》论及的主要是主流中国文化影响武术的产物——武术中的主流中国文化，《武术哲学》论及的主要是受到整体中国文化影响而形成的武术体系结构——武术的文化形态，而《文化符号：武术》论及的则是武术作为中国文化符号的全部意义——武术的文化形态与武术中的中国文化。因此，我的武术哲学，其实也是一种以武术为考察对象、以中国文化为研究对象的文化哲学。《中华武术与传统文化》如此，《武术哲学》如此，《文化符号：武术》也是如此。

文化符号：武术

　　笔者这里用"文化符号：武术"作为书名，是在强调武术对于中国文化的代表意义即符号意义。"文化符号：武术"，就是"作为中国文化典型代表即鲜亮符号的武术"。与其他两本书相比，这本书更多了一些总结、介绍的味道，少了一些学术气息。但是，与其他两本书相比，这本书的内容更全面、线索更清晰、观点更简明，更便于人们全面而又不失深入地了解中国武术。

　　从小至今，我一直非常喜欢武术，特别是非常喜欢武术的运动训练与技法实践，但是，我现在对武术进行哲学研究的最大动力，却不是来源于武术本身，而是来源于中国的文化。我不是因为不喜欢武术而不愿意把为武术服务作为自己武术哲学的原始动机，而是因为我太喜欢武术了，我才更加关注武术所承载的中国文化，从而非常自觉地把研究武术所承载的中国文化、武术对中国文化的承载方式等作为自己武术哲学研究的主要目的。我喜欢武术，但却不会止于武术，因为，我发现武术所承载的中国文化，武术对中国文化的承载方式，似乎具有更为重要的意义。也许是因为我专业地学习过哲学，所以我可能会是一个非常喜欢武术的、经常以自己的方式对武术进行文化哲学反思的学者。我这样做的目的，是为了让武术能够为中国文化的推广与发展做出更大的贡献，更是为了让中国武术能够走向更加美好的明天。

　　需要特别说明的是，本来按照朋友的提议，写作这本书的动机，是要写一本介绍中国武术文化的通俗著作，但笔者自身的知识结构与研究习惯，却使它非常自然地变成了一本以《中华武术与传统文化》和《武术哲学》为重要前提与知识背景的学术著作。我不知道这将导致什么样的结果，但我相信，它还是会有价值的。

　　关于内容的说明至此结束。现在，还不得不再讲一点遗憾与抱歉的话。本书中有些内容，是笔者很久之前在网上看到的，当时没有及时记录下来网站地址等信息。等写成书稿以后，再去查找相关内容的原始出处与网站地址时，却突然发现什么也找不到了。笔者用了一些查重软件尽全力进行查找，收效甚微。为此，笔者感觉非常不安。对这些无名的作者，我将会一直心存感激。还请相关学者见谅。

最后，心甘情愿地演练一下后记中的规定套路。

感谢我的本科辅导员边海潮先生、硕士导师徐仪明先生、博士导师赖永海先生、博士后导师邱丕相先生，以及我在小学、初中、高中、本科、硕士、博士、博士后学习阶段的各位指导老师们，是他们直到今天还丝毫未减的关心与支持，一直在鼓励我不懈地努力奋斗着。

感谢河南大学的关爱和教授、张秉义教授、杨军教授，是他们为我的成长道路扫清了很多的障碍，并为我提供了很多难得的支持与帮助；感谢清华大学的陈希教授、陈旭教授、仇军教授、陈伟强教授，是他们慧眼识"材"，为我提供了一个更为广阔的学习平台，为我提供了一个可以尽情地顽强拼杀的搏击场；感谢国家体育总局的刘爱杰教授、崔乐泉教授、康戈武教授、孙大光教授，是他们一直对我以"人才"视之，给了我极大的鼓励与支持，让我对自己的学术研究充满自信；感谢南京大学的洪修平教授、徐小跃教授、从丛教授，上海体育学院的虞重干教授、虞定海教授、赵光圣教授，北京体育大学的袁旦教授、熊晓正教授、张重喜教授，是他们甘当人梯，不吝赐教，让我的学术视野得以意想不到的扩展。

感谢我的良师益友吕延芝、胡荣衍、李书庆、梁慈民、乔凤鸣、陈沛菊、王信军、陆小聪、陈立骧、曲天敏、李鹏、赵宗跃、贾天明、王宏华、王新平、洪浩、刘波、马新东、赵青、刘静民、杜超、张颖洁、冯宏鹏、王培勇、李庆、张冰、沈艳、高淑贤、熊小义、郭惠珍、于洪军、孙越、陈沫、周伟良、马爱民、史兵、杨祥全、闫民、李晓虹、戴传江、娄和标、单正齐、马文国、朱丽霞、周松、乔超、单良、单斌等，是他们在我的学术研究和个人发展中，为我提供了很多不可或缺的帮助；感谢社会科学文献出版社的任文武先生，是他的充分信任与全力支持，让我心情愉悦地完成了书稿；感谢本书的责任编辑高启先生，是他的严格把关与慎思细改，使拙著质量得以提升；感谢我的师弟杨建营教授，是他在拙著即将出版之际，替我进行了逐字的审查与修正；感谢李欣、王献斐、武姗、白照波、赵严、魏孟飞、王亚博等我的博士与硕士研究生们，是他们一直在为我自己的学术研究无名地做着贡献。

谨以此书献给：授业恩师、祖父乔永香先生，父亲乔树林先生，母亲王桂花女士！

乔凤杰

2014 年 3 月 25 日于清华大学

图书在版编目（CIP）数据

文化符号：武术 / 乔凤杰著 . —北京：社会科学
文献出版社，2014.9
ISBN 978 - 7 - 5097 - 6322 - 3

Ⅰ.①文…　Ⅱ.①乔…　Ⅲ.①武术 - 文化 - 研究 -
中国　Ⅳ.①G852

中国版本图书馆 CIP 数据核字（2014）第 178769 号

文化符号：武术

著　　者 / 乔凤杰

出 版 人 / 谢寿光
出 版 者 / 社会科学文献出版社
地　　址 / 北京市西城区北三环中路甲 29 号院 3 号楼华龙大厦
邮政编码 / 100029

责任部门 / 皮书出版分社（010）59367127　　责任编辑 / 高　启　王　颉
电子信箱 / pishubu@ssap.cn　　　　　　　　责任校对 / 王立华
项目统筹 / 任文武　　　　　　　　　　　　责任印制 / 岳　阳
经　　销 / 社会科学文献出版社市场营销中心　（010）59367081　59367089
读者服务 / 读者服务中心（010）59367028

印　　装 / 三河市尚艺印装有限公司
开　　本 / 787mm×1092mm　1/16　　　　印　张 / 17.75
版　　次 / 2014 年 9 月第 1 版　　　　　　字　数 / 242 千字
印　　次 / 2014 年 9 月第 1 次印刷
书　　号 / ISBN 978 - 7 - 5097 - 6322 - 3
定　　价 / 58.00 元